insel taschenbuch 683
Müller-Staats
Klagen über Dienstboten

Klagen über Dienstboten

Eine Untersuchung über
Dienstboten und ihre Herrschaften

Von Dagmar Müller-Staats

Mit zahlreichen Abbildungen

Insel Verlag

insel taschenbuch 683
Erste Auflage 1987
Originalausgabe

Vertrieb durch den Suhrkamp Taschenbuch Verlag
Umschlag nach Entwürfen von Willy Fleckhaus
Satz: Hümmer, Waldbüttelbrunn
Druck: Nomos Verlagsgesellschaft, Baden-Baden
Printed in Germany

1 2 3 4 5 6 – 92 91 90 89 88 87

INHALT

EINLEITUNG

Den städtischen Dienstboten ist bislang nur wenig Aufmerksamkeit zuteil geworden; erst in jüngster Zeit finden sich in zunehmendem Maße Untersuchungen, die sich mit ihnen und ihren Lebensbedingungen auseinandersetzen. Dabei handelt es sich hauptsächlich um Monographien, die die rechtliche Fixierung des Verhältnisses zwischen Herrschaften und Dienstboten, soziale Lage, Arbeitszeit, Art der Arbeit, Kost, Lohn, Logis, Versicherung, Ansehen etc. untersuchen. Verglichen mit der Fülle von Texten zur Arbeiterbewegung und zur Frauenemanzipation ist allerdings die Zahl der Arbeiten, die sich mit den Dienstboten selbst oder der Dienstbotenbewegung beschäftigen, noch sehr gering. Dies mag verschiedene Ursachen haben: Zum einen ist das Material sicher nicht so reichhaltig wie z.B. das zur Arbeiterbewegung, weil die städtischen Dienstboten zahlenmäßig geringer waren als das Industriearbeiterproletariat, zum anderen maß und mißt man den Dienstboten wohl nicht die Bedeutung bei, die ihnen faktisch bei der Organisation bürgerlicher Lebensform ohne Zweifel zukam (vergleichbar mit der Bedeutung der Industriearbeiter im kapitalistischen Produktionsprozeß); das wiederum mag daran liegen, daß die Dienstboten – eingebunden in den (groß)bürgerlichen Haushalt – selbst sehr lange nicht in der Lage waren, ein Standesbewußtsein zu entwickeln und ihre spezifischen Probleme einer breiteren Öffentlichkeit zu verdeutlichen. Dabei sind Dienstboten von jeher »beklagenswerte Geschöpfe« gewesen – und zwar in doppelter Hinsicht. »Beklagenswert« zunächst insofern, als ihre rechtliche, wirtschaftliche und soziale Lage sowie ihr Ansehen weder eine Entfaltung der Persönlichkeit noch gesellschaftlichen Aufstieg zuließen. In der sozialen Hierarchie waren sie stets am unteren Ende zu finden – knapp über dem Bettler und Landstreicher. »Beklagenswert« aber auch insofern, als sie offenbar immer wieder, solange es sie gab, den Herrschaften Anlaß zu Klagen gegeben haben. Bei der Sichtung des umfangreichen Materials zeigte sich nämlich, daß – setzt man bei Luther an – die Beschäftigung mit den Dienstboten über einen Zeitraum von 400 Jahren immer eine Beschäftigung mit deren (angeblichem) Fehlverhalten war: Die einen beklagten die allgemeine Sittenlosigkeit der Dienstboten (wobei, um einem möglichen Mißverständnis gleich vorzubeugen, »Sittenlosigkeit« nicht lediglich im Sinne von »sexueller Verfehlung« aufzufassen ist); andere setzten sich mit möglichen Ursachen für das konstatierte Fehlverhalten auseinander, wiederum andere machten sich Gedanken über eine »Besserung der Dienstboten«. Wie immer auch im einzelnen die Perspektive und das Urteil des jeweiligen Autors aussehen mag – eines wurde bei der Betrachtung der unterschiedlichen Aussagen sehr schnell gewiß: Die Klagen über die Dienstboten – mögen sie berechtigt oder unberechtigt sein – sind Ausdruck des spezifischen Herrschafts- bzw. Abhängigkeitsverhältnisses zwischen Dienstherren und Dienstboten. Sie veranschaulichen, daß von jeher dieses Verhältnis von Konflikten geprägt war, die in der Regel zum Nachteil der Dienstboten gelöst wurden. An diesem Problem setzt unsere Darstellung an: Ohne auf die Einbeziehung konkreter Fakten über die Lebensumstände der Dienstboten zu verzichten, wollen wir doch in erster Linie nach den Ursachen der Konflikte fragen, wobei uns auch interessiert, warum das Verhältnis zwischen Dienstherrschaften und Dienstboten trotz gesellschaftlicher Wandlungen über mehrere Jahrhunderte »stabil« geblieben ist.

KAPITEL I: DER BEDIENSTETE – MENSCH MIT VIELEN PFLICHTEN UND EINGESCHRÄNKTEN RECHTEN

Bisher haben wir nur von »Dienstboten« gesprochen. Meint man zunächst sehr allgemein die Gruppe derer, die einer Hauswirtschaft zugeordnet sind und dort *Dienste* jeglicher Art verrichten (wobei Spezialisierungen hier noch außer acht bleiben sollen), muß man auch den Begriff »Gesinde« mit heranziehen – nicht zuletzt deshalb, weil dieser Begriff der ältere ist und anfänglich beides umfaßt, was sich später in »Gesinde« im engeren Sinne und »Dienstboten« ausdifferenzierte. Geht man auf die etymologische Bedeutung des Begriffs »Gesinde« zurück, findet man die zunächst überraschende Wendung »Reisegefolge«. Es läßt sich ableiten von dem althochdeutschen »gasindi, gisindi, gisind« (mittelhochdeutsch »gasinde«)[1] oder von dem mittellateinischen »gasindus«[2] mit der Bedeutung: Gefolge, Dienerschaft und Reisegefährten von Fürsten und Edlen im Krieg; im Zusammenhang damit steht auch »sint« = der Weg[3], zu althochdeutsch »sinnan« = reisen, wozu auch »senden, auf den Weg schicken« gehört.[4] Die ursprüngliche Bedeutung des Begriffs »Gesinde« erfuhr einen Wandel zu dem Zeitpunkt, als das Aufblühen der mittelalterlichen Städte auch die Zunahme repräsentativer Haushaltungen förderte, die eine größere Nachfrage nach Bediensteten entwickelten. Aus den »Reisegefährten« wurde das ans Haus gebundene Gesinde. Das bedeutet auch, daß man städtisches und ländliches Gesinde zu unterscheiden begann. Doch trotz der unterschiedlichen Tätigkeitsbereiche bestand zunächst weiterhin der einheitliche Begriff »Gesinde«, für den die folgenden Merkmale gelten können:

»1. Arbeitskräfte, die auf einer niedrigeren Stufe stehen als die Arbeitgeber,

2. inferiore manuelle Arbeit,

3. Gesindeleute wohnen der Art und Häufigkeit ihrer Arbeit wegen im Herrenhaus.

4. Die Arbeitspflicht ist aber nicht auf einzelne Handlungen gerichtet, die im Vertrag gefordert und im Gesetz allgemein angeordnet werden könnten.«[5]

In verschiedenen Gesindeordnungen werden zur näheren Erklärung des Begriffs »Gesinde« einzelne Berufsgruppen aufgezählt, z. B. Knechte, Mägde, Ammen, Köchinnen, Diener etc. Davon unterscheidet man das gehobene Gesinde adliger Herrschaften, die sogenannten Livreebedienten.

16./17. Jh. Im 16. und 17. Jahrhundert tauchte erstmalig der Begriff »Dienstbote« auf: »Dienstboten« wurden in den Dienst genommen, um Bestellungen auszurichten und Botendienste zu verrichten.

19. Jh. Im 19. Jahrhundert wurde dann allmählich eine qualitative Trennung zwischen beiden Begriffen vorgenommen, wobei »Gesinde« als etwas abwertende Bezeichnung für die auf dem Lande Tätigen und »Dienstbote« für das Personal des städtischen Haushalts gebraucht wurde. (Dieser Unterscheidung wollen wir uns im folgenden anschließen, ohne allerdings die Abwertung des »Gesindes« mitzuvollziehen: ist vom »Dienstboten« die Rede, dann ist der im städtischen Haushalt tätige Bedienstete gemeint.) Des weiteren unterschied man zwischen weiblichen Dienstboten (wie Dienstmädchen) und männlichen (wie Haus- und Ladendienern).

Ende 19. Jh. Ende des 19. Jahrhunderts bemühten sich besonders die inzwischen gegründeten Dienstbotenvereine um die Abschaffung der traditionellen Begriffe wie »Gesinde«, »Knecht«, »Magd«, »Dienstmädchen« etc., um damit auch das überkommene Abhängigkeitsverhältnis abzulegen. Es entstand der neue Begriff der »Hausgehilfin«, der auch nach 1918,

1. Hamburger Dienstmädchen.

also nach der Abschaffung der Gesindeordnung, weiter bestand.

Im einzelnen wurde der Begriff »Gesinde« in Nachschlagewerken, Erbauungsbüchern u.ä. näher charakterisiert, wobei nicht nur die Trennung in Geschlechter, sondern auch die Rangordnung der weiteren Kennzeichnung diente.

Im allgemeinen umfaßten die einzelnen Gesindedefinitionen die Art der Dienste und ihre Entlohnung, die Aufnahme ins Hauswesen, verbunden mit der Unterordnung unter die hausherrliche Gewalt, sowie Aufforderungen zur pflichtgemäßen Erfüllung der Befehle. Entscheidend ist, daß die Haus- und Wohngemeinschaft ein Rechtsverhältnis konstituierte. Für das Arbeits- und Abhängigkeitsverhältnis war die Zugehörigkeit zur Hausgemeinschaft die unbedingte Voraussetzung. »Die enge Verknüpfung dieser Dienstleistungen mit dem Hauswesen in seiner individuellsten Ausgestaltung führt zur Aufnahme der sie verrichtenden Personen in die Hausgemeinschaft als Gesinde.«[6] Das Gesinde zählte zur Familie und wurde daher neben Frau und Kinder gestellt und dem Hausvater untergeordnet.

Zum Teil führte dieses Zusammenleben so weit, »daß das Gesinde seine Herrschaft ›Vater‹ und ›Mutter‹ anredet (...) Das Gesinde betrachtet sich also geradezu als ein Glied der Familie. Dabei ist freilich vorausgesetzt, daß an ein willkürliches Wechseln des Dienstes gar nicht gedacht wird; das Gesinde weiß, daß es auf Lebenszeit Versorgung im Hause findet.«[7]

Diese Aufnahme in das Hauswesen läßt sich zurückführen bis in die Zeit des Mittelalters, in der die Bedürfnisse von der nahezu autonomen Hausökonomie abgedeckt wurden, die es notwendig machte, daß alle an der Produktion beteiligten Hausgenossen in das Hauswesen integriert wurden und somit dem Schutz des »Hausvaters«, des Haushaltsvorstandes, unterstanden. Die gleichsam »theoretische« Fundierung dieses Vorganges findet sich in einer bereits im Altertum entwickelten Lehre, die als integraler Bestandteil der Ethik, also der Wissenschaft vom Menschen und der Gemeinschaft, gilt: der Lehre vom »ganzen Haus« oder »Ökonomik«.[8]

Diese umfaßte die gesamte Haushaltsfamilie, die Gesamtheit ihrer Beziehungen und Tätigkeiten. Haushaltsfamilie war »eine familiale Gruppe (...), die auf einem Bauernhof, im Handwerker- oder Kaufmannshaus zusammenlebte und gemeinsame Produktionsmittel bewirtschaftete ...«[9] Zur Haushaltsfamilie zählten somit neben den Blutsverwandten wie Großeltern, Eltern und Kinder auch die nicht verwandten Arbeitskräfte wie Knechte, Mägde, Dienstboten und Gesellen. Die Hauswirtschaft war weitgehend autark; nur die Güter, die darüber hinaus als Ergänzung ihrer Eigenständigkeit unbedingt notwendig waren, wurden mit Hilfe des Handels beschafft.

2. Dienstbotenvermittlung im mittelalterlichen Hamburg: Vor dem Vogt und den beiden Gerichtsherren wird das Gesinde von den Herrschaften angeworben.

Alle Mitglieder des Hausstandes unterstanden dem Schutz, aber auch der Rechtsgewalt des Hausherren; die in gewisser Hinsicht »unmündige« Haushaltsfamilie wurde durch die Rechtsperson des Hausvaters als deren Vorstand nach außen vertreten. Dieses Macht- und Gewaltverhältnis fand seinen Niederschlag in den verschiedensten Rechtsbestimmungen – in Polizeiverordnungen oder Gesindeordnungen:

»Der Gesindevertrag bildete in den Rechtsquellen des Mittelalters eine besonders entwickelte Art des Dienstmietvertrages, die Eingehung und Lösung desselben, sowie das Verhältnis während seines Bestehens, wurde unter dem Gesichtspunkt der Zugehörigkeit zur Hausgemeinschaft und der Unterstellung unter die hausherrliche Gewalt Sonderbestimmungen unterworfen. Zuwiderhandlungen gegen die Gesindeordnungen, besonders der Kontraktbruch, wurden unter öffentliche Strafe gestellt.«[10]

Verlangt wurde die Unterordnung unter die hausherrliche Gewalt: »(...) zum Träger der einheitlichen Sphäre ist hier allein die herrschende Person berufen, in der nach Innen und nach Außen die im Bereiche der Verbundenheit geltende Personeneinheit zur rechtlichen Erscheinung kommt.«[11]

Somit war seit dem Mittelalter das Verhältnis von Herrschaften und Dienstboten vom patriarchalischen Prinzip geprägt und wurde auch daran gemessen. Im Sinne der notwendigen Gütererzeugung unterstanden Frauen, Kinder und Gesinde der patriarchalischen Zucht und Gewalt. Der einzelne, die Persönlichkeit, mußte zugunsten eines übergeordneten Zwecks, einer größeren Organisation, in den Hintergrund treten.

Die pflichtmäßige Erfüllung von Befehlen und deren treue, fleißige und sorgfältige Ausführung waren oberstes Gebot für das Gesinde. Dafür bot sich ihm aber auch im Prinzip Schutz und Versorgung in jeder Beziehung.

»Wir verlangen von unserem Gesinde treue Pflichterfüllung, Ordnung und Pünktlichkeit und können dies mit Fug und Recht verlangen, als unsere Gegenleistung, bestehend in Lohn, Lebensunterhalt und alles, was dem Dienstboten zukommt, von uns ebenso prompt geleistet werden muß.«[12]

Allerdings war das Wohlverhalten der Dienstboten Voraussetzung, um in den Genuß von Schutz und Versorgung zu gelangen. Ließ dieses Wohlverhalten zu wünschen übrig, war dem Züchtigungsrecht des Brotherren keine Grenze gesetzt, Mißhandlungen oder Kündigungen waren die Folge.

Die Definitionen beschreiben eine vertragsmäßig eingegangene Bindung an die Herrschaft, d.h. einen freiwilligen Eintritt in die persönliche Abhängigkeit als gleichberechtigter Vertragspartner. In Wirklichkeit aber wurde in dem

3. Wohlwollende Geste des Hausherrn.

Maße, in dem durch Zunahme des Wohlstandes, der dem Aufblühen der Städte im Mittelalter folgte, in weiten Kreisen das Bedürfnis nach größerer häuslicher Bequemlichkeit geweckt wurde, die Ausbeutung der Arbeitskraft des Gesindes immer größer. Das Abhängigkeitsverhältnis verschärfte sich zu Lasten des Gesindes. Vor allem ungemessene niedere Dienste trieben die Bediensteten in sklavenhafte Abhängigkeit. Sie verkauften nicht nur ihre Arbeitskraft, die sich nach Art und Umfang abgrenzen ließ, sondern sie verkauften sich selbst, entsagten ihrer Persönlichkeit zugunsten eines »Höherstehenden«. »Wenn ein Fremder sich hier (in der Hausgemeinschaft) angliedern soll, bedarf es bei ihm im weitesten überhaupt denkbaren Maße des Verzichts auf Individualität.«[13]

Die Vertrauensbasis innerhalb des patriarchalischen Abhängigkeitsverhältnisses, vor allem im städtischen Bereich, löste sich im Laufe der Zeit mehr und mehr.

Damit einhergehend wurden von den Herrschaften soziale Standesunterschiede in der menschlichen Gesellschaft immer stärker als »naturgegeben« und »gottgewollt« dargestellt.

»Gottes Wille ist es, daß du den anderen, die nach ihren äußeren Umständen höher sind als du, dienst.«[14]

»So wie überhaupt in der menschlichen Gesellschaft nach einer sehr weisen und wohltätigen Einrichtung Gottes, Arme und Reiche untereinander sind, so auch verschiedene Klassen und Gattungen von Ständen (...) daher folgt ganz natürlich, (...) indem der eine Theil (...) sich (...) hervortut, der andere von demselben abhängig wird. (...) Hierauf gründet sich auch der Ursprung des dienenden Standes.«[15]

Von den Bediensteten wurden daher Ehrfurcht gegen Gott und die Herrschaft, Liebe zur Tugend, Zufriedenheit, Heiterkeit, froher Mut, Ordnung und Reinlichkeit, ehrbares und sittsames Betragen, Aufrichtigkeit, Gehorsam, Fleiß, Bescheidenheit, Verschwiegenheit, Enthaltsamkeit etc. gefordert. Dieser Kanon ließe sich noch beliebig fortsetzen, enthält er doch alle erdenklichen menschlichen Tugenden. Verbunden wurde die Aufzählung dieses Tugendkatalogs mit der scheinbar harmlosen Feststellung, daß diese Ansprüche an die Bediensteten ja nur geringfügig seien, da es sich doch um allgemein menschliche Eigenschaften handle, die eigentlich jeder besitzen sollte.[16]

In Wirklichkeit drückte sich in dieser scheinbar so harmlosen Feststellung die Problematik der Beziehung zwischen Dienstherrschaften und Bediensteten aus: Wenn diese Tugenden nämlich als allgemein menschlich gelten sollten, mußten sie tatsächlich über die Standesgrenzen hinausweisen. Bei den Herrschaften war aber das Bewußtsein ausgeprägt, sie besäßen kraft ihres Standes *alle* Tugenden, die Bediensteten jedoch (aus denselben Gründen) keine. So wurde das Verhalten der Dienstboten immer nur am eigenen Tugend- und Moralkodex gemessen. Es konnte daher nicht weiter verwundern, daß sich die Klagen gegen die Bediensteten bei den genannten hochgesteckten Zielen und Ansprüchen der Herrschaften häuften und das Verhältnis von Herrschaften und Bediensteten weitgehend bestimmten. Oft genug wurden die Dienstboten charakterisiert als: ohne Ehrfurcht vor Gott und der Herrschaft, mit dem Hang zu Lastern, sittenlos, unzufrieden, mißmutig, unordentlich, unsauber, unaufrichtig, ungehorsam, anspruchsvoll, trotzig, verschwenderisch.

Die Klagen richteten sich gegen Menschen, die aufgrund ihres sozialen Standes schon im Ansehen, in rechtlicher und materieller Hinsicht benachteiligt waren. Da aber die Verschiedenheit der sozialen Klassen als naturgegeben, gottgewollt erklärt wurde, erhob sich derjenige, der sich dagegen auflehnte, zugleich gegen Gott; die Folgen derartiger Vergehen wurden den Untertanen in eindrücklicher Weise immer wieder von ihren Geistlichen vor Augen geführt (denken wir etwa an die Schilderungen von Höllenqualen und Jüngstem Gericht bei Luther, Glaser u. a.).

Das Recht auf ein individuelles Leben wurde lediglich den Herrschaften zugestanden. Erniedrigung und Diskriminierung der Bediensteten zeigten sich bereits bei der Anrede:

»Im alten deutschen Bauernhaus redete der Herr den Knecht mit ›Du‹ an, der Knecht den Herrn mit ›Ihr‹.«[17] Die Verleugnung der Individualität ging für viele Dienstboten so weit, daß sie ihren Rufnamen aus familiären Gründen – wenn beispielsweise die Hausherrin oder eine ihrer Töchter zufällig auf den gleichen Namen hörten – ändern mußten: »Besonders treu half uns auch Mathilde Brahmkamp. Sie hieß eigentlich Anna; aber da unsere älteste Tochter diesen Namen führte, wurde sie von uns Mathilde genannt (...).«[18]

Die Dienstboten hingegen waren verpflichtet, die Herrschaft in der dritten Person anzureden: »Gnädiger Herr, gnädige(s) Frau/Fräulein, junger Herr« etc.

Das Leben der Dienstboten wurde von zahlreichen Ver-

4. Die Verschwörung des »niederen Gesindes«.

ordnungen reglementiert. Bedürfnisäußerungen wurden als Unverschämtheit, als Auflehnung gegen die Obrigkeit aufgefaßt und geahndet, die Übernahme bestimmter, von der Obrigkeit vorgelebter Verhaltensweisen durch Regelungen, wie z. B. durch Hochzeits- und Kleiderordnungen, eingeschränkt – und Übertretungen dieser Gesetze wurden streng bestraft.

Es kann nicht verwundern, daß bei derart rigiden Vorstellungen Trotz und Ungehorsam auf seiten der Untergebenen tatsächlich auftraten. Gewiß hat es auch zu allen Zeiten arbeitsunwilliges, »faules« Gesinde gegeben, das zu berechtigten Klagen Anlaß bot. Doch ergaben sich soziale Spannungen mindestens in gleichem Ausmaß als Resultat von Erniedrigung und Diskriminierung der Dienstboten. Die Ursache für das von den Herrschaften beklagte »Fehlverhalten« der Bediensteten lag dabei eben nicht in deren grundsätzlicher Arbeitsunwilligkeit, sondern im Verhalten und in den Ansprüchen der Herrschaften gegenüber den Bedienste-

5. *Ungehorsame und liederliche Dienstboten.*

ten – eine Einsicht, die sich bis zum Ende des Gesindewesens im 20. Jahrhundert bei den Herrschaften nie durchgestzt hat. Im Gegenteil: je rigoroser die Ausbeutung der Dienstboten wurde (das 19. Jahrhundert stellt den traurigen Höhepunkt dieser Entwicklung dar), desto häufiger und massiver wurden die Klagen über sie – der üble Begriff »Gesindel« war augenfälliger Ausdruck dessen, was die Herrschaften über ihre Untergebenen dachten.

KAPITEL II: KLAGEN ÜBER DIENSTBOTEN UND SCHRIFTEN ZUR »BELEHRUNG UND BESSERUNG DES GESINDES«

1. Klagen bei Luther und Glaser

Die ersten sehr massiven Klagen über die Dienstboten lassen sich in den Äußerungen zweier protestantischer Geistlicher aus dem 16. Jahrhundert – bei Luther und Glaser – finden. »Nun ist aber die größte Klage in der Welt über das Gesinde und Arbeitsleute, wie ungehorsam, untreu, ungezogen, vorteilisch sie sind: das ist eine Plage von Gott.«[1]

Luther ist besonders empört, weil gerade die »niedrigsten und unwürdigsten« Menschen nicht die von ihm erwartete Unterwürfigkeit zeigen.

»Denn wir sehen und erfahren, wie unartig stolz und frech jetzt die Welt und sonderlich Dienstvolk und Hausgesinde allenthalben ist (...) Obgleich es nur arme elende Bettler sind (...). Aber wir erfahren jetzt leider nur eitel Widerspiel, daß auch die nicht wollen dienen, und sich demütigen, so die aller Unwürdigsten sind, als da sind Knechte und Mägde im Hause (...).«[2]

Aufsässigkeit bedeutet für Luther zugleich Gotteslästerung, steht doch jeder Stand zu Dienste Gottes, des Allmächtigen.

Ausschlaggebend ist für Luther die Tatsache, daß der Mensch, unabhängig von seinem Stande, eine Schöpfung Gottes ist und sich in seine Bestimmung zu fügen hat. So grobschlächtig wie seine Klagen sind auch seine Vorschläge zur Besserung des Gesindes. Fromme Predigten über die Pflichten, die jeder seinem Stande schuldig ist, scheinen ihm nicht so geeignet wie die ›rohe‹ Gewalt:

»Man muß die Leute zwingen und zähmen, man hat den

noch genug zu schaffen, daß man Frieden habe – wäre aber die Faust und Zwang da, wie die Zeit gewesen ist, da niemand mucken durfte, er hätte die Faust auf dem Kopf: so ginge es besser zu – (...) wenn eine Magd nicht will gehorsam sein, verkäuft man sie um drei Gröschen, denn käufet sie einer, der schlägt in sie (...), wenn sie nicht thun will, was sie soll – wenn ein Knecht nicht arbeiten will, so gehöret dazu ein guter Stecken und auf die Haut gedroschen, daß man ihm die Striemen zählen (...).« [3]

Auch der Dresdner Prediger Peter Glaser hielt nicht viel vom Gesinde; sehr ausführlich beschreibt er dessen Unarten und Untugenden in seinem 1564 erschienenen »Gesind Teuffel, Darin acht Stueck gehandelt werden von des Gesindes Vntrew ...«.[4]

»Denn das Gesinde ist jetzt so unartig, ungeraten, wunderlich und böse, daß niemandt mit ihnen übereinkommen kan. Das auch ein Sprichwort davon worden, wenn einer gar böse und untugendsam ist, das man saget: Du solt mir wol ein Gesindlein sein.«[5]

Der Teufel erscheint als Antreiber und Verführer des Gesindes, »das sie wider ire vorige Herren und Frawen reden und thun«.[6] Die Lasten und Untugenden der Dienstmägde geben ihm Anlaß zu folgenden Versen:

»Eine böse Magd voll arger List,
verschlagen faul und fressig ist (...)

Das Maul ihr wie ein Klapper geht
gern mit Knechte Reden steht (...)

Sie hat auch oftmals ohne Scheu
den Herren lieber als die Frau (...)

Geht naschen und frißt gern Fett
und lüget alles, was sie redt (...)

Gibt heimlich weg und stielt wie ein Dieb
hat weder Gott noch Kinder lieb (...)«[7]

Die Dienstboten erscheinen als so verdorben, daß die Herrschaften sich angeblich vor ihnen sogar fürchten und sie lieber ihr Eigentum verkauften, als auf sie angewiesen sein zu müssen. Diesem lasterhaften Gesinde droht Glaser, es »wirdt zu seiner zeit, von ihrem Teuffel, dem sie fleißig und treulich gedienet, auch seinen lohn empfahen, welcher grewlich und schrecklich genugsam sein wirdt«.[8]

Zur Besserung bzw. Vermeidung des lasterhaften Lebens gibt Glaser weniger grobe, eher praktischere Anweisungen als Luther. Nur wer seiner Meinung nach arbeitsam und fleißig ist, entzieht sich den Lockungen des Teufels, während der Müßiggang die Grundlage für des Teufels Heimsuchung ist. Besonders den Eltern, welche ihre Kinder nicht in der eigenen Wirtschaft benötigen, sollte man nahelegen, ihre Kinder in den Dienst zu schicken, damit sie nicht etwa dem Müßiggang verfallen. Nur die Gemeinschaft der Frommen biete Gewähr für tugendhaften Umgang. In Anlehnung an das 4. Gebot solle man neben den Eltern auch der weltlichen Obrigkeit, insbesondere den Herrschaften, gehorchen und sie ehren, wobei allerdings auch die Herrschaft mit gutem Beispiel vorangehen und sich gottesfürchtig verhalten solle.

Als Vorbild und Maßstab für das Verhalten der Dienstboten wird Jesus Christus, der »Knecht Gottes«, angeführt:

»Des Menschen Sohn ist nicht kommen, das er im dienen lasse, sondern das er andern diene (...) So jemandts um des Gewissens willen zu Gott das ubel vertregt und das unrecht leidet. Denn darzu seidt ihr beruffen, sintemal auch Christus gelitten hat für uns und uns ein Fürbilde gelassen, das ir solt nachfolgen seinen Fustappen (...). Es ist auch Gott solchen Dienern günstig, und so sie ihren dienst aus dem Glauben thun, wil ers ihnen nicht allein hie zeitlich, sondern auch dort ewig vergelten.«[9]

Insbesondere Luther wurde mit seiner Dienstbotenschelte zum Anwalt des immer mehr sich herausbildenden Ausbeutungsverhältnisses zwischen Dienstherrschaft und

6. Das Ende einer feinen Gesellschaft: zurück bleibt der Schmutz für das Dienstmädchen und die Scheuerfrau.

Dienstboten. Die Grundlagen seiner Auffassung finden wir in seiner »Drei-Stände-Lehre« und in dem zu seiner Zeit neu gefaßten Begriff der »Arbeit«.

In der Drei-Stände-Lehre (die die Auseinandersetzung Luthers mit Kirche und Papst theoretisch fundiert, indem sie jegliche Hierarchie im geistlichen Bereich ablehnt) macht Luther deutlich, daß Gleichheit zwar im Reiche Gottes besteht, sich aber nicht auf die weltliche Ordnung übertragen läßt.

»In der Welt und irdischem Regiment ist's wohl also, da muß es ungleich sein, ein Stand und Werk höher, edler und besser denn andere (...) Gott hat' s also geschaffen, daß die Menschen ungleich sind. (...) Denn weltlich Regiment kann nicht bestehen, wo nicht Ungleichheit ist in Personen, daß etliche frei sind, etliche gefangen, etliche Herren, etliche Untertanen. (...) Darum obgleich eines Anderen Stand geringer ist, denn deiner, sollst du doch wissen, daß er auch von Gott geschaffen und geordnet ist. Wiederum sollst du auch wissen, daß du auch dazu in deinen Stand gesetzt bist, daß du dich herunter sollst lassen und anderen dienen. Als ein Edelmann seinem Fürsten zu Hofe oder zu Felde, Knecht und Magd ihren Hausherren oder Frauen. Und du sollst solches tun um Gottes Willen. Das hieße sich dann recht herunter gelassen oder erniedrigt, wie es Christus nennt; so würde dich Gott dagegen wiederum erhöhen und emporheben vor aller Welt mit allen Ehren.«[10]

Luther versuchte zwar, die römische Kirche herauszufordern, kritisierte ihre Institutionen und prangerte ihre Moral mit dem Ziel einer neuen kirchlichen Ordnung und der Erneuerung ihrer Inhalte an. Er forderte die reine Lehre, basierend auf den Evangelien der Heiligen Schrift, als Grundlage allen christlichen Lebens und damit die Abschaffung des Papsttums. Die bestehende weltliche Herrschaftsordnung wurde dadurch allerdings in keiner Weise umgestaltet, sondern im Gegenteil durch die Evangelien erst recht legitimiert. Herrschaft und Abhängigkeit definierten sich daraus als gottgewollte Ungleichheit der Stände. Lediglich im religiösen Bereich wurde durch die Aufhebung der geistlichen Stände Gleichheit und Freiheit aller Christen erzielt.

Sowohl Luthers Obrigkeitsauffassung als auch die darauf beruhenden Klagen stehen in direktem Zusammenhang mit dem gesellschaftlichen Wandlungsprozeß zwischen Mittelalter und Neuzeit in der Renaissance.

Die gesellschaftliche Struktur des Mittelalters war geprägt durch das Herrschafts- bzw. Abhängigkeitsverhältnis zwischen adligen Grundherren und abhängigen Bauern (»Hörigen« oder »Leibeigenen«). Innerhalb dieses sogenannten »Feudalsystems« entstand allmählich eine Kraft, die sich auf Dauer dem Herrschaftsanspruch feudaler Obrigkeit entzog: das Fernhandel treibende Bürgertum in den stetig mehr aufblühenden Städten. Waren die Städte zunächst der Reglementierung durch die adligen Grundherren unterworfen, gelang es den Bürgern nach und nach, die Stadtrechte in eigene Hände zu bekommen (dieses geschah z. B. dann, wenn ein adliger Grund- und Stadtherr sich bei seinen eigenen Bürgern, die ihm kostbare Waren aus fernen Ländern lieferten, derart verschuldet hatte, daß er schließlich die Stadtrechte gleichsam als Schuldentilgung an die Bürger abtreten mußte). In der Auseinandersetzung um die Vorherrschaft in der Stadt entwickelte sich in der bürgerlichen Oberschicht fast zwangsläufig ein eigenes Selbstbewußtsein, das sich abgrenzte gegen die adlige Vormachtstellung. Dieser Prozeß mündete schließlich in der epochalen Umwälzung der Renaissance und des Humanismus.

Da die mittelalterlich-feudale Gesellschaft von der Religion in jeder Beziehung geprägt und bestimmt war, ist es nicht verwunderlich, daß die Wandlung dieses Systems von einer Veränderung im kirchlichen Bereich – der Reformation – eingeleitet wurde.

In Abgrenzung zum Müßiggang und Luxus des Adels und des hohen Klerus, der zwar einerseits christliche Lebensführung predigte, auf der anderen Seite aber durch ausbeuterische Methoden, wie z. B. den Ablaßhandel, die Menschen schröpfte, konstituierte sich der bürgerliche »Arbeitsbegriff«. Diesen neuen Begriff der Arbeit gilt es etwas näher zu untersuchen, steckt doch in ihm zumindest *eine* Antwort auf die Frage, warum über viele Jahrhunderte hinweg die Klagen über Dienstboten sich so ungebrochen erhalten konnten.

Der Begriff »Arbeit« stammt von dem lateinischen »Arvum, Arva = gepflügter Acker«, geht aber auch auf das germanische »arba = Knecht« zurück,[11] doch läßt er sich auch von dem indogermanischen »orbho = verwaist« ableiten.[12]

Im Mittelhochdeutschen gibt es folgende Begriffe von Arbeit: »arbeit, arebeit, erebeit, erbeit«, mit der Bedeutung »das durch arbeit zustande gebrachte, erworbene; mühe, mühsal, not, die man leidet od. freiwillig übernimmt; kampfesnot, strafe, kindsnöte«. Entsprechend bedeutet »arbeiten, arebeiten, erbeiten ... = mit anstrengung streben; tr. in arbeit bringen, bedrängen, plagen, kasteien; in gebrauch haben, gebrauchen; bearbeiten. – sich mühen, anstrengen«. Darüber hinaus bestehen noch die Adjektive: 1. »arbeitliche«, mit der Bedeutung = »mühsal machend; mühselig, qualvoll« und 2. »arbeitsam = beschwerlich, mühselig« und der zusammengesetzte Begriff der »arbeitseeligkeit« mit der Bedeutung »mühsal, not«.[13]

Der Arbeit lastete ursprünglich also eine negative Bedeutung an. Bereits zu germanischer Zeit empfand man die Arbeit als Unglück und »unwürdige Mühsal«.[14] Dem entsprach auch die Organisation der Arbeit: Die freien Männer waren Krieger und Jäger, während die Frauen und die Sklaven Feld- und Hausarbeit zu leisten hatten. Es leitete sich daraus das grundsätzliche Prinzip ab, daß niedere körperliche Arbeit von den Rechtlosen ausgeführt werden mußte, also den Frauen und Sklaven. Das Vorrecht, Waffen zu tragen, war eine Ehrenpflicht der Männer.

Die positive Wendung des Arbeitsbegriffes, Arbeit als »Glückseligkeit«, erfolgte in der Renaissance. Besonders Luther trug zu dieser Wertung des Arbeitsbegriffs bei, indem er die Arbeit als »sittlichen Wert« pries.[15]

»Er (Luther) erblickt in der Ausübung gewerblicher Arbeit, die im Altertum als deklassierend, als banausisch, im Mittelalter als profan, als ungöttlich galt, eine gottgewollte sittliche Mission. Bis dahin hatte man die Arbeit als eine Strafe, bestenfalls als ein notwendiges Übel angesehen; jetzt wird sie geadelt, ja heiliggesprochen.«[16]

Eine jegliche Arbeit diente nun dazu, sich Gottes Wohlgefallen zu sichern und damit der Heilserwartung näher zu kommen, Arbeit und Erfolg verschafften Heilsgewißheit.

Arbeit rückte ins Zentrum des ›Lebens‹: Diesen Ansatz spiegeln besonders deutlich die heute noch geläufigen Sprichwörter wieder:

1. Wer nicht arbeitet, soll auch nicht essen.
2. Wie die Arbeit, so der Lohn.
3. Nach getaner Arbeit ist gut feiern.

Entsprechend der Auffassung von Arbeit als positivem Wert wurde nun jegliche Unproduktivität als Laster empfunden, was sich in gleicher Weise an zahlreichen Sprichwörtern ablesen läßt, wovon »Müßiggang ist aller Laster Anfang« das gebräuchlichste ist.

Müßiggang wurde geradezu als ein »Verbrechen« abgestempelt. Es verwundert nicht, daß Luthers Neubewertung der Arbeit, die als wahrer »Gottesdienst« den in der damaligen Kirche herrschenden Ausschweifungen und Lastern entgegengehalten wurde, beim Frühbürgertum auf fruchtbaren Boden fiel. Denn in der Abgrenzung vom Adel, der keiner produktiven Tätigkeit nachging, mußten die Bürger eigene, neue Werte setzen. Da sie nicht nur ihren Lebensunterhalt durch ihrer Hände Arbeit verdienten, sondern sich dadurch auch die Möglichkeit eröffneten, Macht und Einfluß zu gewinnen (man denke etwa an die großen Unternehmerfamilien der Fugger und Welser), lag es nahe, die Arbeit selbst in den Rang eines derartigen positiven Werts zu erheben.

Luthers Auffassung ist insofern widersprüchlich, als er zwar die Arbeit als »gottgefälliges Werk und menschliche Pflicht« darstellte,[17] gleichzeitig jedoch die mittelalterliche Ständeordnung unterstützte, indem er jeden an seinen Stand fesselte und dieses mit der Unterordnung unter die gottgewollte Obrigkeit begründete.

Von daher läßt sich auch sein Haß gegen die aufständischen Bauern im Bauernkrieg 1525/26 und die untreuen und »faulen« Bedienten verstehen, der sich in zahlreichen Klagen artikulierte. Offenbar waren die Dienstboten nach seiner Ansicht der mittelalterlichen Ordnung noch so sehr verhaftet, daß sie den neuen, positiven Arbeitsbegriff noch nicht verinnerlicht hatten und ihr Verhalten daher nicht den veränderten Ansprüchen genügte. Insbesondere hieß dieses für die Bedienten, daß sie der neuen Verheißung von Glückseligkeit durch Arbeit noch nicht folgen konnten, sondern, die Arbeit weiter als Mühsal und Plage empfindend, ihren Pflichten träge nachkamen und es auch an der gebührenden Ehrfurcht ihrer Herrschaft gegenüber fehlen ließen.

Luther erkannte nicht, daß die positive Neubestimmung des Begriffes »Arbeit« prinzipiell jede Form von Arbeit hätte einbeziehen müssen. Das aber hätte den Zusammenbruch des patriarchalischen Systems innerhalb des »Ganzen Hauses« und damit des immer stärker sich herausbildenden Ausbeutungsverhältnisses mit sich gebracht; denn die generelle Aufwertung der »Arbeit« hätte zu einer ebenso generellen Aufwertung der »Arbeitenden« führen müssen – dieses war aber weder im Feudalsystem auf dem Lande noch im frühkapitalistischen System, das sich in den Städten im 16. Jahrhundert entwickelte, möglich. So wurde, ohne daß dieses den Verfechtern des neuen Arbeitsbegriffs in seiner Tragweite bewußt war, mit der positiven Neubestimmung zugleich eine Differenzierung in höher- und niederwertige Arbeit vorgenommen. Gottgefällig war derjenige, der *erfolgreich* arbeitete – und das hieß in letzter Konsequenz: der Reichtum anhäufte. Im Reichtum, der auf Arbeit beruhte, lag der entscheidende und augenfällige Unterschied zum Adligen, der Reichtum anhäufte, *ohne* zu arbeiten. Auch ein Dienstbote arbeitete, »rackerte sich ab«; doch niemals gelang es ihm, damit Reichtümer zu erwerben. Er »bewies« damit, daß er weniger erfolgreich – und weniger gottgefällig war. Da man nicht anstand, ihm das täglich vor Augen zu führen, mußte das zwangsläufig auf Dauer zu Unzufriedenheit mit der eigenen Arbeit, auch zu Arbeitsunlust führen, was dann prompt Klagen über das »faule« Gesinde nach sich zog. Damit ist bereits im Beginn der frühen Neuzeit ein »Teufelskreis« geschlossen, aus dem die Dienstboten auch in der Folgezeit nie herauskommen konnten.

2. Didaktische Literatur zur Erbauung und Belehrung der Dienstboten

Luthers Auffassung von der von Gott eingesetzten Obrigkeit auf Erden und der gottgewollten Ungleichheit der Stände fand in der Folgezeit ihren Niederschlag in zahlreichen Texten, die sich mit den Dienstboten beschäftigten. Besonders im 18. Jahrhundert erschien eine Flut von Schriften, die sich mit den Klagen über Dienstboten auseinandersetzten und es sich zur Aufgabe machten, das »Gesinde« zu »belehren« bzw. den Herrschaften Ratschläge zu geben, wie sie ihre Bediensteten »angemessen« behandeln sollten.

So beginnt etwa J. C. Lavater sein »Sittenbüchlein für das Gesinde« aus dem Jahre 1773 mit einem Geleitwort an die Herrschaft: »Seyd auch ihr nicht ungerecht und unbrüderlich gegen Eure Dienstboten«, fährt dann aber an die Dienstboten gewandt fort: »Mein lieber Dienstbote, ... laß dir von einem christlichen Bruder ein Wort der Ermahnung und des Raths in die Hände geben ... Wenn du weise bist, so wirst du auch ein Verlangen haben, dem zu gefallen, der dich erschaffen hat und der ein Herr ist des Himmels und der Erde.«[18]

Entscheidend hierbei ist, daß Lavater Gott als Schöpfer der Welt und seiner Bewohner als allgegenwärtig versteht. Aus diesem Grunde sollen die Handlungen und Tätigkeiten aller Menschen, unabhängig von ihrem Stand, jederzeit zum Lobe Gottes verrichtet werden. Da Lavater im Verlaufe seines Buches jedoch nur noch den Dienstboten Ratschläge erteilt, hat es den Anschein, daß es für ihn doch Unterschiede gibt in der Nähe der Stände zu Gott. Er übernimmt zwar als didaktisches Mittel die Auffassung von der Gleichheit aller Christen vor Gott, wonach der auf Erden Niedrige, in die-

7. Bei der Arbeit.

sem Fall der Dienstbote, vor Gott dem irdischen Fürsten und Könige gleichgestellt ist. Offenbar will er damit der möglichen Unzufriedenheit der Dienstboten mit der eigenen Position entgegentreten. Doch ändert dies nichts an seiner Auffassung, daß die weltliche Ungleichheit einer göttlichen Ordnung entspräche und demzufolge ein jeder in seinem Stand zu verharren habe.

»Es ist besser, daß du Knecht oder Magd oder Kinderwärterin oder sonst eine Art Dienstbote seyst, als etwas anderes. Traue es der guten Fürsehung Gottes einfältig zu; der Fürsehung, ohne deren Willen nicht einmal ein Sperling auf die Erde fallen kann; – Gottes Wille ist es, daß du anderen, die nach ihren äußeren Umständen höher sind, als du, dienest – wie Gott nun einen jeden berufen hat, also wandle er. – Auf

Vertröstung auf ein Jenseits

äußere Umstände und Vorzüge kommt es gar nicht an. – Nur auf die Erfüllung des Gebotes Gottes; in welchen Beruf ein jeder berufen worden in demselben bleibe er. – Bist du ein Knecht zu seyn berufen, so laß dir das keine Sorge machen, denn wer ein Knecht zu seyn berufen ist, in dem Herrn, daß ist im Glauben an des Herrn Weisheit und allwaltende Güte, der ist ein Gefreyter des Herrn. – Ihr Brüder und Schwestern jeglicher verbleibe vor Gott in dem, wozu er berufen ist«.[19]

Lavater vermittelt so den Dienstboten das Bewußtsein, daß gerade ihre geringste Arbeit Wille Gottes sei und zu seinem Lob verrichtet werde.

Um die schwere körperliche Arbeit aufzuwerten, versucht Lavater, sie den Dienstboten gegenüber als »Gottesdienst« mit der Aussicht auf himmlische Belohnung zu preisen (auch damit will er offenbar eventueller Unlust und Unzufriedenheit bei den Dienstboten vorbeugen).

Im »Lesebuch für angehende weibliche Dienstboten«, das vielen anderen »Ratgebern« zum Vorbild gedient hat, findet sich ein Inhaltsverzeichnis, das beispielhaft die Vorstellungen von Herrschaften über den »guten Dienstboten« erkennen läßt:

»I. Verhaltungsregeln eines weiblichen Dienstboten
in Ansehung seiner selbst.

1. Uebe Ehrfurcht gegen Gott, und Liebe zur Tugend.
2. Sey zufrieden.
3. Suche Heiterkeit des Geistes, frohen Muth und Vertrauen auf Gott in dir zu erhalten.
4. Liebe die Ordnung.
5. Befleissige dich der Reinlichkeit.
6. Sorge für deine Kleidung.
7. Befleissige dich eines ehrbaren, sittsamen Betragens.
8. Sey behutsam im Umgange.

9. Sorge für deine Gesundheit.
10. Hüte dich vor Schuldenmachen.
11. Fliehe Spiele und Lotterien.
12. Wende den Sonntag zweckmäßig an.
13. Suche eine gute Herrschaft zu erhalten.

II. Verhaltungsregeln in Ansehung der Pflichten gegen Herrschaften.

1. Hege Ehrfurcht, Zutrauen und Liebe gegen sie.
2. Sey aufrichtig.
3. Sey gehorsam und folgsam.
4. Uebe Fleiß und Geschäftigkeit.
5. Sey bescheiden.
6. Sey verschwiegen.
7. Sey treu und ehrlich.
8. Sey vorsichtig in deinen Handlungen.
9. Sey enthaltsam.
10. Vom Ausgehen in eigenen Geschäften.
11. Vom Aufsagen, Veraenderung des Dienstes.
12. Verhalten gegen die Aufseherin des Hauses und der Haushaltung.

III. Verhaltungsregeln gegen Mitbediente oder das Nebengesinde.

1. Sey nicht zu vertraut.
2. Liebe Eintracht und Friedfertigkeit.
3. Einer trage des Andern Last.
4. Einer trage des Andern Fehler.

IV. Verhalten in Ansehen des Hauswirths, der Mitbewohner des Hauses, und deren Dienstboten, und der Nachbarn.

V. Verhalten gegen Fremde und deren Dienstboten.

VI. Verhalten bey Unglücksfällen oder in anderen Verhältnissen welche die Herrschaft angehen.

1. In Krankheit.
2. Bey Feuersgefahr.
3. Auf Reisen.«[20]

An den Beginn der einzelnen Kapitel stellt die Verfasserin prägnante Sinnsprüche über die Tugenden eines jeden Dienstboten:

»Durch bescheidenen, sittsamen Anzug erwirbst du dir nicht nur Liebe, sondern du wirst auch dadurch Gelegenheit zu Suenden, zum Anstoß und Aergernis vermeiden (...) Es ist Gewissenspflicht, daß du für deine Gesundheit sorgest und sie nicht muthwillig verscherzest. Denn bist du krank, so bist du zur Erfüllung deiner Pflichten unfähig (...) Arbeite lieber Tag und Nacht als daß du Schulden machst (...)

Deine Herrschaft vertritt die Stelle deiner Eltern. Beweise dahero gegen sie die Ehrfurcht, das Vertrauen, die Liebe, welchen du deinen Eltern schuldig bist.«[21]

Auch dieses Lehrbuch präsentiert die einfache Formel: Herrschaft ist von Gott eingesetzte Obrigkeit, stellvertretend für Vater und Mutter, wodurch sie unter das Vierte Gebot fällt. Im Sinne Lavaters finden sich in der Literatur bis ins 19. Jahrhundert hinein zahlreiche Beispiele belehrender, erbaulicher oder mahnender Schriften, deren Titel bereits die »wohlmeinende« Absicht der Autoren erkennen lassen. So gibt es das »Lehrbuch für Dienstmädchen«[22], den »Gesindefreund«[23], den »Goldenen Spiegel«[24] oder den »Katechismus für Dienstboten«[25]. Allen gemeinsam ist das Ziel, die schwere körperliche Arbeit als gottgewollt zu legitimieren, denjenigen, die sie verrichten, das himmlische Heil als Vergeltung ihrer irdischen Last in Aussicht zu stellen und sie gleichzeitig davor zu warnen, sich gegen die »von Gott eingesetzten« Herrschaften aufzulehnen.

Solange die Dienstboten sich in dieser (Ehr-)Furcht halten lassen, brauchen die Herrschaften keine Befürchtungen um ihre Stellung und die damit verbundene Lebensführung zu hegen. Gottes Gebote dienen dabei als systemstabilisierender Faktor für eine auf Herrschaft und Abhängigkeit beruhende Gesellschaftsform. Den Herrschaften kann nur daran gelegen sein, daß die Zahl der Erbauungsschriften mit moralisch-belehrendem Inhalt weiter zunimmt; denn je größer die Anzahl belehrender Schriften gleichen Inhalts ist, desto größer ist auch die Wahrscheinlichkeit der positiven Beeinflussung der Dienstboten im Sinne der Herrschaften: sie an ihren Stand zu binden, um sie damit für die Herrschaft verfügbar zu machen.

In diesem Sinne beschreibt auch der »Katechismus für Dienstboten« in fünfundzwanzig Punkten und einigen nützlichen Ratschlägen, wie sich die Dienstboten zu verhalten haben, um den Herrschaften zu gefallen und dienlich zu sein und sich ihre Beschäftigung und damit ihr Auskommen zu sichern.

»Dienstboten, welche ihrer Pflicht nicht nachkommen (...) kommen bald in einen üblen Ruf, werden von keiner Herrschaft mehr gemiethet, müssen gewöhnlich außer der Zeit abgehen oder werden doch nicht länger als ein halbes Jahr behalten (...)«[26]

Neben Arbeitsamkeit und Fleiß wird als oberstes Prinzip eines jeden Dienstboten Gottesfürchtigkeit gefordert, darüber hinaus Keuschheit, Treue, Ehrlichkeit, Folgsamkeit, Achtsamkeit, Ordnung, Reinlichkeit sowie Höflichkeit und Gefälligkeit, Verträglichkeit, Mitleid gegen Mensch und Tier, Mäßigkeit, Verschwiegenheit, Wahrheitsliebe. Die Dienstboten sollen sich um ihre Gesundheit bemühen, auf ihren Umgang bedacht sein und nicht klatschhaft ihnen Anvertrautes weitergeben. Sie sollen lernbegierig sein, anständige Reden führen und ihre freie Zeit nutzbringend ausfüllen. Nur mit Dankbarkeit und Sparsamkeit erreichten sie etwas,

No 14.

Beschreibung der geistlichen Hausmagd

welche das Leiden Christi bei all ihrer häuslichen Verrichtung betrachtete:

deßwegen begehrte ein alter Einsiedler zu wissen, wer ihm in seine Frömmigkeit vor Gott gleich wäre; da er aber durch einen Engel zu der geistlichen Hausmagd geführt wurde, und alle ihre tägliche Uebung wahrnahm, fand er, daß ihre Verdienste bei Gott größer, als die seinigen seien; weil sie bey allen ihren Verrichtungen das Leiden Christi führte.

Es war auf eine Zeit ein …

8. *Beschreibung der geistlichen Hausmagd.*

vielleicht sogar eigene Unabhängigkeit; Aberglaube dagegen sei dummer Wahn.

Dieser Tugendkatalog wird nicht so sehr von der Sorge um das irdische und himmlische Heil der Dienstboten getragen, sondern davon, wie sich die bestehende herrschaftliche Ordnung aufrechterhalten läßt. »So wie im Staate die Untertanen gehorchen müssen, so muß im Hause der Dienstbote gehorchen, außerdem kann weder Staat noch Wirtschaft bestehen.«[27]

3. Die »geistliche Hausmagd«

Eine Belehrung besonderer Art bildet das Vorbild der »geistlichen Hausmagd«, das in Form von Andachtsbildern und Bilderbögen den Dienstboten zur Anschauung eines sittlichen Lebenswandels dienen soll. Es stellt als Beispiel für tugendsamen christlichen Lebenswandel eine Hausmagd vor, »welche das Leiden Christi bei all ihren häuslichen Verrichtungen betrachtete (...) Es war einmal auf eine alte Zeit ein alter Einsiedler, in einem Wald vierzig Jahr, der gedachte auf eine Zeit, er möchte gern einen Menschen sehen, der ihm vor Gott gleich in seinem Verdienste wäre. Da kam ein Engel Gottes zu ihm sprechend: gehe mit mir, ich will dich zu einer Magd (oder Haus-Dienerin) führen, die ist dir gleich in deinen Verdiensten vor Gott dem Herren. Alsbald ging er mit dem Engel in die Stadt in dasjenige Haus, allwo diese Magd diente. Er sah die Magd an und gewahrte, daß sie fröhlich war und mit jedermann redete, sah sie auch wohl essen und trinken. In summa, er vermeinte an ihr nichts zu sehen und zu erkennen, daß sie ihm in seiner Andacht möcht verglichen werden. Er bat sie deswegen, daß sie ihm sage, was doch ihre Übung wäre? dies aber wollte sie ihm lange nicht sagen, bis er sie um der Liebe Gottes willen bat, da fing sie an und sprach: Erstlich ist dies meine Gewohnheit, wann ich des Morgens aufstehe, so bitt ich Gott, daß er mich den Tag hindurch vor Sünden bewahre, und daß er sehe ein Anfang aller meiner Werke.«[28]

In den folgenden Punkten stellt sie ihre häuslichen Arbeiten in den Zusammenhang zum Leiden Christi:

2 Ankleiden: Gedenken an das Spottkleid Jesu.
3 Umlegen des Gürtels: Binden Jesu mit Stricken.
4 Schuhe anziehen: Jesu hatte keine Schuhe.
5 Aufsetzen der Haube: Aufsetzen der Dornenkrone.
6 Anlegen des Schleiers: Augenbinde Jesu.

7 »Wann ich zum Frühgebet oder Heiligen Meß gehe, so gedenke ich das Wort Gottes, welches der Priester mir fürtragt oder handelt, sey eine Speise meiner Seele dadurch mir meine und aller Welt Sünde vergeben werde.

8 So glaube und bekenne ich auch, daß Christi Jesu, unseres Heilands Fronleichnam am Stamm des H. Kreuzes einmal geopfert, ein genugsames Opfer sei für meine, wie auch der ganzen Welt Sünde.

9 Wann ich wiederum heim gehe, so gedenke ich, wie man Jesum von einem Haus zum anderen mit großem Gespött geschlagen und Stößen geführt.«[29]

10 Eintritt ins Haus: Jesu Gefängnis.

11 Feueranzünden: göttliches Feuer der Liebe.

12 »Wenn ich die Häfen zum Feuer setze, gedenke ich, wie die Juden beim Feuer standen, und Petrus Jesum, seinen Meister verleugnete, bittend, daß mich Gott erhalte in den Trübsal und Wiederwärtigkeiten und mich mit Gnaden ansehe, wie er den büßenden Petrum angesehen hat.«[30]

13 Holztragen: Tragen des Kreuzes.

14 Wasserholen: Jesus wurde durch den Bach Cedron gezogen.

15 Beim Gebrauch von Messern: Speerstoß in die Heilige Seite von Jesus.

16 Holzauflegen: Jesu Marter.

17 Auftragen des Essens: Abendmahl.

18 Beim Trinken: Essig und Galle als Getränk für Jesus.

19 »So oft ich etwas abwasche, bitte ich Gott, daß er an mir abwasche all das, woran er ein Mißfallen hat.«[31]

20 Bettenmachen: Geißeln und Schlagen.

21 »Wann ich einen betrübten Menschen ansehe, so bitte ich meinen Gott von Herzen für ihn: erkenne auch dabei die große Gütigkeit wohl erwägend, daß mein Leiden nichts sei gegen dem Leiden anderer Menschen.«[32]

22 Auskleiden: Abziehen der Kleider Jesu.

23 Ins Bette legen: Kreuzigung.
24 »Oder letztens richte und ordne ich in Summa all mein Thun und Arbeit des ganzen Tages in das Leiden unseres Heilands Jesu Christi.

Da der Einsiedler das gehört, gedachte er bei sich: ach Gott! nun bin ich allein und irret mich niemand und kann dieses alles kaum gedenken, da doch diese Magd solche Betrachtungen hat unter ihrer Arbeit; sollte ich also unter den Menschen wohnen, wie sie, so könnte ich es in der Wahrheit nicht thun. Fällt also das Urteil selbst, daß diese Magd billig größere Belohnung von Gott dem Herren zu erwarten habe als er.«[33]

Diese Legende von der »geistlichen Hausmagd« faßt in vortrefflicher Weise alle Lehren und Belehrungen der bisher genannten Erbauungsbücher zusammen, ja sie übertrifft sie sogar noch um einiges, da sie von den Dienstboten Nachahmung verlangt: sie sollen sich bei jeder Tätigkeit frommen Gedanken hingeben und in ihrem ganzen Wesen dem Willen Gottes unterwerfen.

In besonderem Maße dient dieses Beispiel der Belehrung dazu, den Dienstboten einen positiven Begriff von Arbeit zu vermitteln und sie zu pflichtbewußten Befehlsempfängern zu machen. Durch die Gleichsetzung des gesamten Tagesablaufes und jeder noch so geringen Tätigkeit mit dem Leiden Christi spiegelt die »geistliche Hausmagd« die Arbeit als »Gottesdienst« in höchster Vollendung wider.

Die Verbreitung der Erzählung von der »geistlichen Hausmagd« ist vom 14. bis ins 19. Jahrhundert zu verfolgen: Im 14. und 15. Jahrhundert als Handschrift, im 16. Jahrhundert als Flugblattdruck, im 18. Jahrhundert als Andachtsbuch und im 19. Jahrhundert als Bilderbogen, dessen große Nachfrage Neudrucke bis zur Jahrhundertwende hervorrief. In Form und Inhalt war der Bilderbogen besonders auf die ungebildeten Schichten abgestimmt.

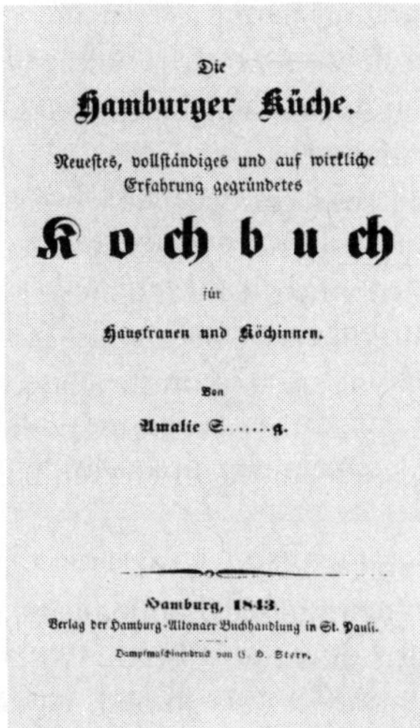

Die

Hamburger Küche.

Neuestes, vollständiges und auf wirkliche
Erfahrung gegründetes

Kochbuch

für

Hausfrauen und Köchinnen.

Von

Amalie S.......g.

Hamburg, 1843.
Verlag der Hamburg-Altonaer Buchhandlung in St. Pauli.

Dampfmaschinendruck von G. H. Sterr.

9. *Ein Beispiel für erbauliche Literatur.*

Der handliche Einblattdruck vermittelte den Inhalt optisch leicht erfaßbar und illustrierte ihn darüber hinaus noch mit Abbildungen.

4. Die »Hausväterliteratur«

Eine etwas andere Zielrichtung als die bisher genannte »Erbauungsliteratur« für das Gesinde hat die sogenannte »Hausväterliteratur«: Sie versucht den Herrschaften Anleitungen zur allgemeinen Haushaltsführung und Ratschläge für den Umgang mit den Dienstboten zu geben. So wird vornehmlich die Hausfrau angesprochen, »da diese in den, dem Geschlechte eigenen Tugenden, theils mehr Vorbild, oder Vorgängerin seyn, theils mehr schicklichen Unterricht geben kann«.[34]

Die Rollenverteilung erfolgt, wenn auch nur vordergründig, von sittlichen Erwägungen geleitet, ganz nach den herrschenden Anschauungen, daß der Tätigkeitsbereich der Frau im Hause liegt:

»Mancher Hausmutter hat es die Mühe und Zufriedenheit ihres ganzen Lebens gekostet, wenn sie sich aus Bequemlichkeitsliebe oder Sorglosigkeit, der ihr zukommenden Hälfte des Hausregiments begeben und dadurch einen zum Leichtsinn oder zur Wollust geneigten Gatten die Gelegenheit nicht benommen hat, mit dem Gesinde oder Bedientinnen des andern Geschlechts in eine unanständige Vertraulichkeit zu gerathen.«[35]

In diesem Zusammenhang wird eine allgemeine Lasterhaftigkeit der Dienstboten beklagt. Diese habe ihren Ursprung in den teilweise stark überhöhten Löhnen. Besonders in Zeiten, in denen eine Knappheit an Dienstboten herrsche, versuchten sich die einzelnen Herrschaften durch das Überbieten an Lohn gegenseitig die Dienstboten abzuwerben. Das habe aufwendige Kleiderpracht, Schwelgereien, Saufereien, Spiele und Unzucht der Dienstboten zur Folge. Auch Geschenke und Trinkgelder seien ein Grund für Laster und Verderben, denn »der Gesindefleiß wird hierdurch so wenig angespornet oder ermuntert, daß es immer beym vorigen Schlendrian bleibt«.[36]

Zwar solle nicht ganz auf Belohnung für entsprechendes (Wohl-)Verhalten verzichtet werden, doch solle sie angemessen sein. Außerdem müsse, um das Gesinde »tugendsam« zu halten, mit allen Mitteln versucht werden, es von »böser Gesellschaft« abzuhalten:

»In Ansehung derjenigen, welche wir ändern, ihnen bessere Gesinnung beibringen, und sie zu Tugend, zu guten Gewohnheiten hinlenken wollen, ist es schlechterdings nötig, daß man ihren Umgang mit rohen, wilden und lasterhaften Leuten zu unterbrechen und zu hindern suche.«[37]

Zur Vermeidung von Unzucht müßten die Hausmütter

ganz besondere Sorgfalt bei der Verteilung der Schlafstellen walten lassen:

»Zur Bewahrung der Keuschheit dienet hauptsächlich eine solche Beschaffenheit der Schlafstellen der Mägde, daß dem männlichen Gesinde der Zugang dazu nicht so leicht, und der Herrschaft unbemerkt, seyn könne.«[38]

Durch eigenes Vorbild und das Bemühen, Quellen des Lasters von dem Gesinde fernzuhalten, werde eine tiefe Verbundenheit zwischen Herrschaft und Dienstboten im Angesicht Gottes entstehen. Allzu große Vertrautheit mit den Dienstboten sei allerdings schädlich, da sie Autoritätsverlust mit sich bringe: dadurch aber sei die sittliche Erziehung der Dienstboten in Frage gestellt. Es sei also notwendig, das eigene Verhalten gegenüber den Dienstboten abzugrenzen.

Auch der für seine »Benimm-Regeln« berühmt gewordene Adolph Freiherr von Knigge macht sich in seinem Buch »Ueber den Umgang mit Menschen« Gedanken zum Thema »Herrschaft und Hausangestellte«. Er warnt vor zu vertrautem Verhalten gegenüber den Dienstboten und fordert von den Herrschaften eine vorbildliche Lebensweise:

»Ein wohlwollendes, immer gleiches Benehmen, von Hochmut wie Vertraulichkeit gleich weit entfernt, angemessene Bezahlung, verbindliche Gewährung vernünftiger Bitten, weise Zuteilung des Arbeitspensums, das sind die Mittel, sich ein brauchbares Dienstpersonal zu erziehen und zu halten.«[39]

Ingesamt ist die Hausväterliteratur reich an Ratschlägen für den Hausvater, insbesondere aber für die Hausmutter, um den geordneten Ablauf innerhalb des Hauswesens mit Hilfe von Dienstboten zu gewährleisten, wobei besonders auf deren Führung und Leitung geachtet werden müsse. Die Ratschläge für die Hausfrauen lauten: allmähliches Einarbeiten, genaue Fixierung der zu übernehmenden Arbeiten, klares Aufzeigen der eigenen Autorität, Gewöhnung an die auftragsgemäße Erfüllung der Befehle; nicht geduldet werden dürften Klatsch, Trödeleien beim Einkauf, Tanzveranstaltungen, die die Sittlichkeit gefährdeten. Aber auch im Hinblick auf die Gefahr der Putzsucht müsse die Hausfrau ordnend einschreiten, indem sie z. B. beratend beim Kleiderkauf mitwirke. Die Hausfrauen sollten die Dienstboten dazu anhalten, ihre Zukunft zu sichern und das Geld lieber auf die Sparkassen zu tragen, anstatt es für unnütze Bekleidung auszugeben. All diese Ratschläge brauchten nicht gegeben zu werden, wären sie nicht aufgrund fortwährender Klagen gegen das Gesinde offenbar notwendig; so ist denn »eine vernünftige Behandlung (...) neben einem guten Beispiele, überhaupt der einzige Weg, die Dienstboten für sich zu gewinnen und auf ihre Moralität einzuwirken«[40], und das gute Beispiel wird mit christlich-moralischen Prinzipien verknüpft:

»Man vergesse überhaupt nicht, daß den Herrschaften in Beziehung auf ein christlich-moralisches Leben ihrer Dienstboten starke Verpflichtung obliegen.«[41]

Bei aller vorgeblichen Sorge um das Wohl der Dienstboten werden diese aber in erster Linie als »Arbeitsmittel« betrachtet, die als Helfer in Haus und Wirtschaft dazu beitragen, daß der bürgerlich-herrschaftliche Haushalt »wohlgeordnet« ist und die Herrschaft über freie Zeit verfügen kann, die sie nutz- und gewinnbringend in ihr Geschäft investieren kann. Daher genügt es offenbar nach deren Ansicht völlig, wenn sich die Dienstboten in Glanz und Ehre ihrer Herrschaft sonnen und mit Stolz sagen können: »Ich bin Dienstmädchen bei Herrn und Frau ...«

Wie schwer es aber spätestens in der zweiten Hälfte des 19. Jahrhunderts wird, den Dienstboten die »Gottgefälligkeit« ihrer Arbeit einzureden, zeigt der geradezu rührende Versuch von Helene Davidis, auch den Reichtum als »Ungemach« darzustellen. Die Dienstboten sollen »wissen, es ist Gottes Werk, daß Reiche und Arme untereinander wohnen, wodurch einzig und allein die Weltordnung bestehen kann;

10. Zwei Dienstboten beim »Klatschen«.

sie wissen, daß der höhere Stand seine Freuden und Vorzüge, aber sie wissen es zuwenig, daß er auch sein Ungemach hat und daß mitunter solche am allerwenigsten zu beneiden sind, denen Reichtum den Genuß aller irdischen Freuden gewährt. Das wahre Glück liegt nicht im Besitze von Glücksgütern, es liegt im Menschen selbst, es liegt in der Zufriedenheit mit seinem Stande und Loose, in treuer Pflichterfüllung, in festem Vertrauen auf des Herren Weisheit und Gnade, in der Zuversicht auf den großen Weltvater, der nicht weniger ihr Vater ist.«[42]

Deutlicher kann das schlechte Gewissen, das sich in manchen Herrschaften angesichts der Ausbeutung ihrer Dienstboten vielleicht hin und wieder doch geregt hat, kaum ausgedrückt werden. Es zeigt sich aber, daß noch am Ende des 19. Jahrhunderts offenbar jedes Mittel recht war, die Dienstboten in kritikloser Unterwürfigkeit zu halten: nur dadurch

11. Kaffeetrinkende Dienstboten in einer herrschaftlichen Küche.

war gewährleistet, daß die Herrschaften ihren gewohnten Lebensstandard aufrechterhalten konnten.

5. Dienstboten in den Enzyklopädien

Neben den zahlreichen Klagen über den zu hohen Lohn und den damit verbundenen »einreißenden« Kleiderluxus finden sich auch Klagen über die zunehmende Genußsucht der Dienstboten, besonders in Hinsicht auf Kaffee und Tee. Der Genuß von Kaffee und Tee war in den führenden bürgerlichen Schichten bereits um die Mitte des 17. Jahrhunderts üblich geworden; nachdem diese Gewohnheiten auch von den Dienstboten übernommen worden waren, wurde ihnen rasch »Genußsucht« vorgehalten. Daraufhin wurde in einige Gesindeordnungen ein spezieller Artikel aufgenommen, der forderte: »(...) ausser an Feiertagen oder bey

12. Beim Bügeln.

Krankheiten keinen Tee oder Kaffee geben, auch nicht gestatten, dass solcher in seinem Hause von dem Gesinde getrunken werde«.[43]

Ähnliches galt auch für das sogenannte »Tabaktrinken«. In speziellen Polizeiordnungen wurden die Dienstherren angewiesen, »ihre jungen austrieb- und dienstbuben, die sich vor der zeit dem tabacktrinken ergeben, dasselbige gänzlich niederzulegen«.[44]

Da diese »Laster« Anlaß zu immer neuen Klagen über »Saufen«, Spielen oder andere »Liederlichkeiten« gaben, befaßten sich sogar die Enzyklopädien, die im 18. Jahrhundert entstehenden, in Lexikonform abgefaßten Bildungs- und Nachschlagewerke, mit diesem Thema.

So werden z.B. in der »Oeconomischen Enzyklopädie« die Ursachen für verdorbenes Gesinde sowohl in seiner unzureichenden Erziehung als auch im schlechten Vorbild der Herrschaften gesehen, die entweder noch keine ausreichenden Kenntnisse in der Haushaltsführung besäßen und sich daher nicht zum Anleiten von Dienstboten eigneten oder sie durch Laster und Verführungen verdürben. Auf diese Weise seien sie aber auch ihren eigenen Kindern, den zukünftigen Herrschaften, schlechte Vorbilder, so daß diese dann ihrerseits nicht in der Lage seien, bessere Dienstboten zu erziehen.

Auch der schlechte und zu kurze Schulunterricht in den Dorf- und Armenschulen sei nicht geeignet, dem Gesinde eine solide Ausbildung zu schaffen. Aus diesem Grunde wird vorgeschlagen, Gesindeschulen einzurichten, in denen den zukünftigen Dienstboten alles Wissenswerte, ihren Stand und die zukünftige Tätigkeit betreffend, vermittelt werden solle. Aber auch mangelhafte Erziehung und Ausbildung täuschten nicht darüber hinweg, daß es viele Herrschaften gebe, die ihre Dienstboten nicht achteten und sie mit Arbeiten und Aufgaben so überlasteten, daß es nur als eine notwendige Folge betrachtet werden könne, wenn sich die Dienstboten mit ihrem Verhalten dagegen zur Wehr setzten.

Die »Oeconomische Enzyklopädie« bemüht sich zwar um Anteilnahme an der Situation der Dienstboten, dennoch erscheinen die Aussagen häufig floskelhaft und letztlich wenig hilfreich. Der Appell an das Gewissen der Dienstherrschaft bleibt wirkungslos, da die Arbeit der Dienstboten weder zeitlich noch inhaltlich abgegrenzt wird, sondern, wie in allen Definitionen, als ungemessene, den jeweiligen Erfordernissen des Hauswesens angepaßte Tätigkeit charakterisiert wird.

6. Schriften zur Besserung des Gesindes

Unter dem Eindruck der ständig zunehmenden Klagen gegen das Gesinde bildeten sich im 18. Jahrhundert Komitees für »Verbesserung« des Gesindes. Auch die im Umkreis dieses Komitees entstandenen Schriften spiegeln weitgehend die herrschende Meinung wider, daß die Dienstboten »schlecht« und »lasterhaft« seien und dringend der »Besserung« bedürften:

»Noch nie war vielleicht eine Zeit, wo die Klagen über schlechtes Gesinde häufiger als jetzt gehöret wurden: man mag Herrschaften sprechen aus welchen Klassen man will, so höret man, daß sie sich über Untreue, Widersetzlichkeit, Grobheit und Faulheit des Gesindes beschweren, und selbst Herrschaften deren leutseliger Charakter allgemein anerkannt und verehrt wird, stimmen hier mit überein.«[45]

Eine der wenigen Ausnahmen in Hinsicht auf eine differenziertere Betrachtung des Dienstbotenproblems stellt die »Preiss-Schrift«[46] von Johann Erich von Berger dar. Berger fordert ebenfalls die Verbesserung der häuslichen und schulischen Erziehung, seien es doch in erster Linie sittlich-moralische Verfehlungen (etwa Spielleidenschaft, Kleiderluxus, Müßiggang), die den Dienstboten vorgehalten werden könnten. In diesem Zusammenhang macht er allerdings keinen Hehl aus seiner Ansicht, daß die Herrschaften selbst in nicht unerheblichem Maße für die »schlechte Moral« ihrer Dienstboten verantwortlich seien, behandelten sie diese doch oft »als Wesen einer untergeordneten Gattung, für die es schimpflich wäre, sich bemühen zu wollen, und gegen die sie keine andere Verpflichtung haben, als die Auszahlung des bedungenen Lohns«.[47] Interessant und aufschlußreich in mehrerlei Hinsicht sind Bergers Schlußfolgerungen. Da nach seiner Ansicht das Gesindewesen »eine wohltätige Bildungsanstalt der Menschheit, eine Pflanzschule guter Bürger und Bauern, gewissenhafter Gattinnen und Mütter (...), die Schule der Aemsigkeit und Sittlichkeit des größten Theils einer Nation« werden solle, müsse »das Gesinde (...) gebildet werden«; denn:

»Die große Menschheit hat einen gemeinschaftlichen Beruf – Eine und dieselbe Bestimmung. Die Erfüllung des sittlichen Berufs sich gegenseitig zu erleichtern, mus der letzte Zweck aller Verbindungen der Menschen untereinander sein. (...) Von dieser erhabenen Wahrheit tief durchdrungen, betrachte jeder Hausvater das Verhältnis, worin er zu seinem Gesinde steht – und werde thätig!«[48]

Nicht minder erstaunlich – denkt man etwa an die vielen Vorschläge, das Dienstbotenproblem gleichsam »polizeilich« oder obrigkeitsstaatlich zu lösen – mutet zunächst Bergers Erkenntnis an, daß »sittliche Besserung« dem Menschen nicht befohlen, von ihm weder durch Gesetz noch durch Richterspruch erzwungen werden könne; vielmehr sollten die »Brotherren« durch Anweisung zum Guten die sittlichen Anlagen des Gesindes entwickeln und den Verstand aufklären. Offen bleibt allerdings (abgesehen von einigen allgemeinen Vorschlägen wie »Verbesserung der Volksschulen«) im folgenden, *wie* diese »Aufklärung« konkret geleistet werden könne. Zum Schluß heißt es lediglich:

»Aufklärung und Besserung der Menschen durch freiwillige Übereinkunft der Weisesten und Besten ist das einzig wirksame Mittel zur Veränderung des heutigen Gesindewesens.«[49]

Bergers Text kann als Musterbeispiel aufklärerischer Argumentation gelten, indem er bestimmte Grundwerte bürgerlicher Moral für *alle* Menschen reklamiert und in diesem Zusammenhang durchaus nicht mit Kritik am Verhalten bürgerlicher Herrschaften spart. Der Text zeigt aber gleichzeitig auch, wie theoretisch, ja vordergründig oder gar hilflos diese Argumentation ist. Denn in Wirklichkeit dürften die Herrschaften keineswegs daran interessiert sein, »gebildete«, sich »ihres Verstandes bedienende«, mithin auch die eigene Stellung kritisch reflektierende Dienstboten zu bekommen, würde dieses doch letztlich auf die Aufhebung des Abhängigkeitsverhältnisses zielen. Bergers Vorstellung eines harmonischen Miteinanders von Dienstherren und Dienstboten ist utopisch und geht an der damaligen Wirklichkeit

13. Der Hausherr empört sich über das widerspenstige Betragen des Dienstmädchens.

bereits weit vorbei. Insofern wirken seine Appelle an die Hausväter, »tätig« zu werden, beinahe naiv, denn dadurch sind diese »Hausväter« keineswegs davon abzubringen, »nur an sich und ihre eigenen Vortheile« zu denken. Bergers Text repräsentiert einen ethischen Anspruch, der zur Zeit seiner Äußerung den gesellschaftlichen Verhältnissen nicht mehr entspricht. (Wie wir noch zeigen werden, sind z.B. die gleichzeitig vorhandenen »Moralischen Wochenschriften« in ihrer Einschätzung der Dienstboten »realistischer«, indem sie den Dienstboten Bildungsfähigkeit schlicht absprechen.)

Wesentlich schärfer geht Wilhelm Heinrich Brennecke mit den Dienstboten ins Gericht; unter dem Motto: »Alles kann der gemeine Mensch vertragen, nur keine guten Tage«, heißt es bei ihm:

»Keine Klage ist wohl jetzt allgemeiner als die der Herrschaften über das üble Betragen des Gesindes; auch die nachsichtigsten Herrschaften beschweren sich über die Trägheit, Grobheit und Unsittlichkeit ihrer Dienstboten. Diese Klagen sind zwar leider schon lange geführt worden, doch nie häufiger als jetzt. Denn noch nie war eine Klasse von Menschen übermüthiger, trotziger und widerspenstiger als der größte Theil unserer jetzigen Dienstboten. Die meisten unter ihnen überlassen sich jeder seinen Leidenschaften, der Putzsucht, dem Spiel, der Wollust usw. Von Religion wissen die wenigsten mehr etwas, und wollen auch nichts davon wissen.«[50]

Warum die Dienstboten »nichts davon wissen« wollen, weiß Brennecke auch nicht anders zu beantworten als die meisten seiner Zeitgenossen: verantwortlich seien unzureichender Schulunterricht, zu geringe Aufsicht über das Gesinde, zu hoher Lohn und damit verbundener Kleideraufwand. Als Idealbild erscheint der brave, angepaßte, stets willfährige Dienstbote. Um diesen zu bekommen, ist nach Meinung Brenneckes eine strengere Gesindeordnung zu erlassen; die bestehenden Ordnungen seien veraltet und überholt. So bleiben auch die Schriften zur »Besserung des Gesindes« insgesamt weitgehend vordergründig. Auch wenn sie in zunehmendem Maße die Gründe für das angeblich ungebührliche Verhalten der Dienstboten in der Beziehung zwischen ihnen und den Herrschaften ausmachen, geben sie kaum Handhabe, dieses Abhängigkeitsverhältnis zu verändern.

Erst Ende des 19. Jahrhunderts gibt es ein Beispiel, das zeigt, daß den Belehrungen auch Taten gefolgt sind: In der Absicht, eine Schule zu gründen, deren Unterricht speziell auf die Tätigkeit von Dienstboten ausgerichtet ist, entsteht als ein Vorläufer dazu eine private Stiftung, »aus welcher schon manches brauchbare Dienstmädchen hervorgegangen ist«.[51] Empfohlen wird, den Besuch von Dienstbotenschulen in die Zeit zwischen Schulaustritt und Dienstbeginn oder in eine stellenlose Zeit fallen zu lassen. Die Dienstbotenschulen sollen nicht nur eine pädagogische, sondern vor allem auch eine soziale Einrichtung sein.

»Frühzeitig Schwächliche, Kränkliche, Verarmte oder sittlich Verkommene und Geknickte, wie unter Näherinnen, Schneiderinnen, Plätterinnen, Putzmacherinnen usw. hier sich finden, gehörten hier einst dem Dienstbotenstande an oder befinden sich als solche noch in demselben, weil sie zu früh aus dem elterlichen Hause in ein fremdes Haus unter oft versuchungsvolle Umgebung, ohne richtige Anleitung, Warnung und Inhalt hinaus mußten durch Armuth der Eltern oder eigene Unreife und körperliche Untüchtigkeit und Schwäche zu ganz unpassenden Dingen gezwungen, bei geringem Lohn und schlechter Kost in saurer Arbeit – wird in diesem Übergangsstadium bei zahllosen Dienstboten der Grund zu ihrem geistigen und leiblichen Elend und Krankheitszustande gelegt, für den später keine Abhilfe mehr ist.«[52]

Wenn auch die Idee zu einer speziellen Dienstbotenschule außer in diesem einen Fall nicht verwirklicht werden konnte, so war doch immerhin der Ansatz bemerkenswert. Allerdings beruhte wohl auch diese Forderung nicht nur auf menschenfreundlichen Erwägungen, denn die ehrenwerten Stifterinnen und Stifter verbanden wohl zugleich ein wenig Eigennutz damit, zählten doch auch sie zu den Herrschaften, die auf diese Weise besser geschultes, ordentliches Personal bekommen hätten. (Der Vorstand der privaten Dienstbotenschule »Martha-Stiftung« setzte sich zusammen aus Senatorengattinnen, Kaufleuten, Pastoren.)

7. Selbstzeugnisse von Dienstboten

Zum Schluß dieses Kapitels bleibt nur noch die Frage, ob Dienstboten selbst sich nicht zu Wort gemeldet haben, um zu den Klagen aus ihrer Sicht Stellung zu nehmen. Tatsächlich gibt es kaum derartige Selbstzeugnisse, was mit Sicherheit darauf zurückzuführen ist, daß wohl nur die wenigsten Dienstboten imstande waren, sich schriftlich zu äußern. Eine der raren Stellungnahmen aus dem 18. Jahrhundert stammt von Karl Gottlieb Richter, der Bezug nimmt auf eine der Schriften zur »Besserung des Gesindes«. Zu dem Vorwurf an die Herrschaften, den Dienstboten willkürlich zu hohen Lohn zu geben, um damit bessere Dienstboten zu bekommen, schreibt er, daß es gar nicht auf die Höhe des Lohnes ankomme, »wenn man sich gutes Gesinde erwerben will, weiß eine Herrschaft nur sonst ihren Dienst mit Annehmlichkeiten zu verknüpfen; so lehrt die Erfahrung, wie die Vernünftigsten unter dem Gesinde auf etwas mehr oder weniger Lohn nicht sehen«.[53]

Er schlägt sogar selbst vor, die niedrigste Summe als Lohn zu veranschlagen und dafür lieber kleine Dienste bzw. Verdienste zu belohnen. Hieraus wird deutlich, daß ganz offensichtlich höhere Löhne von den Herrschaften selbst festgesetzt und nicht etwa von den Dienstboten, wie man ihnen nur allzuoft vorwarf, gefordert wurden. Anscheinend liegt hier bei den Herrschaften die Ansicht zugrunde, daß man nur entsprechend viel zu zahlen braucht, um auch eine angemessene Leistung erwarten zu können. Wie wir aber der Bemerkung von Richter entnehmen können, kommt es nach Meinung der Dienstboten gar nicht so sehr auf die Höhe des Lohnes an, sondern viel mehr auf eine herzliche Umgebung und eine menschliche Behandlung.

Im Zusammenhang mit der Höhe des Lohnes und den eventuellen Belohnungen spricht Richter auch über die »Habsucht«, die den Dienstboten oft genug angelastet wird: »Man fürchte nur nicht, daß durch dergleichen ausserordentliche Belohnungen Habsucht entstehe. Mich dünkt, daß man überhaupt oft dieses schändliche Laster so gern mit dem gar nicht verwerflichen Eigennutz verwechselt.«[54] Zum Vorwurf an die Dienstboten, sich die Dauer der Dienstzeit

Belobigungs-Attest

für [illegible] Amalie Lindenkahl [illegible] Elgenborn [illegible] Drei [illegible]

D[illegible] Amalie Lindenkahl [illegible] Elgenborn

welche nach den von [illegible] Dienstherrschaft eingere[illegible] und gehörig beglaubigten Attesten, sowie nach den anderweit über [illegible] eingezogenen Erkundigungen [illegible] Wohlverhalten, Arbeitsamkeit, Treue und Gehorsam gegen [illegible] Herrschaft ausgezeichnet, auch sonst ein christliches Leben geführt hat, ertheilt der unterzeichnete Vorstand [illegible] gegenwärtiges **Belobigungs-Attest.**

Heiligenstadt, den 7ten December 18[illegible]

Der Vorstand des Gesinde-Be[illegible]ungs-Vereins für den Kreis Heiligenstadt.

14. Urkunde zur Belohnung von treuen Diensten.

selbst zu bestimmen, schreibt Richter: »Traurig ist es, wenn dem Dienstboten noch dieser einzige Trost der Willensfreiheit benommen seyn soll! Noch immer war sie es, die ihm sein an und für sich so schweres Joch erleichterte, obgleich nicht allemal zum Vortheil der Herrschaft und des Gesindes selbst, sollen den einzelnen etwa hieraus zu befürchtende üble Folgen nicht ohne Aufopferung der gänzlichen Freiheit des Gesindes vorzubauen seyen?«[55]

Auch zu der Klage über den »eingerissenen« Kleiderluxus bei den Bedienten nimmt Richter kritisch Stellung: »Die dienstbare Klasse ist in aller Augen die verächtlichste; sie genießt in keinem Falle der öffentlichen Achtung. Ist es ihr dann so sehr zu verargen, daß sie oft alles aufs Spiel setzt, um sich von dieser Bedrückung zu befreien, oder wenigstens dafür zu entschädigen? Sich in den Augen seiner Mitbürger schätzbar machen zu wollen, kann keine Sünde seyn!«[56]

Richter macht deutlich, daß eigentlich den Dienstboten selbst an eventuellem Fehlverhalten keine Schuld trifft, sondern eher die für die gesellschaftlichen Normen verantwortliche Oberschicht.

Nicht die materielle Seite ist nach Richter wichtig, sondern die menschliche: Respekt und Achtung müßten, so selbstverständlich, wie die Herrschaften sie von den Dienstboten fordern, auch von diesen den Dienstboten entgegengebracht werden. Da dieses nicht geschehe, müßten die Dienstboten sich Achtung und Respekt erst mit Hilfe einer »Verkleidung« verschaffen, was dann aber wiederum zur Folge habe, daß allenthalben Klagen laut würden.

Richter gesteht allerdings auch ein, daß die Klagen gegen das Gesinde zum Teil sogar begründet seien (– in jeder Schicht gebe es Ausnahmen, kein Mensch sei ohne Fehl und Tadel –). Doch liegen seiner Meinung nach die Ursachen nicht in der Person des Dienstboten selbst, sondern in den ihn umgebenden Verhältnissen: niederste Herkunft und Erziehung, mangelnde Bildung und allgemeines Verderben der Sitten prägten diese Menschen und ihr Verhalten, das von den gut erzogenen und gebildeten Angehörigen der Oberschicht als verdorben, verwerflich, lasterhaft etc. tituliert werde. Schon mit einer besseren Bildung der niederen Schichten könnte eine Veränderung der Zustände erzielt werden (die Bildung war ja ebenfalls ein Punkt, der immer wieder in den Schriften zur Verbesserung des Gesindes angesprochen wurde; führt man sich allerdings – wie bereits gesagt – vor Augen, daß bessere Bildung der Dienstboten auch zu einer Erweiterung des Bewußtseins für die eigene Situation hätte führen können, ist es fraglich, ob die Herrschaften ein wirkliches Interesse daran haben konnten, die Dienstboten aus ihrer Unmündigkeit zu entlassen). Würden schließlich die Herrschaften ihre Ansprüche reduzieren und ihr Verhalten zugunsten eines menschlichen Miteinander verändern, würde die geleistete Arbeit und nicht ausschließlich der Charakter beurteilt, so wären auch die Dienstboten nicht länger Zentrum von Klagen und Beschimpfungen, die sie nur mittelbar beträfen.

Richter dürfte einer der wenigen Dienstboten gewesen

sein, der ein recht ausgeprägtes Selbstbewußtsein und die Fähigkeit besaß, die Situation seines Standes einzuschätzen. Mit geschickten Formulierungen, wie: »... wenn ich so von meinem Standpunkt aus es wagte...«[57], bemühte er sich, verbal in den Standesgrenzen zu bleiben; doch tritt er in seiner Argumentation recht deutlich den Anschuldigungen und damit auch den Herrschaften entgegen.

Auch in den »Annalen der Braunschweig-Lüneburgischen Curlande« erschien ein Aufsatz, in dem ein Bedienter zu den Klagen Stellung nimmt. Er äußert sich darüber, daß die Besetzung freier Bedientenstellen oftmals wie diejenige öffentlicher Ämter nicht von den Fähigkeiten der einzelnen Bewerber abhänge, sondern durch Empfehlungen und Protektion untereinander vermittelt würde, so daß ein Großteil der Arbeitssuchenden keine Chance habe, in diesen Kreis hineinzukommen. Würden alle Dienstsuchenden gleich behandelt und nach Fleiß, Fähigkeit und einem guten Charakter für eine Stelle ausgesucht, würden auch die üblichen Laster abnehmen.

»Ich halte es nemlich nicht für gut, daß Bediente solcher Herrschaften, von denen die Besetzung vacanter Bedienungen abhängt, oder von andern Herrschaften empfohlene Bediente, besondere Anwartschaften dazu haben, wenn nicht zugleich mehrere Umstände hinzukommen, die solche als dazu brauchbar empfehlen; sondern daß es besser seyn werde, wenn alle Bedienten ohne Unterschied gleiche Hoffnung dazu hätten, wenn sie sonst durch ihr gutes Betragen, durch Fähigkeit und Fleiß, überhaupt durch einen guten moralischen Charakter, sich dazu als fähig legitimieren können. Manches von denen unter unserem Stande herrschenden Uebeln, welche der Herr Verfasser seines Aufsatzes erwähnt hat, würde dann von selbst ohne Anwendung ernstlicher Mittel aufhören. Spielsucht, Aufwand in Kleidungen, Besuch öffentlicher Häuser zum Spiel und Tanz, und mehrere der gleichen unter uns eingerissene Thorheiten, würden wo nicht ganz, doch größtentheils abnehmen, weil man mit Grund befürchten müßte, daß dieses bey künftigen Gesuchen um Beförderung zum Vorwurf gereichen, und man als Leute, denen man keine Bescheinigungen anvertrauen dürfe, davon ausgeschlossen werden möge.«[58]

Auch dieser anonyme Schreiber gesteht durchaus ein, daß bei der dienenden Klasse Mißstände bestehen, stellt sie allerdings ebenfalls als Reaktionen auf das Verhalten der Herrschaften und die die Dienstboten prägende Umgebung dar.

Fassen wir die beiden Selbstzeugnisse von Bediensteten zu ihrer Situation zusammen, so läßt sich daraus ablesen, daß die so zahlreichen Klagen gegen die Dienstboten ganz offensichtlich nicht der Grundlage entbehrten – es gab durchaus beklagenswertes Fehlverhalten –; im Gegensatz zu den Erklärungsmustern der Herrschaften werden jedoch andere Gründe zur Beurteilung dieses Fehlverhaltens herangezogen. Ob allerdings diese Gründe ihrerseits auf den wahren Kern der Sache: den unauflösbaren Widerspruch im Herrschafts- bzw. Abhängigkeitsverhältnis, zielen, ist zu bezweifeln. Doch kann dieses den Autoren keineswegs zum Vorwurf gemacht werden; denn eine tiefergreifende Analyse hätte eine klare und detaillierte Einsicht in die gesellschaftlichen Verhältnisse und die Bedingungen von Herrschaft zur Voraussetzung gehabt. Daß den Dienstboten zu jener Zeit – auch wenn sie, wie im vorliegenden Fall, zur Reflexion durchaus fähig waren – eine derartige Einsicht nicht möglich war, liegt auf der Hand. Gleichwohl bleibt der Versuch der Autoren bemerkenswert, den Herrschaften konkrete Hinweise zu liefern, wie das Dienstverhältnis (für *beide* Seiten) angenehmer gestaltet werden könnte. Im nachhinein läßt sich jedoch feststellen, daß weder die Klagen noch die Untersuchungen über deren Ursachen und die daraus resultierenden Besserungsvorschläge ihre Entsprechung in sozialen Veränderungen fanden.

KAPITEL III: BÜRGERLICHE GESELLSCHAFT UND MORALVORSTELLUNG

Wie wir gesehen haben, zeigten die Klagen über die Dienstboten über Jahrhunderte hinweg eine ungebrochene Kontinuität. Das ist nicht verwunderlich, wenn wir das Verhältnis zwischen Herrschaften und Dienstboten grundsätzlich als ein Abhängigkeitsverhältnis sehen. Gleichwohl erstaunt die Tatsache doch, daß ein Bürgertum, das im 18. Jahrhundert eigene (politische) Unterdrückung kritisierte und (zumindest in einigen Staaten) schließlich beseitigte, nicht willens oder nicht in der Lage war, die in diesem Zusammenhang entwickelten aufklärerischen Ideen auf seine Beziehung zu den Dienstboten (und anderen unterbürgerlichen Schichten) anzuwenden. Um diesem Problem näherzukommen, sind einige grundsätzliche Betrachtungen zur Entstehung bürgerlicher Gesellschaft und zur Entwicklung bürgerlicher Moralvorstellung anzustellen.

1. Entstehung bürgerlicher Gesellschaft

Wir haben oben dargestellt, daß die bürgerliche Gesellschaft ihren Ursprung bereits im Mittelalter und in der frühen Neuzeit hatte, als das Fernhandel treibende Bürgertum sich allmählich aus dem Feudalsystem herausentwickelte.

»Solange er (der Frühkapitalismus) von den Früchten der alten Produktionsweise (der feudal gebundenen landwirtschaftlichen Produktion einer unfreien Bauernschaft und der korporativ gebundenen Kleinwarenproduktion des städtischen Handwerks) lebt, ohne sie umzugestalten, bleiben seine Züge ambivalent: dieser Kapitalismus stabilisiert einerseits die ständischen Herrschaftsverhältnisse und setzt andererseits diejenigen Elemente frei, in denen jene einst sich auflösen werden.«[1] (Habermas)

Nur scheinbar paradoxerweise wurden diese Elemente freigesetzt in dem Moment, da die herrschende Obrigkeit in den frühkapitalistischen Fernhandel nicht mehr lediglich als Konsument eingriff, sondern den Warenhandel reglementierte: im Merkantilismus, der Wirtschaftsform des Absolutismus im 17. und 18. Jahrhundert. Die bis dahin in dem Rahmen der Hauswirtschaft, »des Privaten«, gebundene wirtschaftliche Tätigkeit geriet in das Licht der Öffentlichkeit, die Träger des Finanz- und Handelskapitalismus wurden in ihren Entscheidungen abhängig von Verwaltungsmaßnahmen eines immer stärker kapitalbedürftigen »modernen» Staates (man denke nur an die riesigen Kosten bei Bau und Unterhalt des Versailler Schlosses oder die Aufwendungen für die in dieser Zeit eingerichteten stehenden Heere). Über die zunehmend kritische Auseinandersetzung mit derartigen Verwaltungsmaßnahmen, die anfänglich zwar die gewerblich-unternehmerische Tätigkeit durchaus zu steigern vermochten, sich aber mehr und mehr als hinderlich für die Entfaltung der kapitalistischen Wirtschaft erwiesen, konstituierte sich die bürgerliche Gesellschaft als »Gegenspieler« zum Staat. Augenfälligster Ausdruck für das erwachte Bewußtsein des Bürgertums von seiner eigenen Rolle war die Aufklärungsphilosophie, die noch innerhalb des Rahmens der Feudalherrschaft deren Aufhebung reflektierte (und damit zum geistigen Vorbereiter der Französischen Revolution wurde). Interessant ist in unserem Zusammenhang weniger der politische Aspekt der Aufklärungsphilosophie (zumal es in Deutschland keine erfolgreiche bürgerliche Revolution gegeben hat) als vielmehr die Definition der bürgerlichen Gesellschaft über die Begriffe der »Arbeit« und der »Bildung«.

Wie wir oben ausgeführt haben, wurde bereits in frühbürgerlicher Zeit die (allerdings noch unreflektierte) Trennung des Begriffs »Arbeit« in höher- und niederwertige Arbeit vollzogen. In dem Maße, in dem sich das unternehmende Bürgertum im Laufe der Jahrhunderte mehr und mehr der Arbeitskraft von einfachen Handwerkern und Handlangern bediente, um den eigenen Betrieb aufrechtzuerhalten und zu erweitern, und selbst schließlich nur noch in der Organisation dieses Betriebs tätig war, wurde diese Differenzierung des Arbeitsbegriffs evident. Hegel war es schließlich, der in den »Grundlinien der Philisophie des Rechts«[2] die theoretische Fundierung dieser Entwicklung lieferte. Er führte aus, daß, während die körperliche Arbeit dazu da sei, den Lebensunterhalt zu verdienen und die Existenz zu sichern, sich die Bildung, die Hegel als harte »geistige« (und damit höherwertige) Arbeit verstand, darüber hinaushebe. Bildung setze zudem denjenigen, der sie erworben habe, über den anderen hinaus, der lediglich die Arbeit verrichte, um damit die alltäglichen Bedürfnisse zu befriedigen, den reinen Broterwerb zu sichern. Dieser Begriff von Bildung, der zum einen der Definition bürgerlicher Gesellschaft diente, zielte andererseits bereits auf deren Spaltung, waren es doch nur relativ wenige, die das Privileg der Bildung besaßen.

Die Konsequenz einer derartigen Differenzierung des Arbeitsbegriffs zeigte sich in aller Deutlichkeit im 19. Jahrhundert: Mit dem sich verschärfenden Gegensatz von Lohnarbeit und Kapital in der Phase der Industrialisierung wurde nicht nur die Tätigkeit der Unternehmer als höherwertige, die Tätigkeit der Arbeiter als niederwertige Arbeit dargestellt – darüber hinaus wurde letztere von den Unternehmern nur noch als bloßer Kostenfaktor gesehen, und den Arbeitern wurde infolgedessen die Arbeit zum Tauschobjekt, zur Ware, deren schamloser Ausbeutung sie weitgehend hilflos ausgeliefert waren. Da das Arbeitsverhältnis jederzeit lösbar war (ohne daß der Unternehmer Schaden erlitt, denn es standen genügend potentielle Arbeitskräfte zur Verfügung), wurde das Verhältnis von Herrschaft und Abhängigkeit noch verschärft. Wer seine Arbeit innerhalb der bestehenden Ordnungen verrichtete, dem wurde auch ein (allerdings eher schlechtes als rechtes) Auskommen zuteil.

»Wer unseren Ordnungen widerstrebt, der beeile sich auf anderen Boden zu kommen, denn seines Bleibens ist hier nicht.«[3]

Was für die Industriearbeiter galt, galt ebenso für die Dienstboten: Ihr jeweiliger Arbeitgeber (Unternehmer-Herrschaft) forderte von ihnen die pflichtgemäße Erfüllung der ihnen auferlegten Arbeiten, wofür ein scheinbares materielles Wohlergehen in Aussicht gestellt wurde. Die Möglichkeit der Kritik oder gar Auflehnung wurde den Arbeitnehmern absolut verwehrt.

Noch ein weiterer Aspekt ist in diesem Zusammenhang zu beleuchten.

Mit der zunehmenden Industrialisierung verlor die geschlossene Hauswirtschaft (das »Ganze Haus«) immer mehr an Bedeutung. Die mit der Industrialisierung einhergehende Trennung von Wohnstätte und Arbeitsplatz im gewerblichen Bereich brachte zwei grundlegende Wandlungen mit sich: Zum einen wurde die Tätigkeit der Dienstboten auf den häuslichen Bereich reduziert. Zwar wurde bereits in der vorindustriellen Hauswirtschaft nach verschiedenen Arbeitsbereichen des Gesindes unterschieden (häusliche, landwirtschaftliche und gewerbliche Tätigkeit), doch war eine strenge Trennung aufgrund der herrschenden ökonomischen Verhältnisse nicht möglich. Da der häusliche und der betriebliche Bereich noch weitgehend eine Einheit darstellten, zudem in kleineren Haushalten kaum mehr als ein Dienstbote gehalten werden konnte, gab es keine Spezialisierung der Arbeiten. So waren im landwirtschaftlichen Bereich Knecht oder Magd sowohl auf dem Feld als auch im Haus tätig, und in der Stadt wurde ein- und derselbe Diener zu Dienstleistungen im Haus, im Garten und im gewerblichen Betrieb

15. Familienidyll.

herangezogen. Ein spezifisch *häusliches* Gesinde gab es allenfalls beim Adel und bei der noch sehr dünnen bürgerlichen Oberschicht in den Städten, doch war die Zahl derartiger Dienstboten vergleichsweise gering. Dieses änderte sich jetzt. Zum anderen führte die Trennung von Wohnstätte und Arbeitsplatz zu einer Umstrukturierung der Familie. Die gemeinsam wirtschaftende Haushaltsfamilie reduzierte sich auf die bürgerliche Kleinfamilie, die verwandtschaftliche Kernfamilie (Eltern und Kinder).

Auch die häusliche Gewalt verlor an Rechtsbedeutung. Sie wurde zugunsten staatlicher Rechtsbefugnisse eingeschränkt und reduziert auf die väterliche Gewalt. Dadurch wurden die Beziehungen innerhalb des Hauses gelockert, insbesondere, was die Dienstboten anbelangte, die dadurch, daß sie im engeren Sinne keine Familienmitglieder mehr waren, nicht mehr länger der hausherrlichen Gewalt, aber

16. Abendunterhaltung im Familienkreis.

auch nicht länger dem Schutz unterstanden – die Dienstboten wurden zum »Personal«.

Auch dieser Wandel zeichnete sich, wie wir bereits gesehen haben, in der Literatur ab. Er wird besonders deutlich in den Hinweisen an die Herrschaften, sich den Dienstboten gegenüber nicht so gleichgültig und teilnahmslos zu verhalten, sondern zu versuchen, sie in die Familie zu integrieren.

Interessant sind in diesem Zusammenhang die Äußerungen des konservativen Kulturhistorikers Wilhelm Heinrich Riehl. In seinem Buch »Die Familie« stellt er zunächst die Auflösung des »Ganzen Hauses« fest:

»Es zeigt die Auflösung des Familienbewußtseins an, daß es mehr und mehr Sitte wird, die einzelnen Genossen des ›Hauses‹ in Gruppen abzusondern: Mann und Frau, die Kinder, das Gesinde, die Geschäftsgehülfen usw. bilden in dem vornehmen Hause je eine Familie für sich. Der alte Gedanke des ›ganzen Hauses‹ ist damit faktisch aufgehoben.«[4]

Anstatt nun aber die Gründe für die Auflösung des »Ganzen Hauses« zu analysieren und von daher angemessene Vorschläge zu machen, wie das Verhältnis von Dienstherrschaften und Dienstboten neu zu regeln sei, propagiert er schlicht (allerdings mit gefühlsseligem Unterton) die Rückkehr zum Familienverband des »Ganzen Hauses«:

»Mit der ›ganzen Familie‹ hängt nun das ›ganze Haus‹ zusammen. Die moderne Zeit kennt leider fast nur noch die ›Familie‹, nicht mehr das ›Haus‹, den freundlichen, gemüthlichen Begriff des ganzen Hauses, welches nicht blos die natürlichen Familienmitglieder, sondern auch alle jene freiwilligen Genossen und Mitarbeiter der Familie in sich schließt, die man von Alters mit dem Worte ›Ingesinde‹ umfaßte. In dem ›ganzen Haus‹ wird der Segen der Familie auch auf ganze Gruppen sonst familienloser Leute erstreckt, sie werden hineingezogen, wie durch Adoption, in das sittliche Verhältnis der Autorität und Pietät. Das ist für die soziale Festigung eines ganzen Volkes von der tiefsten Bedeutung.«[5]

Nach Meinung Riehls ist die Gemeinschaft und Gemeinsamkeit der Familie eine wichtige Voraussetzung für die Festigung der hausherrlichen Autorität und damit der Stabilisierung von Macht, denn »gerade ein regelmäßiges Zusammensein des ganzen Hauses (ist) so fein und löblich und unbezahlbar für die Festigung des Familienbewußtseins, für die Kräftigung des Hausregiments«.[6]

Nichts anderes als das Ausschließen des Gesindes aus dem Kreise des ›ganzen Hauses‹ habe die Respektlosigkeit der Dienstboten ihrem Hausvater gegenüber zur Folge. Die Verherrlichung der »guten alten Zeit« , die ein idealisiertes Bild der vormaligen Zustände entwirft, zeigt die ganze Hilflosigkeit gegenüber den tiefgreifenden gesellschaftlichen Wandlungen im 19. Jahrhundert. Offenbar aber sprach Riehl einer ganzen Epoche »aus der Seele«. Wenn man sich vor Augen

17. Beim Einmachen in der herrschaftlichen Küche.

führt, daß sein Familienbuch 17 Auflagen erfuhr und zum selbstverständlichen Inventar eines gutbürgerlichen Haushalts gehörte, wird klar, daß ein von derartigen Büchern beeinflußtes Denken für die wahren Probleme eines Dienstboten wenig aufgeschlossen sein konnte.

Die Distanzierungstendenz innerhalb der Familie war nicht nur in rechtlichen oder wirtschaftlichen Faktoren begründet, sondern vor allem in den stärker werdenden Bildungsunterschieden. Wie wir gesehen haben, gewann der Bildungsfaktor im Bürgertum zunehmend an Bedeutung; auf Bildung und materiellem Besitz fußten die Klassenunterschiede.

In besonders starkem Maße trat diese Distanzierungstendenz in der Beziehung zwischen Herrschaften und Dienstboten im bürgerlichen Haushalt zutage. Zum einen stammten die Dienstboten im 18. Jahrhundert immer seltener aus mittelständischen Handwerkerfamilien, sondern immer mehr aus ländlichen Unterschichten, zum anderen wandelten sich die Bildungseinrichtungen um die Mitte des 18. Jahrhunderts; an die Stelle der häuslichen Erziehung, bei der oft die Dienstboten sogar die einzigen Vermittler bestimmter Bildungsinhalte für die Kinder der Herrschaften waren, traten organisierte öffentliche Schulen für die Kinder des gehobenen bürgerlichen Mittelstandes. Damit tat sich eine Kluft auf zwischen gebildeten bürgerlichen Herrschaften und ungebildeten (proletarischen) Dienstboten, was zu einer zunehmenden sozialen Distanz führte. Äußerliche Zeichen dieser Entfremdung waren, daß sich die Tischgemeinschaft auflöste und daß die Mundart aufhörte, gemeinsame Umgangssprache zwischen Herrschaften und Dienstboten zu sein.

Während die Dienstboten in der geschlossenen Hausindustrie als Mitglieder der (Haushalts-)Familie weitgehend der lohnlosen Arbeit nachgingen, wurden sie nun durch die Trennung von Wohn- und Arbeitsbereich zu reinen Lohnempfängern ohne jede familiäre Gemeinsamkeit. Obwohl die Dienstboten nach wie vor *im* Hause der Dienstherrschaften wohnten, verloren sie – da es den Herrschaften nur noch um ihre Arbeitskraft ging – den sozialen Kontakt; sie wurden sozial »heimatlos«.

Mit der Auflösung des »Ganzen Hauses« ging auch die Veränderung des Begriffes »häusliche Arbeit« einher. Während die Gemeinsamkeit der Haushaltsfamilie in der Arbeit bestanden hatte, die das gemeinsame Leben erst ermöglicht hatte, diente die Hausarbeit im 19. Jahrhundert nicht mehr der Sicherung der existentiellen Lebensgrundlagen der Familie.

Für das Dienstmädchen bedeutete die Hausarbeit lediglich noch eine Geldquelle zur Existenzsicherung, und die Hausfrau betrachtete es nur noch als »Haushaltsmaschine«, die dann im Zuge der Technisierung des Haushalts von perfekteren abgelöst wurde. Erstaunlich dabei ist, daß trotz der Veränderung der ökonomischen, politischen und sozialen Zustände das alte Abhängigkeitsverhältnis von Dienstherrschaft und Dienstboten, das in der *persönlichen* Bindung des letzteren an die Herrschaft bestand, nicht auch einer Wandlung unterworfen war. Nach wie vor war der Dienstbote dem willkürlichen Zugriff auf seine Arbeitskraft ausgesetzt, ohne allerdings den in früheren Zeiten üblichen Schutz bei Einschränkung oder Verlust dieser Arbeitkraft zu genießen.

2. Bürgerliche Sittenreform

In der Theorie sah es das aufgeklärte Bürgertum des 18. Jahrhunderts als seine vordringliche Aufgabe an, die sittlichen Zustände mittels der Lehre von Tugend und Moral zu verbessern, wobei es sich vor allem gegen das ausschweifende Leben des herrschenden Adels wandte. Auch wenn sich die Träger dieser Philosophie noch nicht ganz von den überkommenen religiösen Anschauungen der vorigen Jahrhunderte lösen konnten, glaubten sie dennoch, beeinflußt von den Aufklärern der Nachbarländer wie Frankreich, Holland und England, im wesentlichen in der Vernunft die Quelle sittlichen Lebens sehen zu können. Vernunft und Denken, Bewußtsein und Wissen galten als Grundwerte bürgerlicher Aufklärung. An die Stelle himmlischen Heils trat das Streben nach irdischen Glücksgütern, wobei nicht unbedingt die materiellen Güter damit gemeint sein mußten, denn Zufriedenheit und inneres Wohlbefinden erschienen als genauso erstrebenswert. Die Meinung aufgeklärter Bürger ging aber dahin, daß diese Zufriedenheit nur durch eine sittliche Lebensform erreicht werden konnte.

»Das erste, wichtigste, wesentliche der menschlichen Glückseligkeit, zu der wir hienieden gelangen können, nenn ich die Zufriedenheit mit sich selbst, das heißt, mit seinen moralischen Beschaffenheiten sowohl, als mit seinem äußerlichen Zustande oder Schicksale.«[7]

Die wahre und vollkommene Zufriedenheit könne jedoch

erst dann entstehen, wenn »wir bei der Selbstbeschauung zugleich gewahr werden, daß wir auf die Liebe und Achtung unserer Mitmenschen Anspruch haben«.[8] Gegenseitige Achtung, die auf dem Prinzip der Menschenliebe basierte, galt geradezu als Pflicht »zum Zwecke der Menschheit«, wie Kant es bezeichnete.

Nach seiner Auffassung beruhte die Lehre der Sittlichkeit allein auf der Vernunft, die die Handlungen bestimmen sollte. Die sittlichen Gesetze seien immanent, unabhängig von empirischen Bedingtheiten, und hätten ihren Ursprung im freien Willen des Menschen. Demgegenüber stünden die praktisch-moralischen Gesetze, die diesem freien Willen entgegenträten: dieses seien die »kategorischen Imperative«, an denen gemessen werde, ob die Handlungen erlaubt oder unerlaubt seien. Daraus lasse sich das Prinzip der Sittenlehre ableiten, Handlungen so zu begehen, daß daraus allgemeine Gesetze abgeleitet werden könnten, die dann die Moral begründeten. Eines dieser Gesetze sei die Achtung der Menschenwürde und die Pflicht der Menschenliebe: Der Mensch dürfe von einem anderen nicht nur als »Mittel« benutzt werden, sondern müsse für ihn im gleichen Maße auch »Zweck« in einem sozialen Kontakt sein. Die Verweigerung der Achtung bedeute, die Würde des Menschen und damit seine Persönlichkeit als solche zu verachten.

Diese Aussagen sollten theoretisch für alle Menschen gelten; danach durfte es Abhängigkeitsverhältnisse eigentlich nicht mehr geben. Die Wirklichkeit sah anders aus: In den Erbauungsschriften für Herrschaften und Dienstboten wurde zwar immer wieder der Grundsatz der Menschen- und Nächstenliebe gepriesen und gefordert; die in diesem Grundsatz enthaltene Achtung des Nächsten wurde jedoch als ›schuldige‹ nur einseitig von den Dienstboten verlangt, die Herrschaften verweigerten sie den von ihnen Abhängigen. Das mochte daran liegen, daß man seitens der Herrschaften der Meinung war, ›lasterhaften‹ Leuten keine Achtung entgegenbringen zu können. Auch diese Haltung wäre nach Kant allerdings theoretisch nicht zu rechtfertigen: für ihn war es *auf alle Fälle* pflichtwidrig, andere zu verachten – denn es seien Menschen; daß zudem das lasterhafte Verhalten seine Ursache auch in der Mißachtung der Dienstboten durch die Herrschaften haben konnte, wurde von den Herrschaften nicht bedacht.

Was das gebildete Bürgertum letztlich über das Bildungsgebot der Aufklärung dachte, wird sehr deutlich bei Knigge, der die Maxime vertrat, daß zu viel Aufklärung für »niedere Stände« nicht tauge:

»Verlange nicht einen übermäßigen Grad von Kultur und Aufklärung von Leuten, die bestimmt sind, im niederen Stande zu leben! Trage auch nicht dazu bey, ihre geistigen Kräfte zu überspannen und sie mit Kenntnissen zu bereichern, die ihnen ihren Zustand widrig machen und den Geschmack an solchen Arbeiten verbittern, wozu Stand und Bedürfniß sie aufrufen! Das Wort Aufklärung wird in unseren Zeiten oft sehr gemisbraucht und bedeutet nicht sowohl Veredlung des Geistes wie Richtung desselben auf grillenhafte, speculative und phantastische Spielwerke. Die beste Aufklärung des Verstandes ist die, welche uns lehrt, mit unserer Lage zufrieden und in unseren Verhältnissen brauchbar, nützlich und zweckmäßig thätig zu sein. Alles Uebrige ist Thorheit und führt zum Verderben.«[9]

Damit wurde das Aufklärungsprinzip in ein »sozial-politisches Werkzeug« verwandelt, das »Gleichheit nach oben herstellte und Ungleichheit nach unten erhielt«.[10] Es war etwas entstanden, das man als »doppelte Moral« im weitesten Sinne bezeichnen kann.

Augenfälligster Ausdruck dieser »doppelten Moral« waren die für das bürgerliche Lesepublikum verfaßten »Moralischen Wochenschriften«. Sie entstanden zu Beginn des 18. Jahrhunderts, zuerst in England, und dienten in erster Linie dem Bürgertum als Sprachrohr, um sich gegen den ›Sittenverfall‹ besonders der adligen Oberschicht zu entrüsten, moralisch belehrend und sittenverbessernd zu wirken. In Deutschland waren besonders nach dem Dreißigjährigen Krieg Sittenverfall, Ausschweifungen und Zügellosigkeit eingekehrt; anstatt die Folgen des Krieges zu beseitigen und eine neue Ordnung wiederherzustellen, wandten sich die fürstlichen Obrigkeiten vorzugsweise einem unproduktiven Luxusleben zu.

Die »Moralischen Wochenschriften« erschienen anonym, der Titel stellte eine ironische Personifikation des Autors dar, z. B. »Der Schwätzer«, »Der Patriot«, »Der Zuschauer«, »Die vernünftigen Tadlerinnen«, »Der Biedermann« und viele andere mehr. Diese fiktiven Autoren stellten sich zumeist zu Beginn der Zeitschrift vor:

»Ernst Zahrlieb Biedermann charakterisierte sich eingangs als ein ›zufriedener Bürger in der Stadt Gottes‹, damit zugleich seine Ergebenheit in die Gesetze der ›besten aller Welten‹ eingestehend (...)«[11]

Die »Moralischen Wochenschriften« lebten vom Dialog zwischen Artikeln und fingierten Leserbriefen, wobei die vermeintlichen Leser sich mit den Artikeln und die Artikel wieder mit den Briefen auseinandersetzten:

»Den übrigen Raum, dieses Papier zu füllen; melde ich, daß Hrn. Wahnfried von *Kleinau* Zuschrifft nicht allein richtig bei mir eingelauffen ist, sondern auch einem der ersten von meinen wöchentlichen Blättern mit eingerückt werden soll, damit wenigstens ein Stück darunter dem Verfasser dieser Zuschrift gefallen möge.«[12]

Die Zielgruppe der »Moralischen Wochenschriften« war das Bürgertum, ihre ›Objekte‹ waren aber oft genug die Angehörigen der Unterschichten, Handwerker, Bauern oder Bediente, die sich häufig in diesen fingierten Leserbriefen zu Wort meldeten. Ihre Unterwürfigkeit, das Bewußtsein sozialer Distanz sollte in floskelhaften Einleitungssätzen, wie z. B.: »Mein Herr, ich bin eine Putzmacherin, schämen Sie sich meiner Zuschrift ja nicht«, deutlich werden.[13]

Diese Briefe dienten allerdings nur der Erheiterung der Leserschaft, sie sollten die mangelnde Bildung der Dienstboten zeigen und wurden daher mit Fehlern, hölzernen Formulierungen und zum Teil auch mundartlich gedruckt – kaum ein Mittel blieb ungenutzt, die Dienstboten und andere Personen der Unterschicht lächerlich zu machen und ihnen damit indirekt auch jegliche Bildungsfähigkeit abzusprechen.

Entscheidender ist jedoch, daß die »Moralischen Wochenschriften«, die sich bei Verbreitung ihrer sittlichen Postulate auf die Vernunft (und nicht mehr in erster Linie auf die Religion) beriefen, die soziale Ordnung, wie sie sie aufgefächert in die verschiedenen Stände vorfanden, nicht nur hinnahmen, sondern sogar noch ideologisch verbrämten (wobei dann ›hinterrücks‹ der Herrgott wieder ›ins Spiel kam‹). Daß jedermann, gleich welchen Standes, tugendhaft sein könne, wurde zwar nicht bestritten, »aber gegenüber Handwerkern oder gar Bediensteten und Bauern scheint dies für die Wochenschriften nur theoretisch Gültigkeit zu haben. Der tugendhafte Handwerker, der tugendhafte Bauer, der tugendhafte Bedienstete – die Moralischen Wochenschriften haben sie nicht gezeichnet oder doch in einer Weise, aus der hervorgeht, daß der Betreffende so ganz voll noch nicht zu nehmen sei.«[14]

Diese Einstellung, daß nur derjenige wahrhaft tugendhaft sei, der aufgeklärt sei, bot nun in mehrerlei Hinsicht Handhabe für die Behandlung der Dienstboten. Zum einen konnte die Unterdrückung der Bedürfnisse der Dienstboten gerechtfertigt werden: da die Dienstboten aufgrund dessen, daß sie nicht aufgeklärt waren, ›sittenlos‹ waren, hatte man die Aufgabe, sie erst auf den Pfad der Tugend zu führen (was aber in Wahrheit nicht heißt, daß sie tatsächlich Bildung erlangen sollten; gemeint war eine sehr spezifische ›Tugend‹, nämlich die, willig und, ohne zu murren, permanent zu arbeiten); zur Erreichung dieses Ziels war jedes Mittel recht. Zum anderen bot der vom Bürgertum selbst aufgestellte Maßstab tugendhaften Verhaltens die Möglichkeit, die Dienstboten auf Distanz zu halten, was wiederum die Ausbeutung der Arbeitskraft der Dienstboten wesentlich erleichterte.

Die »Moralischen Wochenschriften« unterstützten in ihren Inhalten und Aussagen die bereits erwähnten christlichen Erbauungsbücher und deren moralische Reglementierungen und bestärkten damit die Herrschaften in ihren Ansichten. Indirekt verwiesen sie zudem die Dienstboten, für die diese Zeitschriften zwar nicht bestimmt waren, die sie aber dennoch zuweilen in den Salons der Herrschaften zur Hand nahmen, ein weiteres Mal in ihre eigenen Standesgrenzen zurück. Dienstboten hatten letztlich eben keine Personen mit Ansprüchen und Bedürfnissen wie die Herrschaften selbst zu sein, sondern lediglich seelenlose Geschöpfe, die maschinengleich die Arbeit zu erledigen hatten.

Wie kritische Reflexion dieser Art ›Aufklärung‹ die Ansichten des Bürgertums über Tugend und Moral als hohles Gerede zu entlarven vermag, zeigt Georg Büchner, der im »Woyzeck« dem Bürgertum in Gestalt des Hauptmanns die eigene Karikatur als Spiegel vor Augen stellt:

»Hauptmann: (...) Woyzeck, Er hat keine Moral! Moral, das ist, wenn man moralisch ist, versteht Er. Es ist ein gutes Wort. (...)

Woyzeck: Wir arme Leut – Sehn Sie, Herr Hauptmann: Geld, Geld! Wer kein Geld hat – Da setz einmal eines seinesgleichen auf die Moral in die Welt! Man hat auch sein Fleisch und Blut. Unsereins ist doch einmal unselig in der und der andern Welt. Ich glaub, wenn wir in Himmel kämen, so müßten wir donnern helfen.

Hauptmann: Woyzeck, Er hat keine Tugend! Er ist kein tugendhafter Mensch! Fleisch und Blut? (...) Ich hab auch Fleisch und Blut. Aber, Woyzeck, die Tugend! die Tugend! (...) Ich sag mir immer: du bist ein tugendhafter Mensch, ein guter Mensch, ein guter Mensch.

Woyzeck: (...) wenn ich ein Herr wär und hätt ein' Hut und eine Uhr und eine Anglaise und könnt vornehm reden, ich wollt schon tugendhaft sein. Es muß was Schönes sein um die Tugend, Herr Hauptmann. Aber ich bin ein armer Kerl!«[15]

4. Ehe- und Familienauffassung

Eine besondere Ausprägung der Sittenreform des Bürgertums (und damit auch der »doppelten Moral«) finden wir in der Ehe- und Familienauffassung. Diese löste sich weitgehend von den religiösen Vorstellungen des 16. Jahrhunderts, wie z. B. der Luthers, der die Ehe als Lebensgemeinschaft göttlicher Fügung betrachtet hatte:

»Die sind's aber, die erkennen, die festiglich glauben, daß Gott die Ehe selbst eingesetzt, Mann und Weib zusammengegeben, Kinderzeugen und -warten verordnet hat.«[16]

Unantastbar blieb zwar auch weiterhin, daß der Bund der Ehe im Angesicht Gottes geschlossen werden sollte, denn »Gott ist der Stifter deren Ehen ... Es ist unchristlich gehandelt, ohne dessen Namen und Anruffen ein so wichtiges Werck vor sich zu nehmen.«[17]

Doch galt jetzt, daß auch Liebe und Ehe von der der Tugend innewohnenden Vernunft geprägt wurden. Das Bürgertum verstand die Ehe als Lebensgemeinschaft auf der Basis gegenseitiger Zuneigung, der Liebe. Doch ebenso wie zur

Erreichung der Tugend materielle Voraussetzungen als notwendig erachtet wurden, galt dieses in verstärktem Maße auch für die Ehe. Daher konnte eine Liebe nach Ansicht des Bürgertums infolge mangelnder finanzieller Grundlagen auch nicht zur Ehe führen, denn dieses hätte der Vernunft entgegengestanden; diese Ehe hätte keine Zukunft gehabt. Es wurde daher empfohlen, in einer solchen Situation der Liebe abzuschwören und in der Keuschheit die höchste Vollendung zu sehen, wie die kirchlichen Lehren predigten. Damit standen erneut die bürgerlichen Prinzipien denen der unterbürgerlichen Schichten entgegen. Aufgrund dessen, daß ihnen die finanzielle Basis fehlte, die nach Ansicht des Bürgertums als Voraussetzung für die Ehe notwendig war, wurden ihnen zur Tugendfähigkeit auch noch die Ehefähigkeit und die Berechtigung zu lieben aberkannt. Indem das Bürgertum das Prinzip der vernunftgeleiteten Ehe vertrat, unterstellte es zugleich den Unterschichten, sich diesen Grundsätzen gemäß nicht angemessen verhalten zu können.

Streng verurteilt wurden jede Form des Ehebruchs, der die Trennung ehelicher Gemeinschaft bedeutete, sowie eheähnliche Lebensgemeinschaften oder das Mätressenwesen an den führenden Fürstenhöfen. Beischlaf als Selbstzweck galt als unsittlich, seine Bedeutung erschöpfte sich in der Erzeugung von Kindern. Diese Auffassung von der Sittlichkeit der Ehe prägte auch das Verhältnis zwischen Herrschaften und Dienstboten. Sowohl den Herrschaften als auch den Dienstboten wurden sexuelle Verfehlungen untersagt; für die einen bedeuteten sie den Ehebruch, für die anderen die ebenso zu verdammende Befriedigung der Fleischeslust außerhalb eines ordnenden Rahmens. Soweit stimmten die Maßregelungen, die zwei verschiedene Stände betrafen, noch überein; anders verhielt es sich jedoch, wenn die Grenzen der Sittlichkeit tatsächlich überschritten wurden. Den Verfehlungen der Dienstboten begegnete man mit schärfsten Strafen; sie wurden an der bürgerlichen Ideologie von Sitt-

18. Zudringlichkeit des Hausherrn.

lichkeit und Moral gemessen, die Strafen dienten der sittlichen Erziehung. Beging nun allerdings der bürgerliche Hausherr eine sittliche Entgleisung, indem er das Dienstmädchen verführte, so wurde dieser Vorfall häufig nicht weiter erwähnt, jedenfalls was den Hausherrn betraf. Dem Dienstmädchen dagegen wurden obendrein noch die Klagen zuteil, den Hausherrn verführt zu haben.

»Nicht die Magd, sondern die Hausfrau ist die geplagte und schikanierte Sklavin, die Magd ist der Tyrann. Nicht die junge Magd ist schutzlos den unsittlichen Angriffen auf ihre Person ausgeliefert, sondern sie ist in jedem Falle die raffinierte Verführerin, die den harmlosen, soliden Hausherrn gewissenlos in ihre Netze lockt.«[18]

In vielen Fällen hatten die Dienstmädchen selbst alle Konsequenzen einer sittlichen Erniedrigung und Entehrung zu tragen. Sie mußten nicht nur die Schande und den Verlust ihrer Würde ertragen, sondern sie wurden darüber hinaus auch noch unter Strafe gestellt. Nicht die Täter, sondern die Opfer wurden zur Rechenschaft gezogen; wobei sich oft genug die Täter als die eigentlichen Opfer fühlten und diese Ansicht auch noch öffentlich vertraten.

(Daß die Reaktionen der Herrschaften möglicherweise deshalb so besonders scharf waren, weil sie einerseits Ausdruck eigener, aber verdrängter Schuldkomplexe oder andererseits Ausdruck geheimer, aber unbefriedigter Wünsche waren, wollen wir später erörtern.[19])

Interessant ist in diesem Zusammenhang die bürgerliche Einstellung zu den Ammen; in den »Moralischen Wochenschriften« wurden deren »ungeschliffenes niederes Wesen, ihre Verdorbenheit und Liederlichkeit« beschrieben – all diese schlechten Charaktereigenschaften würden die ihnen anvertrauten Kinder aus bürgerlichen Familien bereits mit der Milch der Ammen einsaugen und dadurch natürlich verdorben.

Die Ärzte sollten deshalb bei der Überwachung der Ammen nicht nur deren körperliche Gesundheit im Auge behalten, sondern auch »den verschiedenen und verborgenen Saamen der Zancksucht, der Niederträchtigkeit, des Aberglaubens etc. durch ihre Vergrösserungs-Gläser darin wahrnehmen (...), als welchen sonst die armen Kinder mit ihrer Nahrung einsaugen und dadurch in einen Stand gesetzt werden, daß sie hernach unsäglich Mühe haben, die Amme aus ihrer Natur wieder herauszubringen«.[20]

Der »drohende Zeigefinger« hinter dieser Aussage läßt darauf schließen, daß die »Beschäftigung« einer Amme weit verbreitet war. Offenbar war es so, daß die tugendsamen Bürger zur Aufzucht ihrer eigenen Kinder auf diese »liederlichen« Personen und auf deren »Unmoral« geradezu angewiesen waren, denn die bürgerlichen Hausfrauen betrachteten vielfach das Stillen der Kinder bereits als unzumutbare »körperliche« Arbeit, die sie für sich ablehnten; und künstli-

Fremder: „Das ist ja ein reizendes Kind“ —
Amme (in die Rede fallend): „Ja, un nu seh'n Sie mal, was für'n schieren Rücken es hat.“ —

19. Die Amme wird begutachtet.

che Säuglingsnahrung gab es zu diesem Zeitpunkt noch nicht. Somit verfiel die sexuelle »Sittenlosigkeit« der Ammen zwar dem moralischen Verdikt des Bürgertums; den reichlich fließenden »Milchstrom« hingegen wußte man für sich zu nutzen.

5. Der gesellschaftliche Aufstieg des Bürgertums

Die Frage, *warum* man den Unterschichten die Aufklärungsfähigkeit so strikt absprach und sie schlicht für »sittenlos« hielt, ist noch in anderer Hinsicht zu vertiefen. Wie wir gesehen haben, ging der Aufstieg des Bürgertums einher mit dem Verfall des »Ganzen Hauses« in diesem gesellschaftlichen Bereich. (In anderen Bereichen – bäuerliche Familien, ›altes Handwerk‹ – blieb die Familienform des »Ganzen Hau-

20. Karikatur einer Amme.

ses« weiterhin bestehen – z. T. bis ins 20. Jahrhundert; dieses muß hier außer acht bleiben.)

Denn der Aufschwung von Handel und Gewerbe war nicht möglich in den engen Grenzen der autarken Heimindustrie, die ja die ökonomischen Grundlage des »Ganzen Hauses« bildete. Bereits ab dem 16. Jahrhundert entwickelten sich neben dieser Heimindustrie allmählich die neuen arbeitsteiligen Formen von Verlag und Manufaktur. Deren Produktivität – und hierin liegt der qualitative Unterschied zu allen Arbeiten der Hauswirtschaft – zielte nun nicht lediglich auf bloße Bedürfnisbefriedigung ab; erwirtschaftet wurde ein »Profit«, der nicht mehr gänzlich »konsumiert« wurde, sondern zwecks weiterer Steigerung der Produktivkräfte teilweise in den Betrieb zurückfloß. Damit setzte sich das Prinzip des Kapitalismus durch, dessen augenfälliger Ausdruck die Konzentration einer immer größer werdenden

Kapitalmenge in den Händen (zunächst allerdings noch weniger) städtischer Bürger war. Ein Teil des erwirtschafteten Gewinns floß freilich als Steuer an den Staat (bezeichnenderweise entwickelte sich das staatliche Steuer- und Finanzwesen parallel zum ökonomischen Aufstieg des Bürgertums); und hier liegt einer der Hauptgründe für die scharfe Kritik des Bürgertums am Adel, der aufgrund seiner Steuerfreiheit und weil er keiner ›nützlichen Arbeit‹ nachging, dem Bürgertum als ›parasitär‹ erschien. Dieses hinderte nun allerdings – vornehmlich seit dem Ende des 18. Jahrhunderts – die reich gewordenen bürgerlichen Unternehmer nicht, in ihrer Lebenshaltung mit dem Adel in Wettbewerb zu treten und einen großbürgerlich-feudalen Aufwand nach dessen Vorbild zu entfalten, wobei die Dienstbotenhaltung auf einem wesentlich höheren als auf dem hauswirtschaftlich notwendigen Niveau eintrat. Dabei darf allerdings nicht übersehen werden, daß nach dem Selbstverständnis des Bürgertums dieser Luxus offenbar ein durchaus ›legitimer‹ war, da er im Unterschied zum Luxus des Adels auf Arbeit beruhte und zugleich den Wert der Arbeit repräsentierte. Erst in der zweiten Hälfte des 19. Jahrhunderts entfiel dieser Unterschied, da weite Teile des Adels nun ebenfalls kapitalistisch wirtschafteten und damit im ökonomischen Bereich mit dem Bürgertum gleichzogen. Einerseits entstand eine auf ökonomische Macht gegründete neue junkerlich-großbürgerliche Oberschicht; andererseits begann jetzt, da das Feindbild ›Adel‹ schwand, die verstärkte Ausrichtung des Bürgertums nach ›oben‹: indem man adelige Lebens- und Verhaltensweisen zu kopieren versuchte, erhoffte man sich gesellschaftlichen Aufstieg, denn nach wie vor war der Adel die oberste gesellschaftliche Schicht (*ein* Ergebnis dieses Assimilierungsprozesses war der zu vielen Karikaturen und Satiren einladende Typus des »Untertanen«).

Dieser Prozeß richtete sich um so schärfer gegen die unterbürgerlichen Schichten, je mehr das Bürgertum von

21. *Die Bedienung bei der Gesellschaft.*

der Notwendigkeit eines repräsentativen, ›herrschaftlichen‹ Haushalts überzeugt war. Vor allem für die Dienstboten verschlechterte sich die Situation gegenüber früher. War – bei aller Strenge der Zucht, die die Hausväter walten ließen – das Gesinde im »Ganzen Haus« Bestandteil der (Groß-)Familie und damit letztlich ›geschützt‹, so stand der Dienstbote jetzt nicht nur faktisch außerhalb der bürgerlichen (Klein-)Familie (und damit dem ungehinderten ›Zugriff‹ eben dieser Familie frei), sondern diese Distanz wurde ihm auch noch obendrein immer wieder dadurch vor Augen geführt, daß die Herrschaften auf den Bildungsunterschied verwiesen. Die ganze Doppelbödigkeit des Verhältnisses der Herrschaften zu den Dienstboten zeigte sich darin, daß zum einen die Bildungslosigkeit der Dienstboten bemängelt wurde, ihnen andererseits aber Bildungsfähigkeit abgesprochen wurde (dieses – wie schon beschrieben –, um das Abhängigkeitsverhältnis festigen und ideologisch absichern zu können).

Annäherung des Bürgertums an den Adel
→ Verzicht (zugunsten der Db)

In diesem Zusammenhang mutet es geradezu paradox an, wenn im 18. und 19. Jahrhundert die Klagen über Dienstboten ständig stiegen und man ihnen dabei u. a. Eigennutz, Untreue, Mangel an Anhänglichkeit vorwarf: denn die Distanzierung, die darin zum Ausdruck kommt, ging ja eben nicht ursächlich von den Dienstboten aus, sondern wurde von den Herrschaften selbst vorgenommen. Wie wollte man von einem Menschen ›Anhänglichkeit‹ erwarten, dem man täglich von neuem deutlich machte, daß man ihn lediglich als billige Arbeitskraft, nicht aber als Menschen schätzte?

Die Situation der Dienstboten verschlechterte sich zunehmend im 19. Jahrhundert auch dadurch, daß immer mehr Haushalte aus dem unteren Mittelstand begannen, häusliches Personal zu halten. Dieses war oft nur möglich unter Verzicht auf viele alltägliche Dinge, und man darf annehmen, daß dementsprechend auch der Dienstbote diesen Verzicht zu spüren bekam, mithin sein sowieso schon schweres Leben durch den Mangel noch weiter erschwert wurde. Die vielfach beklagte schlechte (Arbeits-)Moral der Dienstboten dürfte ihren Grund nicht zuletzt in diesen Bedingungen haben.

KAPITEL IV: GESELLSCHAFTLICHES ANSEHEN UND LEBENSBEDINGUNGEN DER DIENSTBOTEN IM 19. JAHRHUNDERT

Bisher haben wir weitgehend nur davon gesprochen, daß man sich über die Dienstboten beklagte und in welcher Weise das geschah. Bevor wir uns der Frage widmen, inwieweit die Klagen nun tatsächlich berechtigt oder lediglich aus naheliegenden Gründen vorgeschoben waren, gilt es, die Lebensumstände der Dienstboten zumindest in einigen Bereichen näher zu beleuchten, um damit die nachfolgende Beurteilung stützen zu können. Wir beschränken uns dabei weitgehend auf das 19. Jahrhundert, da in diesem Zeitraum das Ausbeutungsverhältnis zwischen Dienstherrschaft und Dienstboten zur vollen Entfaltung kam. Um den Rahmen des Überschaubaren nicht zu sprengen, haben wir uns zudem weitgehend auf die Darstellung der Verhältnisse in Hamburg beschränkt, ohne daß darin eine unzulässige Reduzierung gesehen werden muß: Hamburg besaß nicht nur eine lange Tradition im Dienstbotenwesen, sondern im 19. Jahrhundert lebten fast 30000 Dienstboten in den Mauern der Stadt, so daß eine hinreichend differenzierte Betrachtung möglich erscheint.

1. Die Mode

Eine der immer wieder sehr nachdrücklich geäußerten Klagen bezog sich auf die »Putzsucht« und den »Kleiderluxus« der Dienstboten. Dabei kam der jeweiligen Mode eine besondere Bedeutung zu.

Jede Mode in den vergangenen Jahrhunderten war schich-

22. Aufwendiges Barockgewand, 1786.

tenspezifisch und diente der Abgrenzung nach oben, im besonderen Maße aber nach unten.

Aber auch innerhalb derselben Schicht waren die modischen Tendenzen Ausdruck einer Rangordnung. Mode hörte auf, modisch zu sein, wenn sie von allen Angehörigen sowohl derselben als auch der angrenzenden Schichten angenommen war. Daraufhin entwickelten sich neue Tendenzen, die Mode veränderte sich, um damit den Abgrenzungscharakter wiederherzustellen. Über die Nachahmung fand die Mode der höheren Stände Einzug in die niederen, beeinflußte sogar, wie etwa die Revolutionsmode des ausgehenden 18. Jahrhunderts, die sonst von modischen Veränderungen weitgehend unabhängige Tracht und hatte ihre Entsprechung auch in der Dienstbotenkleidung, wie wir es z. B. für Hamburg im 19. Jahrhundert vorliegen haben.

Das erstarkende Bürgertum des 18. Jahrhunderts wandte

23. Ein Beispiel für die englische Revolutionsmode, 1792.

sich in seinem Verhalten gegen die Lebensführung des Adels und versuchte sich in allen Belangen dagegen abzugrenzen, so auch in der Mode. Gegen die prunkvolle, verschwenderische Mode des barocken Absolutismus mit schweren Samt- und Seidenstoffen, Spitzen, Schleifen und Volants, Reifrökken und Schnürleibern konstituierte sich eine in Schnitt und Material einfachere Mode des aufstrebenden Bürgertums. Ihren Ausgang nahm sie von England, dessen parlamentarische Monarchie sich bereits im 17. Jahrhundert durchgesetzt hatte. Einfache Woll- oder Baumwollstoffe traten an die Stelle des kostbaren Materials des höfischen Adels, der Reifrock wich einem in lockere Falten gelegten, lose fallenden Rock, der keiner Stütze bedurfte. Zwar wurde in der Anfangszeit dieser bürgerlichen Mode auf das Korsett noch nicht ganz verzichtet, es ließ aber den Trägerinnen eine größere Bewegungsfreiheit. Übernommen wurden in diese

24. Charakteristisches Kleid der Revolutionsmode, 1802.

neue bürgerliche Mode auch Elemente aus den niederen Schichten, wie z. B. einzelne Bestandteile ihrer Arbeitskleidung (Haube, Brusttuch und Schürze).

Mit der Übernahme des aufklärerischen Gedankenguts gelangte die neue Mode von England auch nach Frankreich, wurde dort begeistert aufgenommen und nach eigenen Vorstellungen verändert. Zum einen sahen die Bürger in ihr eine Entsprechung der auf das Vorbild der Antike gerichteten eigenen Anschauungen (in den weich fallenden, hellen, sehr leichten »griechischen« Gewändern), zum anderen entsprach sie dem Ruf Rousseaus (»Zurück zur Natur«), der sich gegen alles Unnatürliche, Gekünstelte richtete. Auch das revolutionäre Prinzip der Freiheit hielt Einzug in der Mode: die Korsage wurde abgeschafft, die Taille rutschte hoch, so daß sich der Körper freier bewegen konnte.

»Die Röcke bleiben weit und lang, sehr faltig und ringsum

25. Hamburger Kleinmädchen um 1800.

schleppend (...) die Caraco genannte Schoßtaille mit halblangen Ärmeln wird sehr eng und dabei hochschnürend getragen, so daß der Busen stark zur Geltung gebracht wird. Der halboffene Ausschnitt wird mit leichten Flortüchern, Fichus, bedeckt, die anfangs bauschig gesteckt, später immer höher gezogen und immer gewölbter getragen werden, um als ›Trompeusen‹ schließlich fast das Kinn zu erreichen, wobei sie in der Leichtigkeit ihres Aufbaues durch gorges postiches von Atlas gestützt wurden (...) Die Röcke werden enger, die Brust steigt, bis sie etwa um 1793 die Höhe erreicht hat, die allen Damen das Aussehen von Kropfleidenden gibt.«[1]

Diese Mode setzte sich mit der Regierung des Direktoriums 1795 durch, das der jakobinischen Schreckensherrschaft ein Ende bereitet hatte, und wird deshalb auch »Directoire-Mode« genannt. Die Kleider entwickelten sich zu lose fallenden Hemden aus dünnen Baumwollstoffen, »chemise grecque« genannt, über die Talleyrand meinte: »Pompöser kann man sich nicht enthüllen.«[2] Diese »Nacktmode« rief zahlreiche Kritiker und Satiriker auf den Plan, die diese modischen Übertreibungen anprangerten. So stellt eine Zeichnung eine Damengesellschaft dar, die auf einem Spaziergang durch eine Windböe bis zum Nabel entblößt wird, eine andere, wie sich die Kleider der Damen beim Aus- oder Einsteigen in die Kutsche in den Rädern verfangen oder durch vorbeifahrende Kutschen beschmutzt werden.

Dem Einfluß dieser Mode konnten sich auch die Trachten nicht entziehen, insbesondere die Kleidung der Dienstboten. Vor allem der Hamburger Maler Christoffer Suhr (1771–1842) hat zur graphischen Überlieferung dieser modischen Kleidertrachten beigetragen. In den Jahren 1801–1806 entstanden 36 Blätter mit dem Titel »Kleidertracht in Hamburg«. Den Stichen gingen sorgfältige Studien voraus (Bleistiftzeichnungen, Feder- oder Tuschzeichnungen oder ganze Aquarelle). Die Radierungen wurden anschließend mit Wasserfarben koloriert.

Auf acht Tafeln stellt Suhr die Dienstmädchen um 1800 in ihren modischen Kleidern dar. Köchinnen, Kleinmädchen und Ammen tragen darauf der Empiremode entsprechend bodenlange durchgehende Kleider mit hochangesetzter Taille, relativ faltenreichen Röcken und kurzen anliegenden Ärmeln oder zweiteilige Kleider mit Rock und andersfarbigen Leibchen, über dem die Schürze gebunden wird. Das Dekolleté bedeckt ein Brusttuch, dem Fichu nachempfunden, das häufig einfarbig mit bunter Borte abgesetzt, aber auch gestreift oder kariert ist. Entweder sind die Kleider hell, häufig maisgelb oder sogar weiß, mit dunklen Schürzen, grün oder schwarz, oder umgekehrt. Die Oberteile haben darauf abgestimmte Farben; sie sind grün/gelb oder braun/beige gemustert. Auf einem Blatt wird ein Kleinmädchen ganz in Weiß, mit einem duftigen Musselinkleid abgebildet, was aber wohl nur in Ausnahmefällen getragen wird, da sowohl der Stoff als auch die Farbe für ein Arbeitskleid viel zu schmutzempfindlich und zu auffällig sind. Im allgemeinen herrschen Baumwollstoffe in bedeckten Farben vor, die sich für eine Arbeitskleidung besser eignen. Attribut der Kleinmädchen sind kleine, hängende Körbe, Deckelkörbe, vorwiegend aus Stroh, auch »Bummelkörbe«[3] oder »Pariser Strickkorb«[4] genannt, die sie über dem Arm tragen, wogegen sich die Köchinnen durch große viereckige Henkelkörbe abheben, die unter dem Arme getragen werden und mit einem großen gemusterten Korbtuch bedeckt sind. Die Hauben sind zu Beginn des Jahrhunderts noch große und steife, hochaufgerichtete, plissierte und bebänderte Gebilde, die den Schutenhüten der Bürgerfrauen ähneln. Diese Kleidung wird um 1794 üblich, und so stellt sie Suhr auf seinen ersten Blättern dar. Nach 1806 verändert sich die Kleidung, die Röcke werden schmaler, die Taille wird wieder etwas tiefer angesetzt, Kleider bekommen weite Puffärmel, im ganzen wird die Kleidung farbiger, dunkle Farben wie Dunkelgrün oder Schwarz werden durch leuchtendere ersetzt, wie Weiß, Gelb, Rosa und Aubergine. Auch die »Strickbeutel« verändern ihre Form, sie werden zu ovalen Körben mit Deckel und Henkel, die denen der Näherinnen ähneln. Die Hauben werden kleiner, liegen eng am Kopf an; anstelle von Plissee sind sie mit zartem Rüschenbesatz versehen, wodurch sie zierlicher wirken. Während die steifen Plisseehauben noch in starkem Kontrast zu der zierlichen Empiremode stehen, bilden diese Hauben eine gelungene Einheit mit ihr.

Nach 1815 hat die Taille wieder fast ihre ursprüngliche Höhe erreicht, die Röcke und Schürzen werden wieder kürzer getragen, sie enden unterhalb der Wade. Zugleich werden die Säume lebhafter, verziert mit Bordüren und Rüschen oder mit Spitzen besetzt. Die Hauben ähneln Turbanen, der zarte Rüschenbesatz entwickelt sich zu fülligen Spitzenvolants.

26. Hamburger Köchin um 1801.

Besonders die Hauben der Hamburger Dienstmädchen galten allerorts als Zeichen ihrer Herkunft, man hat »dadurch erst die Erfahrung gemacht, daß es eine Hamburger Familie sei, die sich da oder dort niedergelassen und die vaterländische Sitte für ihr Dienstpersonal beibehalten habe«.[5] Ursprünglich sollte durch die Art der Hauben eine Verwechslung von Dienstmädchen und Töchtern des Hauses ausgeschlossen werden, während sie bei den Köchinnen verhindern sollten, daß ein »Haar in die Suppe fällt«, weshalb sie auch gewöhnlich größer waren.[6]

Suhrs Radierungen fanden großen Anklang, vornehmlich wegen der Darstellung der Hamburger Händler, die die Mannigfaltigkeit des Hamburgischen Straßenhandels dokumentierten. Hinsichtlich der Darstellung der Dienstmädchen mußte Suhr sich allerdings auch scharfe Kritik gefallen lassen. Diese beruhte auf einer generellen Ablehnung der

27. Hamburger Köchin nach 1815.

»französischen Mode« durch die konservativen Hamburger, die sich über deren »Schamlosigkeit« empörten:

»Wenn Frauenzimmer sich fast bis zum Nabel entblößen, werden oder können sie es dann übelnehmen, wenn man nach ihren nackten Brüsten greift, indem sie selbst einen zur Geilheit reizen, oder gar auffordern? Wenn kein geiles Wort weder geschrieben noch gesprochen wurde, was hilft es denn zur Tilgung der Geilheit, wenn das Frauenzimmer durch einen äußerst geilen Anzug die Geilheit selbst zur Mode macht? Wenn es sich in ein fast nackt scheinendes Gewand einhüllt? Wenn es die Brüste möglichst hoch stemmt, zum Busen heraushängt und mit nackten Achseln geht? – Wann es jedem Wanderer ihre mütterliche Gabe zeigt, wo nicht gar feil bietet, daß man im Vorbeigehen fast mit der Nase darauf stößt, so daß das Auge oder wenigstens die Gedanken eine geraume Zeit nicht wieder davon zurückziehen kann.«[7]

28. Gegenüberstellung der Dienstbotenkleidung in Hamburg vor 1789 und danach.

Wenn schon die Übernahme der französischen Mode durch die Damen der hanseatischen Gesellschaft Anlaß zu heftigen Auseinandersetzungen bot, so forderten erst recht die Dienstboten laute Proteste heraus, als sie sich in zunehmendem Maße von ihrer althergebrachten Tracht zu lösen begannen, um ebenfalls modische Neuerungen zu übernehmen:

»(...) es ärgert mich, daß die Hamburgischen Dienstmägde ihre Lokaltracht von Ehemals, d. i. vor 30 Jahren wo ich sie zuletzt sah, ihre weißen wohlstehenden Hauben, schwarze Wachshüte abgeschafft haben, und statt dessen in Dormeusen, Halbkopfzeugen mit vorstehenden gepuderten Haaren, in Pelzen sogar und seidenen Leibchen, statt der ehemaligen wollenen und friesnen Zeuche gleich Damen einhergehen (...)«[8]

Wenn es nur bei der modischen Veränderung der Tracht geblieben wäre, hätte sich vielleicht auch der Protest bald gelegt, aber es »zog mit verfeinerter Mode auch Zügellosigkeit ein, die den weiblichen Dienstboten einen schlechten Ruf verlieh«.[9]

Obwohl es Suhr möglicherweise gerade darum ging, das Ansehen der Dienstmädchen mit Hilfe seiner Darstellungen zu heben, da die vielen Klagen gegen sie viel zur Demoralisierung dieser Personengruppe beigetragen hatten, erreichte er ungewollt das Gegenteil. Ihm selbst wurde vorgeworfen, die Dienstmädchen idealisiert dargestellt zu haben, »denn sehen, besonders im Vergleich mit anderen Darstellungen, arbeitende Leute wirklich so anmutig, so schmiegsam, so feingliedrig aus?«[10]

In Ansehung der Bilder wurden aber auch die Dienstmädchen wieder einmal angegriffen:

»Acht Blätter erinnern uns, wie die Mode, auch da, wo sie nicht unbedingt allein gebieten darf, ihre Verehrerinnen beherrscht, und wie sehr auch die Schönen in der Dienstbarkeit es sich angelegen sein lassen, ihre Liebreize in gefälliger Hülle zu zeigen (...) Daß solcher Kleideraufwand für Dienstmädchen zu geldspillig ist und manche auf Abwege führen mag, ist leider wahr. (...)«[11]

Offenbar beeinflußt von diesen kritischen Äußerungen fertigte Suhr 1808 ein weiteres Blatt mit dem Titel »Alte und Neue Zeit in Hamburg« an, in dem er die Diskussion um die Kleider der Dienstboten und die damit verbundenen Inhalte graphisch darstellte: Als Verkörperung der »Alten Zeit« und der damit verbundenen guten Sitte erscheint dem Betrachter ein Dienstmädchen in der um 1780 üblichen Kleidung mit enganliegendem, langärmeligem Oberteil, einem weiten Rock mit ebenso langer Schürze. Das Brusttuch wird vorne übereinandergeschlagen und reicht bis zur Taille. Besondere Beachtung findet die weiße Haube, deren Enden in Brusthöhe zu einer Schleife gebunden werden, und ihr auffallender schwarzer hutartiger Überwurf aus Wachstuch. Wie die Sittsamkeit in der Kleidung, die sich nach der alten ständischen Kleiderordnung orientiert, so drücken auch die mit

Aussteuer und einem Gebet- oder Gesangbuch gut gefüllte Truhe, der stabile Stuhl und der Henkelkorb als Standeszeichen unterwürfige Wohlanständigkeit aus. Demgegenüber erscheint die Verkörperung der »Neuen Zeit« in modisch elegantem, kurzärmeligem, bodenlangem Empirekleid, verspielten Schuhen, duftiger Tüllmütze, »Dormeuse« genannt, während sie im Begriffe ist, sich ein schmückendes Band umzubinden. Unterstützt wird der Eindruck von Eitelkeit und Selbstgefälligkeit durch den über der Truhe hängenden Spiegel. Die Truhe ist halbleer, zu sehen sind lediglich ein weiteres Paar modischer Schuhe, ein Fläschchen für Parfüm oder Kosmetik, ein duftiger Schal und ein Heftchen mit dem Titel »Donauweibchen«.[12]

Sie kniet auf einem kaputten Stuhl, dessen zerbrochenes Bein notdürftig mit einem Band gehalten wird. Weitere Attribute modischer Verspieltheit sind Körbchen und Schirm. Auch dieses Blatt entbehrt nicht der Kommentare:

»Die alte Zeit erscheint häuslich und ehrbar, und verheißt künftig eine gute Hausfrau und Mutter, die neue verheißt – nichts. Sie ist alles, was sie werden kann, und sinkt mit aufgelegtem Roth dem leeren Kasten und dem Grabe zu.«[13]

Allerdings fertigte Suhr dieses Blatt nicht nach eigener Vorstellung an, sondern er hatte ein Vorbild, den Titelkupferstich des »Hamburger Taschenkalender(s)« von 1804, der den Untertitel trägt:

»Die alte und die neue Zeit sind leicht zu unterscheiden. In jener sparte man's mit Fleiß, jetzt zehrt man's auf mit Freuden. Ihr Jünglinge und Mädchen hört: wißt ihr die besten Maße? Vernünftig freut des Lebens euch und geht die Mittelstraße.«[14]

Die Fülle von Klagen gegen die neue modische Kleidung der Dienstmädchen ist als Ausdruck des Mißmutes zu werten über die im 18. Jahrhundert abgeschafften Kleiderordnungen, was eine Neuorientierung der Dienstbotentracht an der bürgerlichen Kleidung zur Folge hatte. Verbunden

29. Karikatur zu der vielbeklagten Verführung der Dienstmädchen durch die französischen Emigranten.

wurde der in den Klagen geäußerte Mißmut mit einem verstärkten Ruf nach einer Gesindeordnung, die auch die Art der Kleidung für Dienstboten regeln sollte.

2. Dienstboten in Flugblättern und zeitgenössischen Berichten

Um 1800 entstanden in Hamburg zahlreiche Flugblätter und Flugschriften, die die vermeintlich »verdorbenen Sitten« des dienenden Standes zum Inhalt hatten. Zu ihrem Entstehen hatten nicht zuletzt die Französische Revolution und die in Hamburg Zuflucht suchenden Emigranten beigetragen. Besonders die Übernahme französischer Sitten und die persönliche Beziehung zu den Emigranten wurde den Dienstmädchen angelastet.

»Anna: Wat Trina, Du hest Di mit en Franzosen inlaten? Pfui, scham Di wat! – Trina: Nu heff Di man nich so, steit doch in de Bibel: Liebet Eure Feinde!«[15]

In einem anderen Flugblatt aus dem Jahre 1797 heißt es dazu: »(...) und daß sie, wenn die Herrschaften ihre Unarten, Ausschweifungen und Modetrachten nicht dulden wollen, sie sogleich den Dienst aufsagten und bey die Franzosen in Dienst gingen, wo sie weit mehr Freyheit und Kinder genug bekämen (...)«[16]

Empörtes Mitgefühl ruft der Bericht einer Dame hervor, die auf ihr Stellenangebot von dem Dienstmädchen zur Antwort erhält, »daß sie nämlich für so ein geringes Lohn nicht Lust hätte, sich das ganze Jahr zu plagen, dafür wolle sie sich lieber einige Nächte zum Franzosen legen, da verdiene sie ebensoviel, und würde zu allem noch hinten und vorne beleckt«.[17]

Aus diesem Bericht wird besonders die ablehnende Haltung den Franzosen gegenüber deutlich, verbunden mit dem Vorwurf sittenverderbenden Treibens. Um dieser Lasterhaftigkeit zu begegnen, wird den Dienstboten vor Augen geführt, wie leicht es sei, sittsam und tugendhaft zu sein:

»Ein gesittetes und wohlerzogenes Dienstmädchen wendet die Stunden, wo sie von ihrer Herrschaft bekömmt, nicht allemal zu sinnlichen Vergnügen an, sondern sie durchsucht ihre Wäsche und Kleidungsstücke, stopft und flickt, was zerrissen ist, sucht das Schneiderlohn zu sparen (...). Auch kleidet sie ihren Körper nicht mit allerlei Narren-Kattune, sondern sie liebt das modeste ehrbare wie die bremer und lübecker Mädchen, welche nur auf Geld und nicht auf Fummelstaat halten (...), ihre Kleidertracht harmoniert mit ihrem Stande.«[18]

Wie wenig von der Ehre und Anständigkeit der Dienstboten zu der Zeit gehalten wurde, macht die »Feyerliche Rede der alten Köchin Margarethe« deutlich, in der scheinbar ein Dienstmädchen selbst die Kolleginnen aufwiegelt und ihnen

30. Eine vielbeklagte Untugend: das Lauschen hinter der Tür.

empfiehlt, sich in allen Belangen auf Kosten der Herrschaft nur um ihr eigenes Wohl zu kümmern. »Seyd überhaupt nur hübsch dreist; ein schüchterner Dienstbote, und wäre er gelehrt wie'n Magister, hat doch niemals sein Glück gemacht.«[19]

So wie sie die Dienstboten im allgemeinen zu aufsässigem Verhalten anstiftet, gibt sie auch darüber hinaus detaillierte Ratschläge, wie man sich Vorteile verschaffen könne, vor allem, was den Lohn angeht:

»In Ansehung des Lohnes, so werdet Ihr gleich anfangs bemüht seyn, Euch solchen so hoch als möglich auszumachen. Fragen die Herrschaften, ob Ihr zu kochen, zu backen, zu waschen, zu plätten, das Bett zu machen und dergleichen versteht, so sagt ihr natürlich: ›Ja‹, wenn Ihr von alledem auch wenig oder gar nichts gelernt habt.«[20]

Darüber hinaus empfiehlt die Köchin, die Dienstboten

sollten die Herrschaft wegen kleiner erlauschter Geheimnisse von sich abhängig machen, damit sie für die übrige Dienstzeit nichts auszustehen hätten: »(...) das beste ist, Ihr haltet die Herrschaft dadurch fest und gebunden, sie wird von Euch abhängig und ihr dürft Euch manche Freyheit herausnehmen, die jene Euch zu entziehen so leicht nicht wagen werden.«[21]

Auch der sonntägliche Gang zum Gottesdienst soll zugunsten eines Besuches bei der Kartenlegerin oder Kaffeegießerin entfallen.

Dieser vermeintlich von einem Dienstboten stammende Aufruf zum Ungehorsam macht deutlich, wie versucht wurde, die Dienstboten in den Flugblättern lächerlich zu machen, indem dargestellt wurde, wie die Dienstboten sich untereinander anstacheln, möglichst ungehorsam und unwillig gegen die Herrschaften zu sein. Die gegen die Dienstboten bestehenden Vorurteile wurden so dargestellt, als seien sie objektive Tatbestände, die von den Bedienten selbst ausgingen. Damit wurden aber zum einen diese Vorurteile noch bestärkt, zum anderen die Dienstboten noch mehr entwürdigt, da ihre Ehrenhaftigkeit von vornherein in Frage gestellt wurde.

Die ungeschliffene Umgangssprache unterstützte noch den Eindruck vom dummen und frechen Gesinde. Die Dienstboten wurden also nicht nur durch beständige Klagen diskriminiert, sondern in diesen Flugschriften, die einer breiten Öffentlichkeit zugänglich waren, auch noch lächerlich gemacht und damit vollends erniedrigt. Doch wenn auch die Fülle von Klagen und Anschuldigungen gegen die Dienstboten erdrückend schien, so gab es daneben wenigstens vereinzelt Versuche, ihnen beizustehen und die Angriffe gegen sie zu entschärfen:

»Es ist eine alte Unsitte von Ihnen, um die Zeit des Ab- und Zugehens der Dienstboten unter allerlei Einkleidung auf Dienstmädchen, Hausknechte u. dergl. m. zu schimpfen und zu schelten, als wäre die dienende Classe eine ganz schlechte und müßte sie unter polizeiliche Aufsicht gestellt werden. Es ist heillos, daß man Sie erst daran erinnern muß, daß es auch unter den Herrschaften ganz schlechte giebt, zehnmal schlechter als ihre Diensten sind, und es also gemein ist, auf diese allein zu schimpfen. So können gerade *sie* es am besten wissen, wie unverheirathete Männer Mädchen nur deshalb in Dienst nehmen, ja zu männlichen Arbeiten verwenden, um sie zu verführen; wissen, daß es vorkommt, wenn ein solches Mädchen dem Herren nicht zu Willen sein will, er Zucker, Tee und andere Sachen in ihr Bett steckt und dann nach der Polizei schickt, die natürlich die Sachen findet und das arme unschuldige Geschöpf, das keine H... werden wollte, in Verdacht des Diebstahls nimmt.«[22]

Außer in den Flugblättern finden sich in zahlreichen zeitgenössischen Berichten Klagen über Dienstboten. So heißt es in einem Reisebericht über die Stadt Hamburg 1760: »Das Hamburger Gesinde (...) ist ungenugsam, vortheilsüchtig und thut selten auf einer Stelle lange gut.«[23] Häufig wird beklagt, daß die Dienstboten ihren Lohn für Kleidung und Vergnügungen verschwendeten; die Ursache der angeblichen Verschwendungssucht wird dabei immer wieder in der »Unsitte« des Trinkgeldgebens gesehen:

»Das Trinkgeldgeben an unsere Bedienten bei Gastmalen ist eine Zielscheibe des Spotts (...) man kann es nicht läugnen, der Anblick der stationsweise an der Thür des Speise- oder Gesellschaftssaals, an der Treppe und an der Hausthür wachehaltenden mennlichen und weiblichen Bedienten mit halbgeöffneten Händen und auf die Hand des weggehenden Gastes gerichteten Augen, sieht einer armseligen Bettelei ziemlich ähnlich.«[24]

Außer bei Gastmählern im Hause der Dienstherrschaft wurden Trinkgelder zu zahlreichen festlichen und traurigen Anlässen gegeben: Hochzeit, Geburt, Sterbefall. Vor allem wurde aber das »Ansagen des Neugeborenen« prunkvoll begangen, indem ein extra zu diesem Anlaß neu eingekleidetes Dienstmädchen in Samt und Seide in den Häusern von Verwandten und Bekannten das frohe Ereignis verkündigte und dafür reich belohnt wurde. Dieses, nach Meinung vieler Autoren, zu hohe Trinkgeld verführe nicht nur zu Ausschweifungen und Luxus, sondern verleite auch zur Untreue gegenüber der Dienstherrschaft:

»Dadurch, daß es durch die Trinkgelder von anderen auf gewisse Weise mitunterhalten wird, verliehrt es seine ungetheilte Anhänglichkeit an die Herrschaft und nun zugleich alle hieraus entspringenden schönen Tugenden der unbestechlichen Treue, des unverdrossenen Diensteifers, des stillen Sinnes für häusliche Eingezogenheit usw. Durch die Aussicht auf ein reichlicheres Trinkgeld, läßt es sich von einer Herrschaft zur anderen locken und zum Ausschwatzen von Familiengeheimnissen verleiten.«[25]

Andererseits – und hier zeigt sich erneut die Zwiespältigkeit einer Argumentation, die etwas nur so lange für verwerflich hält, wie es der eigenen Position nicht nützt – wurden aber durchaus auch Vorteile des Trinkgeldgebens entdeckt. So sei es doch eine ganz bequeme Sache für den Hausherren, sich seine Bedienten von seinen Gästen mitfinanzieren zu lassen:

»Auch ist es nicht zu leugnen, daß Trinkgelder für die meisten Herrschaften ein unentbehrliches Mittel sind, sich gutes Gesinde ohne beträchtlichen Geldaufwand zu beschaffen und zu unterhalten, denn nur wenige dürften im Stande seyn, den bisher üblichen Lohn des Gesindes zu erhöhen, daß dessen Forderungen befriedigt würden, wenn nicht Trinkgelder statt fänden, die sehr oft das Gesindelohn weit übersteigen.«[26]

Weitere Klagen richteten sich gegen das häufige Wechseln der Dienstboten, das »häusliche Ordnung störet und häuslichen Frieden – selbst unsern Wohlstand nicht selten unter-

31. Das »Ansagemädchen« gibt die Geburt eines Kindes ihrer Herrschaft bekannt.

gräbt (...)«[27], wobei »die Hauptursache des Verderbnisses unsers gegenwärtigen Gesindes, wohl unstreitig eines Theils in dem unter diesem Stande eingerissenen Luxus zu suchen ist, welcher zur Untreue leitet; und anderen Theils scheint sie in dessen nur sehr geringen Abhängigkeit von den Herrschaften zu liegen«.[28]

Zur Behebung dieses Zustandes wurde eine bürokratische Kontrolle über die Dienstboten gefordert, ein Gesindekontor zur Erfassung der Dienstboten, »ein Register über alle hiesigen Dienstboten, sowohl männlichen als weiblichen Geschlechts (...), worin man ausser deren Namen und anderen Umständen, die verschiedenen Dienste, in welchen sie gestanden, und die Zeugnisse, welche sie in selbigen erhalten, genau aufgezeichnet finden werden; und welchen man nach einiger Zeit eine Uebersicht von jedem dienenden Individuum erhalten, und danach dessen Qualität gemeiniglich ziemlich unfehlbar werde beurtheilen können«.[29]

Diese Forderung ist aufgrund der Situation in Hamburg verständlich, da es im Gegensatz zu allen anderen Staaten in Hamburg keine Dienstbotenordnung gab, die die Pflichten des Gesindes detailliert regelte. Eine entsprechende Verordnung für Hamburg wurde erst 1898 verabschiedet, kurz vor der Abschaffung aller Gesindeordnungen nach dem Ersten Weltkrieg im Jahre 1918, so daß in Hamburg bis dahin Sondereinrichtungen zur Kontrolle des Gesindes bestanden, wie z. B. bereits genanntes Gesindekontor, das 1833 errichtet wurde.

Wurden übertriebener Aufwand und Luxus bei den Dienstboten streng verurteilt, wurde nichts unversucht gelassen, ihn für die Herrschaften zu rechtfertigen:

»Luxus ist Aufwand für ausgesuchte Befriedigung der Bedürfnisse, der Bequemlichkeit, des Vergnügens, des Glanzes. Also ein mächtiger Trieb, zu einer nützlichen Thätigkeit und nützlich für den Staat und den Menschen, wenn er ohne Verletzung hoher Pflichten unserer Verhältnisse befriedigt werden kann. Schädlich für den Menschen, wenn das nicht geschehen kann.«[30]

Diese Einstellung macht deutlich, aus welchem Grunde man den Dienstboten den Luxus vorwarf, ja sogar verbot, nichts aber gegen den verschwenderischen Aufwand der Herrschaften unternahm, sondern sie im Gegenteil noch dazu ermutigte, denn »(...) es ist Pflicht sage ich, daß der Reiche Aufwand mache, in Gewerben und Künsten Nahrung und Aufmunterung zu verschaffen. (...) Der Reiche soll Aufwand machen, das ist billig, damit auch andere Bürger von seinem Reichtum Genuß haben.«[31]

Danach war Luxus also zum einen auf die Repräsentationspflicht der Reichen gegründet, zum anderen zum Nutzen für das Gemeinwesen geradezu notwendig. Möglicherweise schwang auch die Ansicht mit, daß vom Glanz der

Herrschaften auch etwas auf die »Armen« abstrahle und somit ihr Bedürfnis nach Luxus befriedige. Dabei wurde nicht gesehen, daß gerade der vor Augen stehende Luxus und die Verschwendungen bei denjengen, die dazu materiell nicht in der Lage waren, erst Bedürfnisse weckten, anstatt sie zu befriedigen. Und das in zunehmendem Maße, je geringer das eigene Einkommen und je zahlreicher die Beispiele anderer waren. Wenn dann die Einsicht erfolgte, daß der eigenen materiellen Bedürftigkeit soviel Prunk gegenüberstand, waren oft Resignation und die Erkenntnis der eigenen unwürdigen Niedrigkeit die Folge. Bei den Dienstboten konnte das dann schon einmal zu Mißbehagen ihrer Herrschaft gegenüber führen, die sich in keinen Zwang zu fügen brauchte, den Dienstboten jedoch in jeder Hinsicht Beschränkungen auferlegte.

Besondere Beachtung fand in der Literatur auch noch der »Bündeltag«, wie der Tag, an dem das Gesinde seine Dienste wechselte, genannt wurde. Die Termine für den Umzug der Dienstboten waren der Sonntag zwischen Himmelfahrt und Pfingsten und der Sonnabend nach Martini (11. 11.). Diese Tage waren für die Dienstboten zugleich Festtage: sie unterstanden, wenn auch nur für kurze Zeit, einmal nicht der Aufsicht und den Anforderungen einer Herrschaft und hatten Gelegenheit, einige ihrer »Leidensgenossen« zu treffen und mit ihnen Erfahrungen auszutauschen. Zum Feiern wurde ein Vergnügungslokal aufgesucht, wo getanzt wurde, oder man traf sich bei einer Gesindevermittlerin zum Kaffee. Diese Vergnügungen waren allerdings nur bei den Dienstboten beliebt, denn die Herrschaften sahen sie gar nicht gern und versuchten, die Dienstboten deshalb mit allen erdenklichen Mitteln daran zu hindern. Ihre besondere Befürchtung war dabei wohl vor allem, daß die Dienstboten unter genau diese Einflüsse gerieten, die in dem Hamburger Flugblatt in der Person der aufwieglerischen Köchin Margarethe dargestellt wurden. Am letzten Tag nach getaner Arbeit wurde deshalb durch die Hausfrau nicht selten mit erheblicher Verzögerung die Abschlußvisite vorgenommen, wobei nur allzuoft ein ganzes Register zerbrochener Schüsseln, Töpfe und Tassen, die die Magd aus Unachtsamkeit zerbrochen haben sollte, aufgezählt wurde, um nur nicht den vollen Lohn zahlen zu müssen.

Waren die Dienstboten dann endlich entlassen, führte sie ihr Weg häufig zuerst zu der Gesindevermittlerin, wo sie sich mit den anderen Dienstboten trafen.

»Sie eilen in ihrer kleidsamen Tracht hierhin und dorthin, das Bündelchen am Arm, und geben so diesem Tag nicht nur den Namen, sondern auch Bedeutung. Ihr erster Gang ist natürlich zur Mädevermedersch – ein kurioser Name für ein altes Weib, die es sich zum Geschäft macht, Dienstgesuche aller Art zu befriedigen und nebenbei durch Klatschen, Schlampampen und Zwischenträgereien alles mögliche dazu beiträgt, das Gesinde möglichst zu verderben. – An den besagten Bündeltagen ist bei diesen alten Weibern von Nachmittags früh um zwei bis tief in den Abend hinein ein großer Kaffeeklatsch.«[32]

Von dort führte sie dann meistens noch der Weg zu den bekannten Vergnügungslokalen, wo sie bis zum Antritt ihres neuen Dienstes tanzten. Erst wenn gerufen wurde: »Kinners, ga wie nu af?« und es mit einem bestimmten »Jawoll« beantwortet wurde,[33] machten sich die Dienstboten auf den Weg zu ihren neuen Herrschaften.

3. Dienstboten in der Karikatur

Wie wir bereits bei der Betrachtung der Hamburgischen Flugblätter gesehen haben, lieferten die Dienstboten nicht nur Anlaß zu Klagen und Auseinandersetzungen, sondern auch zur Erheiterung der Bürger. Ein besonders beliebtes Thema war die unerlaubte Liebschaft, als Karikatur, der ur-

32. »Das gestörte Rendezvous«.

sprünglich ein Bilderbogen zugrunde lag, z.B. dargestellt unter dem Titel »Das gestörte Rendezvous«.

Auf dieser Lithographie ist ein Dienstmädchen abgebildet, das einen Soldaten im Schrank versteckt, als die Hausfrau hinzutritt. Daraus ergibt sich folgender Dialog:

»›Sag um Gotteswillen Mädchen, wem gehört die Mütze nur?‹ ›Ach Madame, 's ist keine Mütze, 's ist mein neuer Pompadour.‹ ›So ... Und warum bellt denn Azor ... wie, im Küchenspind Soldaten?‹ ›Ach Madame, Sie scherzen, Azor riecht den kalten Braten!‹«[34]

In diese Reihe gehört auch eine Abbildung, die einen Geistlichen darstellt, vor dem ein Dienstmädchen mit einer Bettpfanne steht; in dem zweideutigen Untertitel dazu heißt es: »Wünschen Sie, daß ich Ihr Bett wärme, Hochwürden?«[35] In anderen Fällen sind es die Beziehungen zwischen (männlichen) Herrschaften und Dienstmädchen, die die

Zeichner inspirieren; so zu sehen z. B. auf der Zeichnung von F. Bamberger mit dem Titel »Dem Hausherren kommt die Ehegattin auf die Schliche ...«[36]

Eine andere Karikatur ist betitelt: »Wie man in Dresden Dienstzeugnisse schreibt.« Man sieht das Dienstmädchen, wie es auf dem Schenkel des lüstern blickenden, nur mit einem Hausmantel bekleideten Hausherren sitzt (vgl. Abb. 18). Im Text heißt es dazu:

»Hierdurch bescheinige ich, daß Louise Niedlich mir ein Jahr lang mit der größten Treue gedient hat und daß ihr freundliches entgegenkommendes Wesen sie jeder Herrschaft empfiehlt.«[37]

Diese Karikaturen illustrierten die aus der Literatur bereits hinlänglich bekannten Klagen und Vorurteile über die Liederlichkeit und Unsittlichkeit der Dienstboten in jeder Hinsicht. Dadurch, daß diese Laster in den Zeichnungen durch die dargestellten Figuren personifiziert wurden, wurde der ganze Berufsstand der Dienstboten verunglimpft. Die Karikaturen waren einseitig; dargestellt wurde immer nur, was die Herrschaften durch die Dienstboten zu erleiden hatten: Liebschaften führten zur Vernachlässigung des Haushalts oder sogar zum Diebstahl aus der Speisekammer der Herrschaften; bei den Verführungen war die Hausfrau die Leidtragende. Aber auch der Kleiderluxus und die vielbeklagten Ausgehtage waren beliebte Themen der Karikaturen: Eine alte rundliche Waschfrau blickt einem jungen Mädchen nach, das mit bebändertem Hut, Rüschenkleid und zarten Schuhen angetan ist. Dazu heißt es im Text: »Na warte, Göre, wenn du meine Tochter wärst! Aufgedonnert, die Augen und die Hüften verdrehend, geht das Flittchen auf Eroberungen aus, anstatt wie die alte Waschfrau ihr Brot in Ehren zu verdienen.«[38]

Kritisiert wurde, daß die Dienstboten sich nicht ihrem Stande gemäß kleideten und verhielten und sich angeblich in ihrer freien Zeit nicht im Hause nützlich machen wollten.

33. »Wünschen Sie, daß ich Ihr Bett wärme, Hochwürden?«

Die hinter der Kritik stehende Befürchtung, daß die Dienstmädchen sich durch die Art ihrer Kleidung zu sehr den Herrschaften annäherten, wurde allerdings nicht offen ausgesprochen, sondern es wurde die Sorge um die Sittlichkeit der Dienstboten vorgeschoben.

Diese Befürchtung, daß sich die Dienstboten einmal über die Grenzen ihres Standes erheben und die Rollenverteilung umdrehen könnten, wird in einer anderen Karikatur deutlicher ausgedrückt: Eine Gruppe draller Personen in Dienstbotentracht, mit außerordentlich häßlich verzerrten Physiognomien, schart sich um eine erhöht stehende (vgl. Abb. 4). Im Untertitel heißt es dazu: »Es werden Zeiten kommen, wo die Herrschaften das Wasser selbst holen müssen, die Mägde aber in seidenen Kleidern gehen.«[39] Auf einer anderen Zeichnung sehen wir, wie sich die Dienstboten in der Küche

34. »Dem Hausherrn kommt die Ehefrau auf die Schliche«.

selbständig machen, essen, trinken und miteinander schwatzen, ohne sich der auftürmenden Arbeit zu widmen, so daß sie selbst die eintretende Hausfrau nicht bemerken (vgl. Abb. 5).[40] Die Anschauungen, die diesen Karikaturen von seiten des Bürgertums zugrunde lagen, auch wenn sie mit ironischem Lächeln wiedergegeben wurden, werden auch in folgenden Zeilen deutlich: »Nicht mehr lange werd ich klagen, waschen, reiben, Wasser tragen. Man nimmt's nicht mehr so genau, bald werd man noch Gnäd'ge Frau.«[41]

Erst in der zweiten Hälfte des 19. Jahrhunderts, als die Untersuchungen zur »sozialen Frage« zunahmen, veränderten sich auch die Aussagen der Karikaturen. Nicht mehr länger waren nur die angeblich ungebührlichen Angriffe der Dienstboten auf die Herrschaften ihre Themen, sondern eher die Belastungen, denen die Dienstboten durch die Herrschaften in ihrem Arbeitsverhältnis ausgesetzt waren.

35. »Wenn Du meine Göre wärest!«

Das soziale Gewissen meldete sich gegen Ende des Jahrhunderts – als Verantwortung für die Unterprivilegierten, aber auch in der Sorge vor unkontrollierten Ausschreitungen dieser niederen sozialen Klasse, die sich in zunehmendem Maße organisierte und emanzipierte, um sich dadurch bessere Lebens- und Arbeitsbedingungen zu erkämpfen.

So wird mit dem Untertitel »Zwei Uhr Nachts« eine Frau abgebildet, die aufgrund von Übermüdung über ihrer Arbeit eingeschlafen ist (vgl. Abb. 58).[42]

Zur Darstellung eines bügelnden Mädchens heißt es: »Es ist doch ungerecht, daß man so viel durchs Beschmutzen der Beinkleider verdient, und so wenig durchs Reinigen.«[43] Die Korrelation von Überarbeit und Sittenlosigkeit kommt in einer Karikatur zum Ausdruck, die untertitelt ist: »Noch keine Ruhe«. Abgebildet ist ein Dienstmädchen, das auf der Bettkante sitzt, während sich durch die Tür der Hausherr

36. »Noch keine Ruhe«.

nähert.[44] Die bisherige Ansicht, daß nur die Dienstmädchen die Verführerinnen sind, wird hier revidiert. Vielmehr kommt zum Ausdruck, daß die Dienstboten nicht nur Opfer ausbeuterischer Arbeitsbedingungen, sondern zugleich Opfer der verlogenen bürgerlichen Moral sind, denn während sich die bürgerlichen Herrschaften moralisch über die Dienstboten erheben, sind gerade sie es, die die Dienstboten zur Untugend, insbesondere zur Unzucht, verleiten, um es ihnen dann wieder vorzuwerfen und die Verfehlungen zu sanktionieren.

Abschließend läßt sich sagen, daß die Karikaturen bis weit ins 19. Jahrhundert hinein eine besondere Art der Anklage gegen die Dienstboten darstellten. Nicht nur, daß sie die weitverbreiteten Klagen illustrierten, sondern sie wurden in verstärktem Maße durch die Art und Weise der zeichnerischen Gestaltung selbst zur Anklage gegen die Dienenden,

37. »Der Hausmagnet«.

wenn entweder übertrieben häßliche, verzerrte Gesichter abgebildet oder aber anmutig-verführerische Züge gestaltet wurden. In beiden Fällen bedeutete dieses die Verunglimpfung eines ganzen Berufsstandes, denn durch diese Arten der Gestaltung wurde im Betrachter die Empfindung hervorgerufen, daß die Untugenden und Laster der Angehörigen dieses Standes aus ihrem »So-Sein« erwuchsen, entweder aus niedriger und stumpfsinniger Häßlichkeit oder aber aus verführerischer Schönheit, wie es im »Hausmagnet« dargestellt ist:

»Sie haben aber jetzt eine hübsche junge Magd eingestellt. – Mein Gott, ich hab's ja thun müssen, daß mir der Mann wieder lieber zu Hause bleibt.«[45]

Durch diese starke Typisierung wurde dem Betrachter der Karikatur die Möglichkeit genommen, sich den Dienstboten vorurteilsfrei zu nähern, konnte er sie doch jederzeit mit den Figuren der Karikaturen und mit dem über sie vermittelten Inhalt gleichsetzen. Erst gegen Ende des Jahrhunderts wurde stellenweise ein differenzierteres Eingehen auf die Problematik »Dienstbotenwesen« sichtbar.

4. Lebensbedingungen der Dienstboten

4.1. Gesindeordnungen

Außer in Hamburg, wo erst 1899 eine regelrechte Gesindeordnung in Kraft trat, bestanden in den deutschen Staaten sowie in Österreich bereits seit dem 18. Jahrhundert spezielle Ordnungen, in denen die Rechte und Pflichten der Dienstboten detailliert geregelt waren.

Während in den Jahrhunderten zuvor das Gesindewesen der allgemeinen Gesetzgebung unterlag, wie sie sich in den sogenannten »Polizeiordnungen« niederschlug, wobei das Hauptaugenmerk darauf gerichtete war, mit vielen Vorschriften und Einschränkungen den Gesindemangel zu beheben, wurde es offenbar seit dem 18. Jahrhundert notwendig, das Verhältnis zwischen Herrschaften und Dienstboten neu zu bestimmen.

»In den Polizeiordnungen kodifizierte man (...) das Recht wider sämtliche Nöte des Staates und der Gesellschaft. Als man sich daran machte, aus dem Systeme der Polizeiordnungen ein einzelnes Kapitel, so das Gesindewesen, herauszunehmen und gesondert zu bearbeiten, erkannte man damit an, daß man diesen Teil des Lebens für wichtig hielt; daß man ihn nur in besonderem Gesetze seiner Bedeutung entsprechend behandeln konnte.«[46]

Im Klartext heißt das, daß die im 18. Jahrhundert von den allgemeinen Gesetzen abgetrennten Gesindegesetze wesentlich umfangreicher wurden; es wurden mehr Einzelheiten berücksichtigt, um den Ermessensspielraum der Betroffenen so klein wie möglich zu halten. Damit unterschieden sich diese Spezialgesetze zwar grundsätzlich nicht von den bisherigen allgemeinen Polizeiordnungen: sie zielten ebenso auf die Niederhaltung des Gesindes und schränkten mit detaillierten Vorschriften über Rechte und Pflichten des Gesindes jegliche Freizügigkeit ein; andererseits aber wurde durch die rechtliche Fixierung zumindest theoretisch der herrschaftlichen Willkür ein gewisser Riegel vorgeschoben.

Zu einer der ältesten speziellen Gesindeordnungen zählt wohl die Preußische vom 12. Januar 1718 mit den Abschnitten: Vermietung (wer ist berechtigt, sich zu vermieten und durch wen darf diese Vermietung erfolgen?), Dauer des Dienstes, Abschluß des Vertrages, Züchtigungsrecht, Dienstwechsel, Möglichkeit der Kontrolle des Gesindes, Lohn, Kleidung.

In Osterreich erließ Kaiserin Maria Theresia für Niederösterreich 1765 und für Tirol 1767 eine Dienstbotenordnung. Diese Dienstbotenordnungen entstanden vor allem aufgrund folgender Vorkommnisse: 1. Vorzeitiges Verlassen des Dienstes, 2. überhöhte Forderungen von Arbeitsleistungen, 3. Arbeitsverweigerungen, 4. Betrug und Untreue, 5. Nachlässigkeit, durch die dem Dienstherrn Schaden zugefügt wurde, 6. Unehrerbietigkeit gegen die Herrschaft.

Die Verordung gliedert sich insgesamt in zwanzig Abschnitte, die jeweils in zahlreiche Unterpunkte aufgeteilt sind.

Nach Aufhebung der Leibeigenschaft 1781 erließ Kaiser Josef II. im Jahre 1784 eine neue, für alle Länder gültige Dienstbotenordnung, die in den Jahren 1827 (Unterscheidung Stadt/Land) und 1879 (neue Bestimmungen über die Krankenpflege) erneuert wurde.

Zur gleichen Zeit wie in Österreich entstand auch für die Lausitz 1767 eine detaillierte Gesindeordnung, die von den Knechten und Mägden forderte, »sich eines frommen und christlichen Lebenswandels zu befleißigen«, und im weiteren die »Pflichten« des Gesindes und die »Obliegenheiten« der Herrschaft bestimmte.[47]

Vor der Einführung des Bürgerlichen Gesetzbuches im Jahre 1900 bestanden in den einzelnen deutschen Ländern unterschiedliche Gesetzbücher. Doch beeinflußte besonders das seit 1795 bestehende Preußische Allgemeine Landrecht bis weit ins 19. Jahrhundert hinein die Abfassung der Gesindeordnungen verschiedener deutscher Länder, die sich jeweils nur in unwesentlichen, regional bedingten Punkten unterschieden.

In Hamburg gab es bis ins ausgehende 19. Jahrhundert nur einige polizeiliche »Verordnungen in Beziehung auf das Gesinde«, deren Aufgabe vorwiegend darin bestanden, die auswärtigen Dienstboten einer genauen Kontrolle hinsichtlich Art und Umfang ihrer Berufstätigkeit zu unterwerfen, um zu vermeiden, daß sie durch ungeregelte Lebensführung ins Elend gerieten und daraufhin dem Staat zur Last fielen.

Nach einer völlig unzureichenden, aus dem 17. Jahrhundert stammenden Bestimmung, wurde erstmals 1833 eine neue »Verordnung in Beziehung auf das Gesinde« verabschiedet. Das Gesinde aus der »Fremde« mußte sich auf dem Gesindebüro melden, ausweisen (Geburtsschein, Taufschein, Heimatschein o. ä.) und erhielt dann gegen Entrichtung einer Gebühr eine Aufenthaltskarte, die nur so lange galt, bis ein Dienst gefunden war, und dann für die Dauer des Dienstes verlängert wurde. Bei Beendigung des Dienstes hatte sich der Dienstbote unverzüglich (spätestens am folgenden Tag) wieder zu melden, Übertretungen gegen diese Bestimmungen wurden mit Geld- bzw. Haftstrafen oder Ausweisung bestraft. Außer diesen im Zentrum der Verordnung stehenden Bestimmungen über Ab- und Ummeldungen finden sich Paragraphen über die Definition von Gesinde sowie zu Art und Umfang des Verwaltungsorgans »Gesindebureau«. Diese Verordnung wurde jeweils vor den üblichen Dienstbotenwechselterminen Himmelfahrt und

Martini öffentlich bekanntgegeben. Sie hatte eine Gültigkeitsdauer von fünf Jahren. Die Revision von 1839 nahm als wesentlichen Punkt die Befreiung von der Gebühr für den Legitimationsschein für diejenigen auf, »die im Waisenhaus oder im Werk- und Armenhaus oder auf Kosten der Allgemeinen Armenanstalt unterrichtet und confirmiert worden sind«.[48] Außerdem wurde eine Gebührenordnung für die Gesindevermieter festgelegt, die sich nach der Lohnhöhe der Dienstboten richtete.

Aus diesen Schilderungen ließe sich nun allerdings der Schluß ziehen, daß es den Dienstboten in Hamburg ohne eine Dienstbotenordnung, die zwar auch ihre Rechte, vor allem aber ihre Pflichten bis ins Detail geregelt hätte, besonders gut gegangen sei und daß sie eine freie, unabhängige Stellung innegehabt hätten. Dieser Schluß wäre falsch, denn gerade wegen der fehlenden rechtlichen Fixierung waren sie noch stärker einer herrschaftlichen Willkür ausgesetzt – die durch fehlende Gesetze entstandene Rechtsunsicherheit ermöglichte kaum eine gerechte Rechtssprechung.

Als besonders bedauerlich wurde von den Bürgerschaftsmitgliedern immer wieder vermerkt, daß die Nachbargebiete Bergedorf und das Amt Ritzebüttel bereits Gesindeordnungen hätten, nur ausgerechnet die »Großstadt« Hamburg auf die wenigen veralteten Bestimmungen zurückgreifen müsse. In diesem Zusammenhang wurde darauf hingewiesen, daß die bestehende Verordnung den derzeitigen Verhältnissen nicht mehr entspreche:

»Was in Hamburg an gesetzlichen Bestimmungen über Gesinderecht vorhanden ist, ist theilweise so veraltet, daß es auf die heutigen Verhältnisse in keiner Weise mehr angewendet werden kann. (...) Die Zeitverhältnisse sind eben im Laufe der Zeit anders geworden; das früher bestehende patriarchalische Zusammenleben der Herrschaften und Dienstboten hat fast ganz aufgehört und das reine Contracktverhältnis mit Leistung und Gegenleistung ist an des-

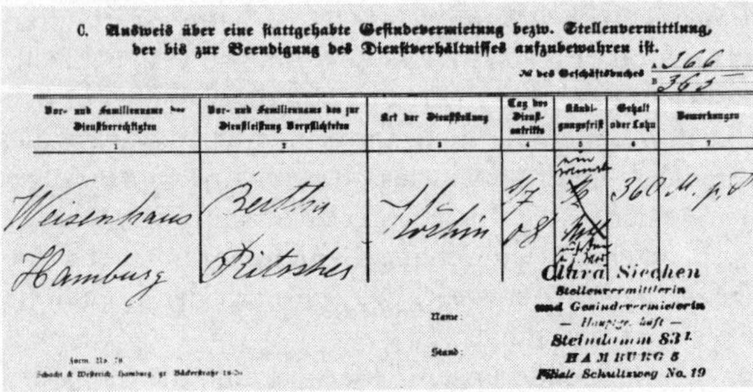

C. Ausweis über eine stattgehabte Gesindevermietung bezw. Stellenvermittlung, der bis zur Beendigung des Dienstverhältnisses aufzubewahren ist.

№ des Geschäftsbuches A 366 B 365

Vor- und Familienname des Dienstberechtigten	Vor- und Familienname des zur Dienstleistung Verpflichteten	Art der Dienststellung	Tag des Dienstantritts	Kündigungsfrist	Gehalt oder Lohn	Bemerkungen
1	2	3	4	5	6	7
Weisenhaus Hamburg	Bertha Ritscher	Köchin	1/7 08	[illegible]	360 M. p. A.	

Name: Clara Siechen Stellenvermittlerin und Gesindevermieterin — Hauptgeschäft — Steindamm 83 I. HAMBURG 5 Filiale Schultzweg No. 19

Stand:

Form. No. 78

Schacht & Westerich, Hamburg, gr. Bäckerstraße

38. *Quittung der Stellenvermittlung.*

sen Stelle getreten, wobei ein paragraphenweise gegliedertes Gesetz über Rechte und Pflichten das Gleichgewicht halten kann. Vom Publikum wird auch lange schon darauf aufmerksam gemacht, daß eine Gesindeordnung nothwendig ist und die desfaltigen häufigen Kundgebungen in den öffentlichen Blättern bezeugen dieses, so daß auch von dieser Seite das Gesetz das günstige Vorurteil für sich hat.«[49]

Aufgrund mangelnder Fixierung von gegenseitigen Rechten und Pflichten zwischen Herrschaften und Dienstboten verschärfte sich die Situation der Dienstboten im Laufe der Jahre zunehmend. Sie waren dem willkürlichen Zugriff auf ihre Arbeitskraft bedingungslos ausgeliefert. Zudem wurden aufgrund der völligen Rechtsunsicherheit in vergleichbaren Streitfällen zwischen Herrschaften und Dienstboten von seiten der Gerichte oft völlig unterschiedliche Urteile gesprochen (eine Gemeinsamkeit lag allenfalls darin, daß in der weitaus überwiegenden Zahl die Urteile zugunsten der Herrschaften ausfielen). Diese Mißstände trugen nicht gerade dazu bei, daß Herrschaften und Dienstboten in gutem Einvernehmen miteinander umgingen; es wurde von beiden Seiten ein feindliches Verhältnis aufgebaut.

Aufgrund der zunehmenden Forderungen nach Erstellung einer einheitlichen Gesindeordnung sah sich die Bür-

Eingegangene Druckschriften.

In der Hauptverwaltung des Verbandes der Hausangestellten

ist der Posten der zweiten Vorsitzenden, die auch die Redaktion der Zeitung übernehmen muß, sofort, spätestens am 1. Oktober d. J. zu besetzen. Gehalt nach Uebereinkunft.

Bewerbungen sind bis zum 20. August an den Verbandsvorstand, Berlin SO 16, Engelufer 21 III erbeten.

Adressen für kostenlose Stellenvermittlung, Auskunft und Rechtsschutz

Barmen. Bergedorf. Berlin. Frankfurt a. M. Geesthacht. München. Neumünster. Dresden. Essen a. Ruhr. Lübeck. Mannheim. Wiesbaden. Zeitz.

Benutzt nur kostenlose Stellenvermittlungen!

Zentralverein für Arbeitsnachweis Berlin

Städtischer Arbeitsnachweis Charlottenburg

Augsburgerstr. 18, Berlinerstr. 81 und Kantstr. 69, kostenlose Stellenvermittelung für weibl. Hauspersonal. Dienststunden werktägl. von 9–12 u. 3–7 Uhr, Sonnabends von 8–3 Uhr

Dienstmädchen und anderes Hauspersonal finden große Auswahl in Stellen im

Städtischen Arbeitsamt Schöneberg

39. Stellenvermittlungsnachweise in der Dienstbotenzeitung.

gerschaft veranlaßt, den Senat in verschiedenen Sitzungen 1884 und 1887 zu beauftragen, sich um die baldige Vorlage einer Gesindeordnung zu bemühen. Daraufhin beschloß der Senat am 16. Dezember 1887 den Erlaß einer Gesindeordnung, »die den gegenwärtigen Verhältnissen der Regelung des Dienstbotenwesens in Hamburg Rechnung« tragen sollte.[50]

Der Umstand, daß die Gesindeordnung schließlich erst am 7. Dezember 1898 verabschiedet wurde, zeigt, daß es dem Hamburger Besitzbürgertum außerordentlich schwerfiel, das Verhältnis von Dienstherrschaften und Dienstboten auf eine für alle verbindliche gesetzliche Grundlage zu stellen. Mehrere Entwürfe wurden verworfen, über Details wurde erbittert gestritten.

Ein Streitpunkt war z. B., ob den Dienstboten gestattet

40. Lieferanten und Fremde werden an der Hintertür abgefertigt.

werden sollte, den neuen Dienst 24 Stunden später als vereinbart antreten zu dürfen. Diese Zeitdauer wurde als unangemessen lang empfunden; die Gefahr sei sehr groß, daß die Dienstboten dem Müßiggang verfielen:

»Wenn nun auf den neuen Dienstkarten die vorerwähnte Bestimmung gedruckt stehen wird, so werden sich dadurch die verständigen und ordentlichen Dienstboten nicht zur Ausschreitung verleiten lassen, wohl aber werden unerfahrene, leichtsinnige und wankelmüthige Personen aus eigenem Antrieb oder durch schlechte Rathgeber verleitet werden, die gewährte Frist in einer Weise zu mißbrauchen, welche wohl dem ursprünglichen Sinn (begründete Verhinderung) des Gesetzes als den wahren Interessen beider Parteien widerspricht.«[51]

Wo und wie die Mädchen, die keine Verwandten am Ort

hatten, diese 24 Stunden zubringen würden, wurde allseits diskutiert:

»Gewiß wird manches Mädchen durch die nahegelegte Vermehrung der zeitweiligen unbeschränkten Freiheit auf Abwege gerathen und Geschmack an dem unbegrenzten Leben finden. Die Freiheit, welche Dienstmädchen in Hamburg genießen, ist ohnehin größer als in den meisten anderen Städten.«[52]

Noch schwerwiegender sei jedoch, daß die Herrschaften »unzumuthbar lange« ohne Personal auskommen müßten:

»(...) Überhaupt liegt eigentlich kein triftiger Grund vor, weshalb es den Dienstboten gesetzlich gestattet sein soll, 24 Stunden auf sich warten zu lassen (...) Im allgemeinen Interesse wäre es dringend erwünscht, daß der Senat die Dienstbotenordnung nur mit einer dahingehenden Abänderung genehmigt.«[53]

Ein anderer Streitpunkt war der erlaubte oder nicht erlaubte Einlaß von Fremden oder Verwandten in das Haus der Dienstherrschaft. In jedem Falle sollte eine Erlaubnis der Dienstherrschaft selbst nötig sein, da man auch bei den Verwandten nie wisse, welcher Art diese Verwandtschaft der Dienstboten sei!

Mit der Hamburgischen Gesindeordnung, die am 15. April 1899 schließlich in Kraft gesetzt wurde, wurde noch am Vorabend des 20. Jahrhunderts ein überaus konservatives, ja sogar reaktionäres Gesetz verabschiedet, das sich trotz »sozial demokratischer« Tendenzen in seiner Diktion nicht von den Gesindeordnungen anderer deutscher Staaten mit obrigkeitlicher Tradition unterschied. Auch dieses Gesetz war nur auf Unterdrückung und Einschränkung der dienenden Klasse ausgerichtet, während den gewerblichen Arbeitern aufgrund der immer stärker werdenden Gewerkschaftstätigkeit schon längst gewisse Zugeständnisse gemacht worden waren. Diese Gesindeordnung enthielt detaillierte Strafbestimmungen, aber weder die Lohnhöhe (Tarife) noch die Arbeits- bzw. Freizeit waren geregelt. So heißt es in Abschnitt VI, § 11:

»Der Dienstbote hat weder das Recht, bestimmte Tage oder Tageszeiten für sich in Anspruch zu nehmen, noch das Recht, sich ohne Erlaubnis der Dienstherrschaft vom Hause zu entfernen. Die letztere ist aber verpflichtet, ihm zur Beiwohnung des Gottesdienstes, zur Besorgung der eigenen Angelegenheiten und zum Genuß erlaubter Vergnügungen die im Mietvertrag festgesetzte, andernfalls aber eine angemessene Zeit zu gestatten.«[54]

Zum einen ist hierzu zu sagen, daß in den Mietverträgen gar keine feste Zeit vereinbart wurde, zum anderen ließ die vage Formulierung »angemessen« der Willkür großen Spielraum.

Im § 14 wird das »Arbeitsmaß« bestimmt: »Beschränkungen des Schutzes und der Schwere der Arbeit und Verpflichtungen zur Übernahme von Dienstverrichtungen in dringenden Fällen.«[55] Zu den »dringenden Fällen« zählten andere als im Vertrag vereinbarte Arbeiten, wie z. B. die Übernahme von Erntearbeiten in den Gebieten der Landherrschaften. Diese Einschränkungen ließen sich jedoch auch ohne weiteres auf den städtischen Haushalt anwenden, besonders wenn es darum ging, die Dienstboten um ihren Ausgehtag zu bringen (z. B. bei Gesellschaften im Hause oder Bällen außer Haus, von denen die Töchter des Hauses zurückgeleitet werden mußten). Daß dies häufiger vorkam, beweisen zahlreiche Bittschriften von Dienstboten an den zuständigen Senator, in denen um eine detaillierte verbindliche Verordnung, die die Freizeit, insbesondere die Ausgehtage regelt, nachgesucht wurde:

»Sehr verehrter Herr Senator Dr. Hackmann, Eine sonderbare Bitte werde ich Ihnen hier vorlegen. Obgleich ich Sie, Herr Senator, nicht persönlich kenne, wage ich es doch, mich Ihnen schriftlich zu nahen, da ich ein festes Vertrauen zu Ihnen, daß wenn es in Ihrer Macht steht, Sie mir meinen aufrichtigen Wunsch erfüllen werden. Es sind ja in letzter Zeit viele neue Gesetze gekommen, zum Beispiel auch die Sonntagsruhe. Es werden wohl noch viele Menschen geben, die jene Freie Stunden nicht nur in dem Sinne gebrauchen, wie es sein sollte; doch viele werden ja auch freudigen Herzens zur Kirche gehen. Wie aber wohl steht es mit uns jungen Mädchen, welche wir als Stützen der Hausfrau, oder gar mit dem gewöhnlichen Dienstmädchen stets gebunden sind? Giebt es für uns denn kein Gesetz, kein menschliches Erbarmen mehr? Dürfen auch wir nicht einmal zur Kirche gehen? Fern sei es von mir jeden Sonntag zu verlangen, das würde doch in einem Hausstande doch nicht gehen. Aber alle viertel Jahr könnte es doch eingerichtet werden. (...) Nun endlich bin ich zu diesem Entschluß gekommen, Sie Herr Senator zu bitten, ein Gesetz für uns herauszugeben. Sie denken vielleicht, ich könnte ja irgend wo hingehen, wo ich zur Kirche dürfte. Doch wenn man es sonst gut hat, ist es ja nicht leicht, etwas aufzugeben, weiß man nicht für bestimmt, sich nicht zu verschlechtern. Oh würde ich nun bald in der Nachricht lesen, daß mein Wunsch in Erfüllung geht, daß nun ein Gesetz erschienen ist. Wie würde ich mich glücklich fühlen, ewig wollte ich Ihnen sehr verehrter Herr Senator Dr. Hackmann dankbar sein. Dieses Gesetz müßte uns aber erlauben, nach unseren eigenen Willen eine Kirche und unseren Pastor zu wählen, wo wir uns hingezogen fühlen. Sonst könnte man uns vielleicht nach der nächsten Kirche hinschicken. Diese wäre orthodox, wir freisinnig oder umgekehrt, dann würde es auch wiederum nie übereinstimmen. In der Hoffnung, daß ich *nichts* Strafbares begangen habe, in dem ich Sie Herr Senator mit meinem Brief belästigt habe und wünschend, daß meine Dame nie erfährt, daß ich diesen Wunsch geäußert habe, verbleibe ich hoffnungsvoll in dankbarer Ergebenheit ein junges Mädchen aus Hamburg.«[56]

Noch im Jahre 1897 war dieses Thema offenbar aktuell:

»Geehrte Herren Senatoren,
Ich habe eine Bitte, ich möchte freundlichst bitten, doch mal zu versuchen, ob nicht ein wenig für unser Dienstbotenwohl gethan werden kann. Geehrte Herren Senatoren, wir wollen es nicht so haben, wie es hier gedruckt steht, wir bitten nur darum, um ein Gesetz, daß wir einmal in der Woche zum Ausgehen kommen, und nicht in der Nacht, sondern von 6 Uhr an. Und alle drei Wochen Sonntags und nicht abends um 9 Uhr uns zu geben, wie ich es gehabt. Das war mein Sonntag. Geehrte Herren Senatoren, wir Dienstmädchen sind nicht unverschämt, wir verlangen nicht wie es gedruckt steht, solches Mädchen, die das verlangt, weiß ich nicht was ich von der sagen soll. (...) Geehrte Herrn Senatoren von Morgens 6½ Uhr bis 10 Uhr ich glaube da kann man wohl hungrig sein; wo ein Arbeiter schon um 8 Uhr sein Frühstück ist, da gehören wir Dienstmädchen unter den Arbeiterstand, denn ein Arbeiter arbeitet von Morgens 6 bis Abends 6 Uhr ein Dienstmädchen aber bis Abends 12 Uhr ungefehr und dann muß das Mädchen noch in demselben Bett wieder gehen, wie sie des Morgens herausgekrochen ist, da ist keine Zeit für ein Dienstmädchen ihr Zimmer, daß sie das reinhalten kann. Aber wir Dienstmädchen haben kein Recht zum Sprechen.

Geehrte Herrn Senatoren für wen ist die Sonntagsruhe ein Gesetz, nur für den Arbeiterstand und ein Dienstmädchen gehört unter den Arbeiterstand, denn sie hat kein Sonntag wenn sie gern mal zur Kirche gehen möchte. Der Arbeiter soll sich am Sonntag ausruhen von der Woche Arbeit. (...) Ich bitte nochmal für unser Wohl. Geehrte Herren Senatoren versuchen Sie bitte doch ein wenig für unser Dienstbotenwohl zu thun. – E. Junge. Steinstraße 80.«[57]

Wie eine weitere Bittschrift beweist, kam es nicht nur vor, daß die Dienstmädchen um ihren verdienten Ausgang gebracht wurden, sondern sie wurden sogar unter »Hausarrest« gestellt:

Zentral-Verband der Hausangestellten Deutschlands :: Ortsgruppe Hamburg
Besenbinderhof 57, 4. Et., Gewerkschaftshaus.

Achtung! **Dienstboten!** Achtung!

Am Sonntag, 1. Dezember, nachmittags 4 Uhr
im Café des Gewerkschaftshauses, Besenbinderhof:

Oeffentliche Versammlung.

Tagesordnung:

Dienstbotenwünsche und Forderungen.

Referentin: Zentralvorsitzende Luise Kähler, Berlin.

Alle Dienstmädchen sind hierzu eingeladen.

Nach der Versammlung Tanz und gemütliches Beisammensein.

41. Flugblatt aus Hamburg, 1913.

»An die hochlöbliche Behörde zu Hamburg. Da wir schon 5 Wochen im Keller eingeschlossen sind, möchten wir die Behörde bitten, uns doch endlich zu befreien. Uns ist nicht um das Ausgehen zu thun, nur daß wir mal an die frische Luft können. Wir haben verschiedene Male unsere Herrschaft gebeten. Erhielten aber zur Antwort, daß sie die Behörde in ihrem Hause wäre. Aber doch nicht über uns? – Mehrere Mädchen von der Uhlenhorst.«[58]

Diese Bittschriften fanden jedoch nicht die gewünschte Resonanz in der Dienstbotenordnung. Der Ausgang wurde zu allgemein geregelt und gab den Herrschaften genügend Gelegenheiten, diese Verbindlichkeiten zu umgehen. Erst nach der Aufhebung der Gesindeordnung im Jahre 1918 wurde auch eine allgemeingültige Verordnung über Arbeitszeit und Freizeit verabschiedet:

»Sämtlichen Dienstboten, die vor Aufhebung der Hamburgischen und Schleswig-Holsteinischen Dienstbotenordnungen diesen unterstanden, ist an jedem Sonntage wie auch allwöchentlich an einem Wochentage eine um 4 Uhr nachmittags beginnende und bis mindestens 11 Uhr dauernde

Ausgehzeit zu gewähren. Die Verlängerung dieser Freizeit über 11 Uhr hinaus bleibt der Vereinbarung zwischen den Vertragsstellen vorbehalten. – Diese Verordnung hat Gesetzeskraft.«[59]

Die Frage der Versorgung (Krankheits- bzw. Altersversorgung) wurde ebenfalls gar nicht bzw. nur unzureichend geregelt. Strittig und willkürlich war hier die Unterscheidung zwischen unverschuldeter und selbstverschuldeter oder durch die Herrschaft verschuldeter Krankheit – eine Definition, was jeweils darunter zu verstehen war, fehlte, der Interpretation waren keine Grenzen gesetzt. Festgelegt waren aber die Konsequenzen für den Dienstboten: bei unverschuldeter Krankheit, die länger als eine Woche dauerte, war die Herrschaft berechtigt, den Dienstvertrag zu lösen, mußte aber für eine angemessene Pflege bis zur Dauer von sechs Wochen sorgen. Bei selbstverschuldeter Krankheit konnte der Vertrag sofort gekündigt werden, die Versorgung entfiel. Bei Verschulden durch die Herrschaft hatte der Dienstbote Anspruch auf Lohnfortzahlung plus Pflege und Kurkosten. (Dieses kam selten vor, denn vor Gericht gelang es den Herrschaften fast immer, die Schuld an dem Unfall doch dem Dienstboten anzulasten und somit von der Zahlung befreit zu werden.)

In den §§ 21 und 22 werden die Begründungen für die sofortige Aufhebung des Dienstvertrages seitens der Herrschaft bzw. des Dienstboten genannt, die in keinem Verhältnis zueinander stehen:

§ 21 – seitens der Dienstherrschaft:

»Widersetzlichkeit und Ungehorsam, über Nacht Ausbleiben, fremde Personen einlassen, Personen, die nicht zur Familie der Herrschaft gehören, über Nacht in das Haus zu lassen, unsachgemäßer Gebrauch von Feuer und Licht, Entfernung ohne Erlaubnis, Trunk, Spiel und unkeuscher Lebenswandel, Ermangelung der Fähigkeiten aufgrund derer er gemietet wurde, wenn er ohne Kenntniß der Herrschaft

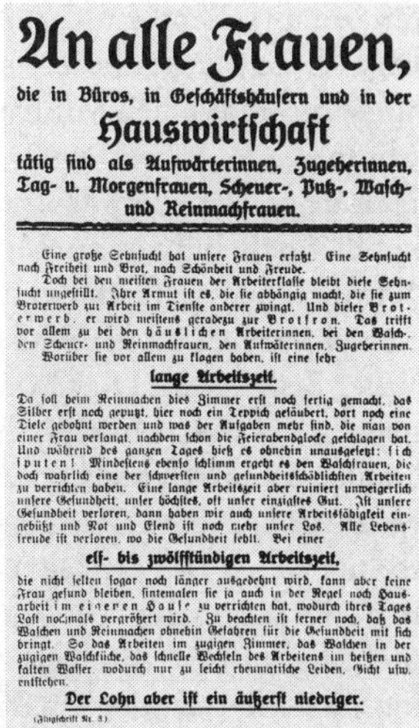

An alle Frauen,

die in Büros, in Geschäftshäusern und in der

Hauswirtschaft

tätig sind als Aufwärterinnen, Zugeherinnen, Tag- u. Morgenfrauen, Scheuer-, Putz-, Wasch- und Reinmachfrauen.

Eine große Sehnsucht hat unsere Frauen erfaßt. Eine Sehnsucht nach Freiheit und Brot, nach Schönheit und Freude.

Doch bei den meisten Frauen der Arbeiterklasse bleibt diese Sehnsucht ungestillt. Ihre Armut ist es, die sie abhängig macht, die sie zum Broterwerb zur Arbeit im Dienste anderer zwingt. Und dieser Broterwerb, er wird meistens geradezu zur Brotfron. Das trifft vor allem zu bei den häuslichen Arbeiterinnen, bei den Wasch-, den Scheuer- und Reinmachfrauen, den Aufwäterinnen, Zugeherinnen.

Worüber sie vor allem zu klagen haben, ist eine sehr

lange Arbeitszeit.

Da soll beim Reinmachen dies Zimmer erst noch fertig gemacht, das Silber erst noch geputzt, hier noch ein Teppich gesäubert, dort noch eine Diele gebohnt werden und was der Aufgaben mehr sind, die man von einer Frau verlangt, nachdem schon die Feierabendglocke geschlagen hat. Und während des ganzen Tages hieß es ohnehin unausgesetzt: sich sputen! Mindestens ebenso schlimm ergeht es den Waschfrauen, die doch wahrlich eine der schwersten und gesundheitsschädlichsten Arbeiten zu verrichten haben. Eine lange Arbeitszeit aber ruiniert unweigerlich unsere Gesundheit, unser höchstes, oft unser einzigstes Gut. Ist unsere Gesundheit verloren, dann haben wir auch unsere Arbeitsfähigkeit eingebüßt und Not und Elend ist noch mehr unser Los. Alle Lebensfreude ist verloren, wo die Gesundheit fehlt. Bei einer

elf- bis zwölfstündigen Arbeitszeit,

die nicht selten sogar noch länger ausgedehnt wird, kann aber keine Frau gesund bleiben, sintemalen sie ja auch in der Regel noch Hausarbeit im eigenen Hause zu verrichten hat, wodurch ihres Tages Last nochmals vergrößert wird. Zu beachten ist ferner noch, daß das Waschen und Reinmachen ohnehin Gefahren für die Gesundheit mit sich bringt. So das Arbeiten im zugigen Zimmer, das Waschen in der zugigen Waschküche, das schnelle Wechseln des Arbeitens im heißen und kalten Wasser, wodurch nur zu leicht rheumatische Leiden, Gicht usw. entstehen.

Der Lohn aber ist ein äußerst niedriger.

(Flugschrift Nr. 3.)

42. Flugschrift des Zentralverbandes der Hausangestellten Deutschlands um 1909.

vorbestraft ist, Nachlässigkeit Kindern gegenüber, Borgen von Geld oder Waren auf Namen der Dienstherrschaft, wenn er das anvertraute Vieh zu Schaden kommen läßt, wenn ein Dienstbote schwanger ist.«[60]

§ 22 – seitens der Dienstboten:
»Thätliche Mißhandlung, Verstoß gegen die guten Sitten von der Dienstherrschaft, Verweigerung des fälligen Lohns und der gebührenden Kost, bleibende Verlegung des Wohnsitzes außerhalb des Hamburger Stadtgebietes.«[61]

Den Anlässen, die die Herrschaft berechtigten, den Vertrag zu lösen, und die sehr detailliert sind, bemüht, jeden Anlaß zu erfassen, stehen einige willkürlich aufgereihte Fälle gegenüber, die einen Dienstboten berechtigten, in derselben Weise vorzugehen. Auch hier sind – wie in anderen Paragraphen – die Formulierungen so weit gehalten, daß der Interpretationsspielraum entsprechend groß ausfällt. Wann verstößt die Herrschaft bei den Dienstboten gegen die »guten Sitten«? Wo beginnen die »thätlichen Mißhandlungen«, welche Kost ist »gebührend«?

An diesen wenigen Beispielen wird deutlich, daß auch um 1900 die Dienstboten noch immer als Menschen zweiter Klasse behandelt wurden. Die wenigen Rechte, die ihnen zugestanden wurden, stellten sich oft als fiktiv heraus; sie hatten nur auf dem Papier Bedeutung. Die Gesetze wurden also allenfalls zur Regelung der Bequemlichkeit weniger Herrschaften gemacht, auf Kosten der meisten Unterprivilegierten.

Bei den Dienstboten selbst rief die Dienstbotenordnung eine unterschiedliche Reaktion hervor. Einem Bericht der Dienst-Personal-Zeitung zufolge erschien den Hamburger Dienstmädchen die neue Verordnung im Vergleich zu den zum Teil recht veralteten Gesetzen der Bundesstaaten relativ liberal:

»Wenn das Dienstpersonal nur nach seiner gesetzlichen und rechtlichen Stellung, die ihm der Staat anweist, stehen wollte, so würde Hamburg zweifellos allen Dienstboten warm zu empfehlen sein, denn außer in Bayern ist die Rechtslage der Dienstboten in keinem Staate so günstig, als in unserer Vaterstadt Hamburg. Die Hamburgische Gesindeordnung ist eine der besten im Sinne der Dienstboten und zeigt gegenüber den dunklen Schatten der Dienstbotenordnungen anderer Bundesstaaten sehr wesentlich hellere Farben. Sie ist modern und berücksichtigt nach Möglichkeit die Anforderung moderner Anschauungen über das Verhältnis von Dienenden und Dienstgebern.«[62]

Diese Stellungnahme verwundert aber nicht, da die Dienst-Personal-Zeitung das Organ der konservativen Dienstbotenvereinigung war, die in erster Linie von bürgerlichen Frauen getragen wurde, die vornehmlich ihr Interesse als Hausfrauen im Auge hatten. Im übrigen wurde diese Verordnung weniger wohlwollend von den Dienstboten aufgenommen:

»(...) Sie mußten sich doch sagen, daß durch die Verschärfung der einzelnen Paragraphen der Gesindeordnung die Dienstboten immer weniger Lust verspürten, weiter zu dienen. Ein gutes Dienstmädchen braucht überhaupt keine Gesetze und ein schlechtes findet Mittel und Wege genug, dieselben zu umgehen. (...) Sonderbar ist es, daß fast immer solche Leute Gesetze machen, die keine Ahnung von der Sache haben. Ein Dienstmädchen.«[63]

Sehr ausführlich schildert ein Dienstmädchen seine Situation und nimmt damit zugleich Stellung zur neuen Dienstbotenverordnung:

»Die Freunde der neuen Dienstbotenverordnung wissen nicht genug von den ›übelwollenden Dienstboten‹ zu erzählen, sie thäten aber gut, sich einmal um die ›übelwollenden Herrschaften‹ zu kümmern. Da wird von dem ›gütigen und nachgiebigen Entgegenkommen‹ der Herrschaft gefaselt. Solche Herrschaften kann man aber mit der Laterne suchen; ich habe in meiner 30jährigen Praxis nur sehr wenige kennengelernt. Meist hatte ich berechtigte Ursache über schlechtes Essen, schlechte Behandlung, schlechtes Nachtlager usw. zu klagen. Während die Herrschaft dinierte konnten wir Dienstboten uns am Schmalzbrot ergötzen. Ein halbes Pfund Butter mußte die ganze Woche reichen. Zubrot bekamen wir oft das ganze Jahr hindurch nicht zu sehen. Nachdem der Kaffee der Herrschaft bereitet war, durften wir uns den unseren aus dem Kaffeerest durchtrichtern. Als Zugabe hatten wir das Quesen und Schimpfen der ›gnädigen Frau‹, wenn diese sich um 10 Uhr aus dem Bette erhob. Nicht selten passierte es, daß so ein Mädchen, das sich das ganze Jahr abgeplagt hat, kurz vor Weihnachten entlassen und so um den Weihnachten gebracht wird. Und nun erst gar die Sorge um Moral und Sittlichkeit der Dienstboten. Ja da ließen sich Geschichten erzählen, wie nötig es wäre, den

Dienstboten gegen die Unmoralität und Unsittlichkeit der Herrschaften zu schützen. In meiner letzten Stelle in der großen Theaterstr. bei einem Herrn Doktor fand ich des Morgens, nachdem ich den Kaffee, sechs frische Eier und ein hübsches Frühstück in sein Zimmer gebracht hatte, häufig ein Paar Damenstiefel an der Thür des Schlafzimmers und sehr bald darauf eine schöne Blondine das Haus verlassen. Der Diener und ich bekamen natürlich weder sie noch sonst etwas zu sehen und konnten uns die Eierschalen betrachten, die ganze Woche hindurch. Als ich in der Gerhofstr. diente, mußte ich die gesammte Hausarbeit allein besorgen, während die ›gnädige Frau‹ sich angeblich in die ›Klavierstunde‹ begab, aus der sie stets sehr ermattet zurückkehrte. Ich erfuhr später den wahren Grund. Das sind die Herrschaften, die über Moral und Sitte der Dienstboten wachen sollen. Da möchte man lachen! An einer anderen Stelle habe ich Pfingsten waschen und plätten müssen und die schmutzige Wäsche ausbessern. Ich könnte Bücher schreiben über meine Erfahrungen als Dienstmädchen. Es ist jetzt große Seltenheit, daß man an einer Stelle 5 und 10 Jahre aushalten kann. Ist es ein Wunder, wenn ein Mädchen die Lust zum Dienen verliert und lieber in die Fabrik geht?«[64]

Dieser Artikel faßt noch einmal mit allem Nachdruck zusammen, von welcher Zwiespältigkeit das Verhältnis zwischen Herrschaften und Dienstboten geprägt war und wie sehr die Dienstboten unter diesem Verhältnis zu leiden hatten. So sehr sie sich von der neuen Gesindeordnung Besserung erhofften, so sehr wurden sie enttäuscht, denn auch dieses Gesetz, wie schon die Bestimmungen zuvor, diente der Systemstabilisierung und regelte den ungestörten Ablauf innerhalb der, von jeder äußeren Kritik abgeschirmten, häuslichen Sphäre.

Interessant ist in diesem Zusammenhang auch der Vorschlag, spezielle Dienstbücher in Hamburg einzuführen, in die die Herrschaften ihre Zeugnisse über die Dienstboten eintragen sollten, um damit Aufschluß über deren Fähigkeiten und ihr sittliches Betragen zu geben. Im April 1858 erfolgte eine diesbezügliche Eingabe mit 192 Unterschriften.[65] Damit sollte nach Meinung der Unterzeichneten die einheitliche Voraussetzung geschaffen werden, um eine gerechte Beurteilung der Dienstboten zu ermöglichen. Nicht nur die Herrschaften würden davon profitieren, sondern auch die Dienstboten. Während bisher besonders die Redegewandten Vorteile gehabt hätten, da sie ihre Vorzüge treffender zu schildern vermochten als Schüchterne oder Stille, die zwar oft fähiger wären, aber nicht in der Lage, dieses auch darzustellen, würden die Zeugnisbücher eine objektive Handhabe schaffen für die Beurteilung der Fähigkeiten der Dienstboten. Und die Herrschaften, denen es nicht möglich wäre, ein gutes Zeugnis zu geben, bräuchten lediglich die Dauer des Dienstes anzugeben, was bereits Auskunft genug wäre.

Der Senat reagierte ablehnend auf die Einrichtung von Zeugnisbüchern: Hinsichtlich einer vom Reichskanzler geforderten Stellungnahme der einzelnen Bundesstaaten über die Gültigkeit der Dienstbücher heißt es in einem Bericht des Senats im Februar 1873, daß sich Gesindebücher für Hamburg nicht eigneten, denn »es existiert hier nur eine geringe Anzahl von einheimischen Dienstboten. Diese sind mit Legitimationskarten als hiesige versehen und keiner weiteren Controlle unterworfen. Die wenigen einheimischen, die in auswärtige Dienste treten, erhalten behufs ihrer Legitimation Reisepäße oder Staatsangehörigkeitsbescheinigungen.«[66]

Im einzelnen wurden folgende Gründe gegen die Einführung von Dienstbüchern angeführt: Es bestünde die Gefahr,

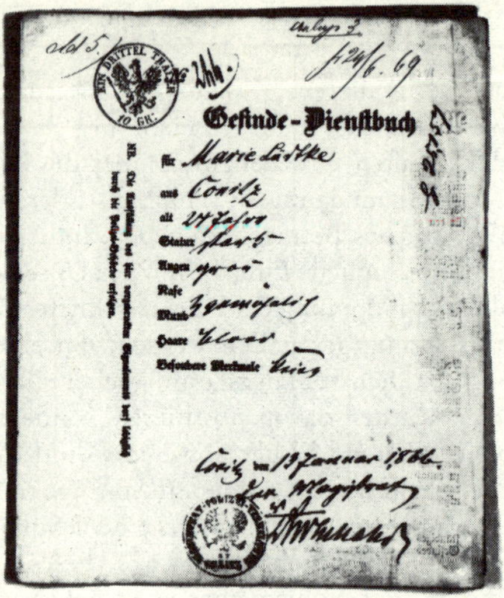
Gesinde-Dienstbuch
für Marie Lüdtke
aus Conitz
alt 24 Jahre
Statur
Augen grau
Nase
Mund
Haare
Besondere Merkmale keine
Conitz den 13 Januar 1866.
Der Magistrat

43. *Dienstbuch der Stadt Conitz.*

daß die Bücher, die schlechte Zeugnisses enthielten, vernichtet würden oder das Dienen gar aufgegeben würde, in den meisten Fällen zugunsten einer Tätigkeit in der Industrie; außerdem gäbe es immer Herrschaften, die schwerer zufriedenzustellen wären, so daß das Zeugnisgeben einem großen Ermessenspielraum unterläge. Da ohnehin schon ein so großer Mangel an Dienstboten bestünde, sollte man alles vermeiden, die noch tätigen Dienstboten »wegzugraulen«. Darüber hinaus würde das bisher praktizierte Besserungsprinzip entfallen:

»Bis jetzt hat man noch moralisch gesunkene Dienstboten durch Aufkleidung und Indienstbringung, ungeachtet vieler Schwierigkeiten, festhalten können, was bei Einführung solcher Bücher fast unmöglich sein würde«[67], da ihr Fehlverhalten damit sofort »aktenkundig« würde. Hierin drückt sich bei oberflächlichem Hinsehen die den Dienstboten

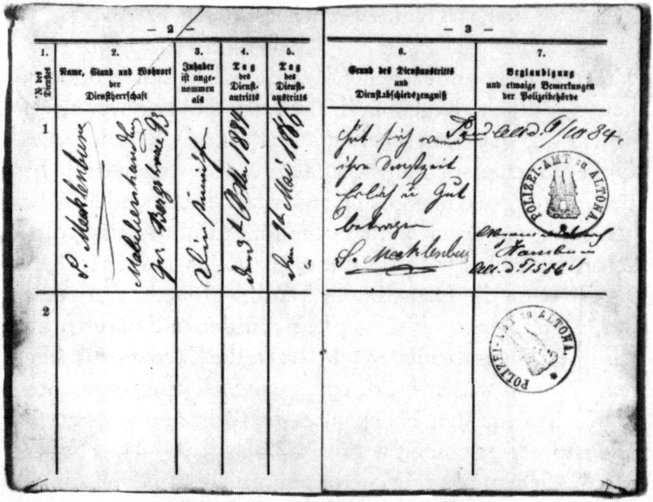

44. Eintragungen im Dienstbuch.

gegenüber scheinbar wohlwollende Ansicht aus, daß jede Reglementierung eine zu große Beeinträchtigung der Persönlichkeit sei. In Wahrheit aber dürfte die Ablehnung der Dienstbücher der Sorge entspringen, unter diesen Bedingungen nicht mehr genügend Dienstboten zu bekommen.

Erst als der Bundesrat die Gültigkeit der Dienstbücher in allen Ländern beschloß, sah sich das Hamburger Parlament genötigt, ebenfalls Dienstbücher einzuführen.

Interessanterweise wurde jedoch der Zusatz gemacht, daß »die Eintragung eines Zeugnisses (...) nur auf Ansuchen des Dienstboten erfolgen (darf)«[68] – eine Formulierung, die den unterschiedlichen Interessen entgegenkam.

4.3. Krankenversicherungspflicht

Während in vorindustrieller Zeit die Dienstboten ohne nähere gesetzliche Regelung der Schutz- und Versorgungsverpflichtung der Herrschaften unterstanden, wurden diese Obliegenheiten in zunehmendem Maße von gesetzlichen Bestimmungen abhängig, die innerhalb der Gesindeordnungen ihren Ausdruck fanden. Da für Hamburg eine solche Verordnung aber bis zum Ende des 19. Jahrhunderts fehlte, lag es, wenn die Dienstboten krank wurden, im Ermessen der Herrschaften, ob sie gepflegt wurden und darüber hinaus ihren Dienst behielten oder ob sie die Kosten selbst übernehmen und zudem noch eine neue Stelle suchen mußten. Da in den meisten Fällen offensichtlich zuungunsten der Dienstboten gehandelt wurde, sah sich der Gesetzgeber veranlaßt, Schritte zur Versicherungspflicht für Dienstboten einzuleiten – andernfalls sei nicht nur ihr leibliches, sondern auch ihr sittliches Wohl gefährdet: »In den Krankheitsfällen, in denen die Dienstboten ins Krankenhaus müssen, werden sie oft ihren letzten Spargroschen los und um der öffentlichen Unterstützung zu entgehen, verlassen sie oft vor der Zeit das Krankenhaus, fallen den, in Ermangelung eines Dienstes, oft genug gewissenlosen Logiswirthen in die Hände. Hierin liegt die Gefahr eines späteren sittlichen Verfalls.«[69]

Es erschien dem Referenten unbedingt erforderlich, den bisher freiwilligen Beitritt in eine Krankenkasse zur Pflicht zu erheben, da sich gezeigt hatte, daß sich nur etwa ein Sechstel aller Dienstboten daran beteiligt hatte. Um überhaupt eine Besserung der bestehenden Zustände zu erreichen, blieb nur die Möglichkeit der Versicherungspflicht. Gedacht war an die Teilung der Beitragskosten zwischen Herrschaften und Dienstboten und die Übernahme der Kosten von ärztlichen Behandlungen, Arzneien sowie der Krankenhauskosten (inkl. Verpflegung). An ein Krankengeld wurde allerdings nicht gedacht:

»Von der Gewährung einer Baarunterstützung ist abgesehen, wenn sie im Krankheitsfalle im Hause der Dienstherrschaft verbleiben, in der Regel ein Lohnabzug nicht gemacht wird, im uebrigen aber bei freier Unterkunft für die Gewährung eines Krankengeldes ein Bedürfnis nicht vorliegt. Dagegen führt dieselbe in solchen Fällen leicht zur Simulation und zur unberechtigten Inanspruchnahme der Kasse.«[70]

Das Gesetz wurde am 16. Juli 1890 verabschiedet; es regelte die Pflichtversicherung für den Krankheitsfall für diejenigen Personen, die in ein Dienstverhältnis eintraten.

Die Krankenkasse übernahm im Krankheitsfall zwar die Kosten für die ärztliche Behandlung, die Arzneien und die Versorgung im Krankenhaus, dafür beanspruchte sie aber auch einen Beitrag in Höhe von 1,60 Mark im Monat, was ungefähr 10% des Einkommens der Dienstboten bedeutete, legt man einen Durchschnittslohn von 68 Thalern (entspricht in etwa 204 Mark) im Jahre 1900 zugrunde. Erscheinen die 10% auch zahlenmäßig als gering, so bedeuteten sie doch für die Angehörigen der unteren Lohngruppen eine zusätzliche einschneidende Verringerung ihres Einkommens. Ähnlich wie viele Industriearbeiter, die versuchten, sich nach Einführung der Sozialgesetzgebung der Krankenversicherungspflicht zu entziehen, weil sie es sich nicht leisten konnten und lieber die materiellen und gesundheitlichen Folgen einer Erkrankung riskierten, entzogen sich auch viele Dienstboten der Krankenversicherungspflicht, indem sie Verträge schlossen, die zwar auf eine längere Zeitdauer angelegt waren, aber von einem zum anderen Tag gekündigt werden konnten und aus diesem Grunde nicht der Versicherungspflicht unterlagen. Damit machten sie sich im Falle der Krankheit zu Almosenempfängern, was mit Hilfe der Krankenversicherung ja gerade hatte verhindert werden sollen.

Die Krankenkassenbeiträge setzten sich aus ⅓ Arbeitgeberanteil und ⅔ Arbeitnehmeranteil zusammen. Der Anteil der Krankenkassenbeiträge reduzierte sich mit steigendem Einkommen, so daß die niedrigste Lohngruppe die stärksten Verluste erlitt.

4.4. Praktische Rechtsprechung anhand beispielhafter Prozeßakten

Besonders deutlich zeigte sich das Verhältnis zwischen Herrschaften und Dienstboten bei Streitigkeiten. Im Gegensatz zu der Fülle von Klagen gegen die Dienstboten in der Literatur waren es vor Gericht in den meisten Fällen nicht etwa die Herrschaften, die ihre Dienstboten anklagten, vielmehr gab ihr eigenes Verhalten den Dienstboten Anlaß, gegen sie Klage zu erheben und vor Gericht zu gehen.

Die Anzahl der Klagen nahm im 19. Jahrhundert zu, entsprechend auch die Anzahl der Verhandlungen; die Anzahl der Vergleiche nahm ab, die verhandelten Klagen wurden in größerer Zahl entweder entschieden oder aber zurückgezogen. Die zahlenmäßige Verteilung dokumentiert das zum Ende des 19. Jahrhunderts erwachende und erstarkende Selbstbewußtsein der Dienstboten, das sie in die Lage versetzte, ihre Interessen gegen die der Herrschaften (auch vor Gericht) zu artikulieren. Von daher ist auch die Zunahme der von den Herrschaften zurückgezogenen Klagen zu deuten. Die Herrschaften mußten erkennen, daß auch die Dienstboten bereit waren, sich für ihre Rechte einzusetzen, und daß ihnen nur noch in wirklich begründeten Fällen der Prozeß gemacht werden konnte.

Besonders aus den Prozeßakten läßt sich das Verhältnis erkennen, das zwischen Herrschaften und Dienstboten bestand und das die Grundlage des täglichen Umgangs bildete. In den überwiegenden Fällen wurden Prozesse um Lohn geführt, dessen Höhe besonders bei vorzeitiger Dienstentlassung seitens der Herrschaft in Frage gestellt wurde.

45. Zwei Dienstmädchen im Gefängnis.

In einem Fall klagt ein Knecht gegen seine Herrschaft[71]: man habe ihm vor der Zeit gekündigt und es abgelehnt, den vereinbarten Lohn zu zahlen, mit der Begründung:

1. er habe die Arbeit nicht ordentlich ausgeführt,
2. er habe auch andere Dienstleute gegen die Herrschaft aufgehetzt,
3. er sei ohne Erlaubnis bis 11 Uhr nachts ausgegangen.

Daraufhin klagt der Knecht um den vollen Lohn. Am Ende der Untersuchung stellt sich heraus, daß bestimmte Zeugen von dem Herren gedungen worden sind, so daß eine (falsche) Anklage gegen den Knecht erhoben werden konnte. Die Dienstentlassung erfolgte lediglich aus willkürlichen persönlichen Gründen und sollte durch bestimmte vorgeschobene Anschuldigungen legitimiert werden. Zugleich hat sich der Beklagte noch der vollen Zahlung des vereinbarten Lohns zu entziehen versucht.

Auch in einem weiteren Fall wird um den zu zahlenden Lohn verhandelt, der aufgrund von Dienstentlassung in Frage gestellt wird. Zwei Dienstmädchen wird von ihrem Herrn vorgeworfen, mehrere Hausdiebstähle verübt zu haben; die Mädchen halten dieses, da sie Hunger gelitten hätten, lediglich für Mundraub: »es wäre nur ein Mundraub, und daß thäten wohl mehrere; wenn sie auch ein halbes Jahr Lohn missen sollten, so käme es darauf nicht an«.[72]

Aber nach Meinung des Amtsvorstehers kann dieses Argument nicht zutreffen, denn:

»Nun hält der Provocant für sein Gesinde einen so guten Tisch, wie ein Hausmann in den Vierlanden, wie kann also die Provocantin hungrig sein?«[73]

Auch die Begründung, sie hätten die Grütze zum Kurieren einer Krankheit benötigt, wird nicht akzeptiert.

Der Fall endet mit dem Vorschlag des Strafmaßes für die beiden Dienstmädchen: Der Herr fordert, daß beide Dienstmädchen zu 14 Tagen Gefängnis bei Wasser und Brot verurteilt würden und daß sie außerdem auch noch die Prozeßkosten tragen sollten. Zwar liegt in diesem Fall ein klarer Tatbestand vor, denn der Diebstahl wird, zumindest von einer der beiden, schließlich eingestanden. Dennoch sagt allein die Prozeßführung viel über das aus dem Dienstvertrag resultierende Abhängigkeitsverhältnis zwischen Dienstherrschaft und Dienstbote aus.

Dem Gericht gegenüber wird der Kläger als wohlmeinender Herr beschrieben, der bereits mehrere Male in den vergangenen Jahren Hausdiebstähle in Form von Schmuck und Geld bei seinem Gesinde beobachtet und es daraufhin aus seinen Diensten entlassen habe, ohne es jedoch gerichtlich zu belangen. Da er dann aber auch die nachfolgenden Dienstmädchen, die Angeklagten, des Diebstahls verdächtigt (es hätten sein Trauring und ein silbernes Schloß von einer Korallenkette gefehlt) und sie schließlich auf frischer Tat ertappt habe, habe er sich an den Amtsverwalter mit der

Bitte um »gehörige Bestrafung« gewandt: »Er beklagte sich, daß er schon so verschiedentlich von Hausdieben bestohlen wurde, und daß er abermals einen neuen Hausdiebstahl entdeckt hätte. Er legte ihm anbei die fünf Mettwürste und den Platen samt Grütze vor Zeugen, mit gehorsamster Bitte, daß der Herr Amtsverwalter gegen die Hausdiebe inquirieren möchte, damit sie gehörig bestraft würden.«[74]

Da dieser es jedoch abgelehnt habe, sich mit dem Fall zu befassen, und ihm den Rat gegeben habe, sich an das Gericht zu wenden, habe er Klage gegen die beiden Dienstmädchen erhoben.

Während also die Einlassungen des Klägers detailliert geschildert werden, wird nicht einmal versucht, die von den Beklagten angegebenen Gründe (Mundraub, Krankheit) näher zu untersuchen, weil sie gar nicht ernst genommen werden. Lediglich die Aussage zweier Zeugen, die angeblich gehört haben, daß eines der Mädchen seinem Bräutigam gegenüber den Mundraub zugegeben hat, mit der Begründung, daß es fast alle täten, wird berücksichtigt, ohne daß sich das Gericht näher mit der Ursache des Mundraubes auseinandersetzt. Um in Frage zu stellen, daß es sich um Mundraub handelte, reicht bereits die Auffassung, daß die Beköstigung in den herrschaftlichen Haushalten der Vierlande so reichhaltig sei, daß niemand Hunger zu leiden habe.

Es zeigt sich einmal mehr, daß das Recht, zumindest seine Auslegung, auf seiten der Besitzenden steht, während die Besitzlosen von vornherein geringere Chancen bei der Durchsetzung ihrer Interessen haben.

Die Entscheidung des Gerichts ist den Akten allerdings nicht zu entnehmen, aber unabhängig von der Höhe des Strafmaßes geht es uns in erster Linie darum zu zeigen, in welcher Form in Streitfällen zwischen Herrschaft und Dienstboten versucht wird, den Vorteil der ersteren zu wahren, also zugunsten der Herrschaft eine Entscheidung zu provozieren. Nur wenn, wie im ersten Fall geschehen, das

Unrecht eindeutig auf seiten der Herrschaft liegt, wird nach dem Prinzip der Gleichheit unvoreingenommen verhandelt und geurteilt.

Ein noch erdrückenderes Beispiel, wie das Verhältnis zwischen Herrschaften und Dienstboten zu einem Gewaltverhältnis ausarten kann, dessen Folgen nicht selten auch grobe Mißhandlungen sind, liegt in einem weiteren Fall vor[75]: Auch hier wird das Dienstmädchen zahlreicher Hausdiebereien von ihrer Herrschaft bezichtigt. Anlaß dazu gibt ein verlorener Strickbeutel, der nach einer Gesellschaft im Hause der Herrschaft liegengeblieben ist. Am nächsten Morgen teilt der Herr dem Dienstmädchen den Verlust mit, mit der Bemerkung, daß sie, wenn sie ihn finde, ein Trinkgeld zu erwarten habe. Sie findet ihn tatsächlich, legt ihn aber, da sie im Augenblick keine Zeit hat, ihn zurückzubringen, in einen Schrank mit Tischwäsche, wo er drei Tage bleibt. Nach diesen drei Tagen jedoch, in denen sie noch keine Gelegenheit gefunden hat, den Strickbeutel der Besitzerin zurückzubringen (den Fund aber auch der Herrschaft nicht gemeldet hat, wohl aus Furcht, um ihr verdientes Trinkgeld zu kommen), legt sie ihn in ihre »Lade«, weil sie meint, daß er sonst abhanden kommen könne und sie nicht in den Genuß des Trinkgeldes käme. Zugleich wird sie aber von der Frau des Hauses befragt, ob sie den verlorenen Strickbeutel gefunden habe, was sie wahrheitsgemäß beantwortet. Daraufhin wird sie aufgefordert, ihre »Lade« zu öffnen, findet aber ihren Schlüssel nicht, wodurch sie sich erst recht verdächtig macht. Nachdem sie sie endlich geöffnet hat, findet die Hausfrau neben dem Strickbeutel allerdings noch andere Dinge, die ihre Neugier und den Verdacht eines von dem Dienstmädchen begangenen Hausdiebstahls wecken: Baumwolle, Spargeld und Leinen. Sie nimmt diese Dinge sofort an sich, bringt sie in ihr Zimmer und bezichtigt das Dienstmädchen des erwiesenen Diebstahls. Die herbeigerufenen Zeugen und der »Advokat« schenken deren (wahrheitsgemäßen) Darlegungen über die Herkunft der Dinge keinen Glauben, sondern versuchen sie tätlich zu zwingen, den Diebstahl dieser Dinge zu gestehen. Aber auch die Schläge stimmen sie nicht um, sie bleibt bei »ihrer« Wahrheit, so daß sie schließlich unter Schimpf und Schande aus dem Hause und unter Steinwürfen der herbeigeeilten Jungen aus dem Dorfe (worunter sich auch die Söhne ihres Dienstherren und der anwesenden »Zeugen« befinden) fortgejagt wird, wobei sie ihre Habe im Hause zurücklassen muß. Daraufhin erhebt sie Klage beim Amtsverwalter wegen falscher Beschuldigung und Mißhandlung und fordert Schmerzensgeld und Ehrenrettung, indem sie den Sachverhalt nochmals detailliert schildert. Allerdings versucht die Herrschaft offenbar, diese Klage vom Amtsverwalter zurückzuhalten mit der Begründung, es selbst regeln zu wollen, worauf sich das Dienstmädchen in einem Brief an die nächste Instanz wendet. Auch hier schildert sie erneut, z.T. wortgetreu, den Hergang der Dinge, wobei sie besonders darauf hinweist, daß sie bereits drei Jahre im Hause gedient habe, ohne daß man ihr etwas vorgeworfen habe. Sie verdeutlicht, wie sie zu den Dingen gekommen ist, von denen behauptet würde, sie habe sie gestohlen:

»Es hat ihnen auch gewundert, daß ein Dienstmädchen so viel Geld in ihrer Lade hätte. 4 Jahre habe ich schon gedient, und meine Eltern haben mir Leinen und Wolle gegeben, also kann ich wohl lumpen 12 Rthl. übergespart haben und wenn ich 100 Rthl. gehabt hätte, und niemand kann mir Untreuheit beweisen, wen geht das was an; ich soll auch selber gesagt haben, ich hätte meine Nebendiensten mit das Trinkgeld betrogen, das sind gemeine Lügen (...)«[76]

Aber auch nach dem zweiten Brief ist der Fall für sie noch nicht abgeschlossen. Ihre Gegner erweisen sich als so stark, daß sie sich vor Gericht auch mit Hilfe des Amtsverwalters nicht durchzusetzen vermag. So wendet sie sich an die nächste Instanz:

46. Nach der Gesellschaft erwarten die Dienstboten ihr Trinkgeld.

»Mit die größte Verwunderung habe ich fünfvierteljahr die Bosheit des Menschen im Bergedorfer Gericht gesehen, wie meine Gegners durch List und Ränke meine Sache dräen und aufhalten können, ohne daß der Richter schuld dran ist; mein Curator war unterschiedliche Mal mit im Gericht, aber sie brachtens so weit, daß er abgewiesen wurde, damit sie mir besser Vaßen konnten (...). Nun nehme ich meine Zuflucht zu Euer Hoch und Wohlweisheiten, um meine gerechte Sache so bald möglich zu endigen. Der Herr Doctor und Amtsverwalter hat mich zu Euer Hoch und Wohlweisheiten gewiesen, um zu bitten, daß die Sache befördert würde.«[77]

Mit diesem Brief endet auch dieser Fall in den Akten, der endgültige Ausgang und die Entscheidung sind uns nicht bekannt. Aber auch hier, wie in den bereits geschilderten Fällen, ist nicht so sehr der Ausgang, sondern die Art und Weise der Beschuldigung und der Prozeßführung wichtig. Vor Gericht versuchen die Beklagten die Klägerin durch die Dauer des Prozesses zu zermürben; diese erhält jedoch die Unterstützung durch den Amtsvorsteher, der zwar auch nicht in der Lage ist, sich gegen diese Übermacht zu behaupten, auf jeden Fall aber mögliche Konsequenzen für sich selbst nicht gescheut und sich für das Recht einer Untergebenen eingesetzt hat.

Dieser Fall zeigt besonders deutlich, wie schwer es die Dienstboten hatten, ihre Unschuld zu beweisen und ihr Recht zu erlangen. Die Herrschaften besaßen offenbar so große Autorität, Macht und Einfluß, daß sich sogar die Instanzen häufig nicht gegen sie durchzusetzen vermochten.

Für die Dienstboten blieb es oft genug bei dem Wunsch:

»(...) und daß solche große Bosheit, wie sie an mir verübt habe, nachdrücklich bestraft, ohngeachtet, meines Gegners vornehme und Reicheleute sind und ich nur dagegen ein armes Dienstmädchen bin.«[78]

4.5. Lohn

Der Lohn der Dienstboten setzte sich zusammen aus dem vorher zwischen Herrschaften und Dienstboten vereinbarten »Kontraktlohn«, der in bar gezahlt wurde, und aus Sachbezügen, die zum einen aus Kost und Logis, zum anderen aus Zuwendungen zu besonderen Anlässen bestanden. Dazu zählte z.B. die Neueinkleidung des Gesindes bei Hochzeiten und Trauerfällen im Hause der Herrschaft. Eine weitere Einnahmequelle bildeten die Trinkgelder, die für besondere Leistungen wie Botengänge oder ähnliches, als Dank für die Bedienung bei Abendgesellschaften und Festen von seiten der Gäste oder, wie bereits erwähnt, zu besonderen Anlässen wie Geburten (»Ansagegeld« oder »Umhangschütte«) gezahlt wurden.

»Ihr Lohn ist zwar im Verhältnis zu der allgemeinen Theuerung nicht groß, aber die alte Sitte verschafft ihnen bei jedem häuslichen Anlasse Trinkgelder, die sich oft während eines einzigen Jahres auf hohe Summen belaufen. Beispiel: Eine 50jährige Jungfer hinterließ bei ihrem Tode ein Kapital von 18 000 Mk., die sie nur aus Trinkgeldern gespart hatte, um damit ein prunkvolles Begräbnis ausgerichtet zu bekommen.«[79]

Auch wenn dieses Beispiel eine herausragende Einzelerscheinung sein mag, die besonders zur Veröffentlichung geeignet erscheint, so zeigt es neben der Tatsache, daß die Dienstboten an den Trinkgeldern gut verdienten, auch, daß die Herrschaften andererseits sehr hohe Summen dafür veranschlagen mußten und ihnen daher an einer Änderung oder gar Abschaffung gelegen war. Neben diesen offiziellen Trinkgeldern verschafften sich die Dienstboten weitere Sondereinnahmen, indem sie, meistens in Übereinkunft mit den Marktfrauen oder Kaufleuten, bei jedem Einkauf Geld für sich abzweigten, was sie auf den Kaufpreis aufschlugen. Dieses Abzweigen von »Schwänzelpfennigen«, »Marktgroschen« oder auch »Körbelgeld« wurde zwar von den Hausfrauen und den jeweiligen Obrigkeiten heftig kritisiert und bekämpft, es fehlte ihnen jedoch die Möglichkeit, diese »Unsitte« ganz abzuschaffen.

Der Lohn wurde zu den Wechselterminen (je nach Vertragsdauer ein- bzw. zweimal im Jahr), später dann vierteljährlich (um 1800) oder monatlich (um 1900) ausbezahlt. In jedem Fall jedoch bekamen die Dienstboten bei Vertragsabschluß ein »Einstandsgeld« – Mietgeld, Mietthaler, Gottesgeld, Handgeld – in Höhe eines Thalers. In den obrigkeitlich regierten Ländern wurde die Lohnhöhe in den Gesindeordnungen festgelegt, wobei sich die Höhe des Lohnes nach den verschiedenen Qualifikationen der Dienstboten richtete.

47. Karikatur über die »Habgier« der Dienstboten.

Der höchsten Lohngruppe gehörten neben den Gesellschafterinnen, die sich vorwiegend durch eine höhere Bildung bzw. Ausbildung auszeichneten, die Ammen und Köchinnen an. Wie jedoch aus zahlreichen Klagen zu entnehmen ist, hielten sich die Herrschaften in vielen Fällen nicht an die festgelegten Löhne, sondern versuchten besonders zu Zeiten, in denen ein Mangel an Gesinde herrschte, durch Zahlung höherer Löhne Gesinde abzuwerben. In diesem Fall regelten Angebot und Nachfrage die Höhe der Gesindelöhne, was für Hamburg generell zutraf, da dort bis zur Verabschiedung der Gesindeordnung Ende des 19. Jahrhunderts keine Vereinbarungen über die Lohnhöhe bestanden.

Im allgemeinen herrschte um 1780 ein relativ hohes Lohnniveau in Deutschland; in Hamburg betrug die durchschnittliche Lohnhöhe für Dienstboten 8–10 Thaler, wozu ca. 10 Thaler an Geschenken zu rechnen sind; die Löhne erhöhten sich 1792, zu einer Zeit, als durch die große Zahl der französischen Emigranten und die hohen Profite der Kaufleute durch die Zunahme der Exporte ins revolutionäre Frankreich die Nachfrage nach Dienstboten enorm anstieg, auf 10–15 Thaler. Weit höher noch lagen die Löhne der Dienstboten, die der gehobenen Kategorie angehörten, wie wir es einem Dienstvertrag von 1816 entnehmen können:

»Der Notar und Translateur Abraham Meldola wünscht zur Erziehung seiner Kinder und zur Regierung seines Hausstandes, ein fähiges und tugendhaftes Subjekt. (...) freye Wohnung in seinem Hause, freye Nahrung an seinem Tische, reine Wäsche, ein besonders möbliertes Zimmer mit Bett und Bettstelle und ein jährliches Gehalt von (...) zwei Hundert Mark Courant jedes Quartal zahlbar, außer ein anständiges Weihnacht und bei Universal jedes Kind ein Geschenk nach Verhältnisse ihrer Avancements und genossene Erziehung.«[80]

Dieser Lohn von 200 Mark Courant, das sind etwa 70 Thaler, entsprach dem Siebenfachen des zu der Zeit üblichen Durchschnittslohns. Um die Mitte des 19. Jahrhunderts stiegen die Löhne weiter an, da sich infolge der verstärkten Industrialisierung zunehmend Arbeitsmöglichkeiten außerhalb des Hauses anboten und damit zugleich die Gefahr eines potentiellen Dienstbotenmangels bestand. Um 1848 betrug der Jahreslohn eines Dienstmädchens 30 bis 75 Mark (10–25 Thaler), wobei die obere Lohngruppe nur von wenigen erreicht wurde. Ein Dienstvertrag aus dem Jahre 1841 gibt darüber Auskunft, welche große Diskrepanz in der Bezahlung eines einfachen Dienstmädchens und einer höher qualifizierten Hausangestellten bestand:

»Engagiert (...) als Haushälterinnen auf zwei aufeinander folgende Jahre (...). Die beiden Demoisellen erhalten dafür eine Jede hundert Thaler Salair in Silber p. Anno, nebst Beköstigung, Logis und Wäsche und eine freie Hin- und Rückreise.«[81]

Die Löhne der Dienstboten bewegten sich jedoch, verglichen mit Arbeitseinkommen von Tagelöhnern, an der unteren Grenze, selbst wenn man die von der Armenanstalt berechneten Lebenshaltungskosten für einen alleinlebenden Erwachsenen zu dem Gesindelohn hinzurechnet, da sie bei der Herrschaft in Kost und Logis lebten:

Miete	23 Mk jährlich
Kleidung	9 Mk 8 Sh
Licht (26 Wochen á 2 Sh 4 Pf)	3 Mk 12 Sh 8 Pf
Feuerung (26 Wochen á 2 Sh 4 Pf, 26 W. á 7 Sh)	15 Mk 2 Sh 8 Pf
Brot	22 Mk 13 Sh
Zuspeisen	45 Mk 10 Sh
	119 Mk 14 Sh 4 Pf.[82]

Diese Summe entspricht ungefähr 40 Thalern. Aus diesen Angaben würde sich dann – noch einmal zurückgegriffen auf 1780 – ein Gesindelohn von 48 bis 50 Thalern berechnen, während demgegenüber z. B. Arbeitsleute oder Tagelöhner bei Bauarbeiten und in der Gärtnerei 210 Mark (70 Thaler) und Scheuerfrauen 172 Mark (57 Thaler) verdienten.[83]

Diesen Vergleichen liegt allerdings nur der Kontraktlohn zugrunde, veranschlagt man auch die Trinkgelder und Geschenke zu den verschiedenen Anlässen, die bei den Dienstboten, nicht aber bei den Tagelöhnern üblich waren, verschiebt sich dieses Bild etwas, zumindest für einige Dienstboten. Dennoch läßt sich aus diesen Darlegungen der Schluß ziehen, daß ein Dienstbote mittlerer Kategorie zwar sein solides Auskommen hatte, aber nicht in der Lage war, großen Luxus, wie so oft vorgeworfen wurde, zu betreiben oder gar so viel zu sparen, daß damit auch das Auskommen im Alter bestritten werden konnte. Erst gegen Ende des 19. Jahrhunderts stiegen die Löhne stärker an, was auf die stark zunehmende Nachfrage nach Dienstboten zurückzuführen ist.

Im Jahre 1900 gab es in Hamburg 28780 weibliche Dienstboten, von denen mehr als 15200 als Alleinmädchen dienten: die Mehrheit gehörte zu den Durchschnittsverdienern. Über 3500 Haushaltungen beschäftigten zwei Dienstmädchen, 770 drei, 125 vier und 38 Haushaltungen fünf Dienstmädchen.

Die Lohngruppen staffelten sich wie folgt:

390 Mark und mehr verdienten 200 Dienstboten, das entspricht 0,69%,
210 Mark verdienten 4723 Dienstboten (16,41%)
204 Mark verdienten 17257 Dienstboten (59,96%)
180 Mark verdienten 6000 Dienstboten (20,85%)
90 Mark verdienten 600 Dienstboten (2,08%).[84]

Die Löhne in Hamburg lassen sich durchaus mit denen in anderen deutschen Städten vergleichen; so entnehmen wir den Jugenderinnerungen von Marie Sans Gène, was sie 1870 in Danzig verdiente:

»Ich empfing nämlich außer 8–10 Mark monatlichen Lohn noch wöchentlich 2 Mark Kostgeld für erstes und zweites Frühstück, Vesperbrot und Abendessen und hatte nur Anspruch auf Mittagessen.«[85]

Die Zahlung von Kostgeld war bei den Dienstboten nicht beliebt, da es, gemessen an den Preisen (die ja im Laufe der Zeit ebenfalls stiegen), viel zu gering war, um sich davon angemessen ernähren zu können, wie Marie Sans Gène schreibt:

»(...) so konnte mein jugendlicher Magen, der bisher immer an grobe, aber doch hinlängliche Kost gewöhnt war, sich nicht gesättigt fühlen. Auch die zwei Mark wöchentlich hätten kaum dazu ausgereicht, auch wenn ich sie nicht zum größten Teil nach Hause zur Unterstützung der Eltern abgegeben hätte.«[86]

Auch die von Oscar Stillich durchgeführte Befragung von Dienstboten im Jahre 1902 ergab eine ähnlich negative Einschätzung des Kostgeldes; die meisten Dienstmädchen be-

vorzugten Stellungen, die die volle Kost beinhalteten, da das gezahlte Kostgeld zu gering war, als daß man davon satt werden konnte. Die Höhe des Kostgeldes staffelte sich nach folgenden Mahlzeiten:
10 Pf. für Aufschnitt zum Abendbrot,
20 Pf. für Aufschnitt zum Abendbrot und Bier,
40–50 Pf. für Frühstück, Vesper und Abendbrot,
1 Mark für volle Beköstigung, die sich wie folgt berechnet:

Brot	= 10 Pf.
Kaffee und Milch	= 10 Pf.
Fleisch	= 30 Pf.
Wurst	= 10 Pf.
Butter	= 10 Pf.
Kartoffeln	= 5 Pf.
Fett, Salz	= 5 Pf.
Bier	= 10 Pf.
Gemüse	= 10 Pf.[87]

Demgegenüber stand eine »Bedarfsrechnung« des Vereins Berliner Dienstherrschaften und Dienstboten, wonach sich eine monatliche Summe von 42,80 Mark errechnete:

¾ Loth Kaffee tägl.	= monatl.	1,20 Mk.
¼ l Milch à 5 Pf.	= monatl.	1,50 Mk.
Brötchen für 10 Pf.	= monatl.	3,00 Mk.
4 Brote à 50 Pf.	= monatl.	2,00 Mk.
4 Pfd. Butter à 1,20 Mk.	= monatl.	4,80 Mk.
Wurst für 15 Pf.	= monatl.	4,50 Mk.
Bier für 10 Pf.	= monatl.	3,00 Mk.
Zucker, Salz, Pfeffer etc.	= monatl.	0,30 Mk.
Mittagessen à 75 Pf.	= monatl.	22,50 Mk.[88]

Der durchschnittliche Jahreslohn von 150 bis 200 Mark, den Stillich aus seiner Befragung ermitteln konnte, ist auch mit dem in Hamburg errechneten zu vergleichen, der 1900 204 Mark oder 68 Thaler betrug. Den Gesamtlohn einschließlich Kost und Logis errechnete er wie folgt:

Jahreslohn	200 Mk.
Kost	365 Mk.
Wohnung	72 Mk.
Weihnachten	30 Mk.
	667 Mk.[89]

Dieser Verdienst lag noch unter dem eines Ladenmädchens, das um 1900 bereits 800 Mark verdiente.

Außerdem gab Stillich zu bedenken, daß den Löhnen der Dienstboten eine durchschnittliche Arbeitszeit von 16 Stunden zugrunde lag, wonach sich ein Stundenlohn von ca. drei Pfennigen berechnete.

Bei den bisher angegebenen Werten handelt es sich um den Durchschnittslohn; mithin verdienten über 25% aller Dienstboten weniger als 50 Thaler im Jahr, so daß besonders von dem Verein für Dienstboten, Wasch- und Scheuerfrauen höhere Anfangslöhne gefordert wurden.

Ein letztes Beispiel soll noch einmal verdeutlichen, welche Diskrepanz zwischen Arbeitsleistung und Lohn noch zu Beginn des 20. Jahrhunderts bestand:

»Und der Lohn? Trotzdem in den letzten Jahren infolge des Dienstbotenmangels, der Lohn ganz mechanisch festgelegt ist, ist er doch außerordentlich gering. Man denke, ein Mädchen, welches 100 Thaler Jahreslohn – ein schon ziemlich ›hoher‹ Verdienst – erhält, verdient, wenn sie kurze Arbeitszeit hat, von 6 Uhr morgens bis 8 Uhr abends = 14 Stunden täglich einen Stundenlohn von nicht ganz 6 Pfennigen. Allerdings kommt dazu Kost und Logis, wofür die Gesindeordnung M 1 pro Tag berechnet, dadurch würde der Stundenverdienst auf 13 Pfennig erhöht werden, wahrlich ein jammervolles Entgelt. Aber wie viele haben denn noch diesen Verdienst? Sehr viele Mädchen verdienen keine 100 Thaler, und die meisten müssen länger denn 14 Stunden schanzen. Einen Feierabend und einen vollen freien Sonntag – das sind unbekannte Dinge für ein Mädchen.«[90]

Wir sehen also, daß sich, wenn auch über größere Zeiträume Lohnsteigerungen erfolgten, das allgemeine Lohnniveau für Dienstboten nicht veränderte: Die durchschnittlichen Löhne der Dienstboten blieben immer an der unteren Grenze der Arbeitseinkommen, und dieses galt im wesentlichen für alle Städte Deutschlands.

4.6. Besitz und Vermögen

Um zu erkennen, wie die tatsächlichen Vermögensverhältnisse der Dienstboten einzuschätzen sind, lassen sich Unterlagen verwenden, die in Hamburg 1842 nach der großen Brandkatastrophe angelegt wurden.

Unmittelbar im Anschluß an den großen Brand am 11. Mai 1842 wurde die »Öffentliche Unterstützungsbehörde für die Abgebrannten von 1842« gegründet, nachdem der Senat erkannt hatte, daß die zu bewältigenden Aufgaben nicht allein von einem privaten Hilfsverein übernommen werden konnten. Daraufhin wurde bereits am 13. Mai beschlossen, in welcher Weise die eingegangenen Spenden verwendet werden sollten:

1. zur sofortigen Unterstützung der durch den Brand Geschädigten (vor allem für die Summe von 500 Mark),
2. zur Wiederbelebung der Gewerbe und
3. zur Vergabe von Darlehen.

Die Unterstützungsbehörde legte Listen an, in denen die Opfer der Brandkatastrophe erfaßt wurden nach: Name, Alter, früherer Wohnung nebst Mietkosten, Gewerbe, Familie, Gesundheitszustand, Art der Versicherung, Empfehlung von, Art der Unterstützung, Gutachten und Beschluß über die tatsächlich gezahlte Summe der Unterstützung. In diesen Listen wurden auch Dienstboten erfaßt, die, ebenso wie ihre Herrschaften, durch den Brand ihre Unterkunft, ihre Habe und nicht selten auch ihre Stellung verloren hatten, da sich die Herrschaften nach dem Brand oft nicht mehr in der Lage sahen, das Dienstverhältnis weiterzuführen.

»Herr Berger kann das Mädchen nicht in Dienst behalten, weil er selbst total verarmt ist. Sie sieht sich nach einem anderen Dienst um und hat ein gutes Zeugnis von Herrn B. Ich werde ihr etwas Kleidung verschaffen und bitte um 20 MC. Schadenersatz, um so mehr, als sie keine Angehörigen hat, die etwas für sie tun können.«[91]

Das Alter der erfaßten Dienstmädchen lag vornehmlich zwischen 18 und 30 Jahren (also in der Altersklasse, der die meisten Dienstmädchen angehörten); es waren allerdings auch einige vertreten, die zwischen 40 und 65 Jahren alt waren:

»Daß Catharina Maria Carell seit 27 Jahren treu und ehrlich bei uns gedient auch seiner Zeit von der Patriotischen Gesellschaft die silberne Ehrenmedaille erhalten bei dem letzten Feuer aber nicht allein ihre langjährigen Ersparnisse sondern auch alle ihre Kleidungsstücke verloren hat, und bei ihrem 65 jährigen Alter der Unterstützung sehr bedürftig ist, bezeuge ich hiermit der Wahrheit gemäß durch meine Unterschrift.«[92]

Betrachtet man sich die Eintragungen in den Akten, so fällt eine relativ lange Dauer des Wohnens und damit zugleich des Dienstes von ein bis sechs Jahren auf, was nicht unbedingt selbstverständlich war, da um 1850 bereits halbjährliche Dienstverträge üblich wurden. Angaben über die Miete fehlen naturgemäß, da die Stellungen der Dienstboten in den meisten Fällen Kost und Logis beinhalteten. Als Gewerbe gaben die meisten »Dienstmädchen« an, gefolgt von »Kleinmädchen«, »Köchin« und »Amme«. Der Gesundheitszustand wurde im allgemeinen als »gut« bezeichnet. Versichert war keine von ihnen, empfohlen wurden sie von ihren Herrschaften.

Aufgrund der Fülle von Unterstützungssuchenden wurde in den überwiegenden Fällen nur eine Summe gewährt, die weniger als die Hälfte der Summe des Verlustes ausmachte. Vornehmlich wurde der Verlust von Kleidung beklagt, was dem üblichen Besitz eines Dienstmädchens dieser Altersklasse bis 30 Jahren entsprach. Dieser Besitz umfaßte in fast allen Fällen einen Koffer bzw. eine Kommode, in der die Habe verwahrt wurde, daneben Kleider, Röcke, Unterröcke, Schürzen, Korsett, Leibchen, Halstücher, Umschlagtücher, Hemden, Strümpfe, Schuhe, Taschentücher, Mützen (Tüllmützen), Pantoffeln; in einigen Fällen Bargeld (Ersparnisse), Schmuck, Handschuhe, Bibel, Gesangbuch, Hutschachteln. Dieser übliche Besitz eines durchschnittlichen Dienstmädchens läßt sich beispielhaft aus folgender Aufstellung entnehmen:[93]

»1 Thiebet Oberrock	10 MC.	
2 Kleider	11 MC.	
3 Par Schuh	6 MC.	
2 Par Toffel	1 MC.	4 Sh.
2 Unterröcke	6 MC.	
4 leine Küchenschürzen	6 MC.	
2 Neue Hemder	6 MC.	
6 Mützen	4 MC.	8 Sh.
8 Par Strümpfe	8 MC.	
3 Taschentücher		9 Sh.
2 Halstücher	1 MC.	
1 Nähkasten mit das darin enthalten	4 MC.	
1 Gesangbuch ganz neu	4 MC.	
1 Tasche darin enthalten	7 MC.	8 Sh.
1 Par Handschuhe		10 Sh.
	76 MC.	8 Sh.«

Demgegenüber steht ein Beispiel, das die Ausnahme verkörpert: ein Dienstmädchen, 26 Jahre, das neben der üblichen Kleidung auch noch Schmuck und Hausstand besaß, ohne daß dafür ein besonderer Grund (Erbschaft, Ehe) zu entnehmen ist, und gerade dieses Dienstmädchen bekam unüblicherweise im Verlaufe eines Vierteljahres zweimal eine Zuweisung von der Unterstützungsbehörde:

»12 seidene Halstücher	22 MC.	
2 seidene Schürzen	6 MC.	
12 Taschentücher	8 MC.	
8 gute Kleider Stück	8 MC.	
5 Unterröcke	20 MC.	
4 Paar Handschuhe	5 MC.	
12 seidene Bänder	3 MC.	
8 Nachtmützen	5 MC.	
6 Tüllmützen	8 MC.	
2 Paar goldene Ohrringe	8 MC.	
1 goldene Kette	10 MC.	
16 Paar weiße baumwollene Strümpfe	14 MC.	
6 Paar wollene Strümpfe	7 MC.	
3 Paar Schue	10 MC.	
2 Paar Pantoffeln	2 MC.	
10 Küchenschürzen	14 MC.	
8 Halstücher	4 MC.	
2 Nachtleibchen	4 MC.	
3 Korsets	9 MC.	
eine Sparbüchse mit	10 MC.	
einen Geldbeutel mit	3 MC.	4 Sh.
1 warmer Überrock	12 MC.	4 Sh.
1 Mahagoni Nähkasten	6 MC.	
8 baumwollene Schürzen	8 MC.	
18 Hemder	36 MC.	
1 Kommode	30 MC.	
12 Ellen Drall	12 MC.	
6 Ellen Leinen	20 MC.	
Eine Wasserkelle	14 MC.	
Eine Schaufel	12 MC.	
Eine Kaffedose	18 MC.	
Eine Theedose	8 MC.	
6 Paar Tassen	6 MC.	
Ein Durchschlag	12 MC.	
Eine Reibe	10 MC.	
Eine Schaumkelle	12 MC.	

6 Paar Messer und Gabel	3 MC.	
6 zinnerne Löffel	2 MC.	4 Sh.
6 hölzerne Löffel		6 Sh.
6 hölzerne Teller		12 Sh.
einen Koffer	6 MC.	
4 Tischtücher	12 MC.	
6 Handtücher	8 MC.«[94]	

Rechnet man zusammen, belief sich der Besitz auf eine Summe von 427 Mark Courant und 14 Schillingen, was dann auch den doppelten Zuschuß von insgesamt 75 MC. rechtfertigte (ohne daß damit der Verlust auch nur einigermaßen ausgeglichen war).

In den Fällen, in denen der Verlust von Hausrat beklagt wurde, finden sich für dessen Vorhandensein auch triftige Gründe: Erbschaft, Aussteuer durch eine frühere oder jetzige Ehe oder Ankauf von Hausrat aufgrund eines ersparten Lohnes, der von der Herrschaft auf ein Sparkassenbuch eingezahlt worden war:

»Daß ich im Jahre 1837, der Henriette Elisabeth Dankert, welche d. Z. in meinem Dienst war, ein Sparcassen Buch eingerichtet habe, und sich dieselbe als sie meinen Dienst verließ, ungefähr Hundert Mark hambrg. Ct. erspart hatte, bescheinige ich derselben hierdurch auf Verlangen.«[95]

Zum Hausrat zählten gewöhnlich: Bett, Tisch, Stühle, evtl. Schrank, Bettzeug, Tischwäsche, Handtücher, diverse Haushaltungsgegenstände und Geschirr. Spiegel und Sofa waren selten.

Fassen wir die Ergebnisse dieser Aufstellungen zusammen, so ergibt sich für die Beurteilung der materiellen Lage und den Umgang der Dienstboten mit ihrem Lohn ein anderes Bild, als es in der vorwiegend aus Klagen bestehenden Literatur gezeichnet wurde. Weder die verhältnismäßig geringen Löhne noch die vergleichsweise hohen Preise für Kleidung und Gebrauchsgegenstände gestatteten es den Dienstboten, einen besonders verschwenderischen Auf-

48. Zwei Hamburger Dienstmädchen vor einem herrschaftlichen Haus.

wand zu treiben. Schon allein die Kommode, die fast jedes Dienstmädchen besaß, kostete zwischen 24 und 29 Mark Courant, ein Wintermantel sogar bis zu 40 Mark, und trotzdem besaßen einige sogar noch Ersparnisse. Es zeigt sich also, daß die Dienstboten als Angehörige der unteren Lohngruppen eher bemüht waren, ihren Lohn für nützliche Dinge wie Kleidung oder Hausrat auszugeben, als ihn unnütz zu verschwenden. Aus diesem Grunde wurden sie auch besonders hart von der Brandkatastrophe getroffen:

»Bey der Abbrandung in Hamburg traf auch mich das harte Schicksal, meistens meiner sauer erworbenen Sachen von den Flammen verzehrt zu sehen.«[96]

Auch aus der Anzahl und der Qualität der einzelnen Kleidungsstücke läßt sich ersehen, daß kein übertriebener Luxus getrieben wurde, der den Dienstboten ja zu jeder Zeit besonders vorgeworfen wurde. An Hemden besaßen sie gewöhnlich nicht mehr als zwei oder drei, die Anzahl der Schürzen betrug durchschnittlich vier, ebenso verhielt es sich mit Mützen und Unterröcken, deren Zahl gerade so viel ausmachte, wie man zum Wechseln benötigte. Die Anzahl der Kleider lag etwas höher, wobei man noch zwischen Arbeits- und Privatkleidung unterscheiden muß. Außerdem muß dabei berücksichtigt werden, daß die Stoffe nicht so leicht zu pflegen waren und daher auch nicht so oft gewaschen wurden, von einem Dienstmädchen aber Reinlichkeit, besonders in der Kleidung, verlangt wurde. Daher ist es nicht verwunderlich, daß gerade die Anzahl der Kleider, die bei der Arbeit trotz der Schürzen sehr schmutzanfällig waren, die der anderen Kleidungsstücke übertraf.

Auch bei Betrachtung der Vermögensverhältnisse der Dienstboten ergibt sich ein teilweise doch ganz anderes Bild als das, das in den Klagen über die »Verschwendungssucht« der Dienstboten entworfen wurde. Zwar besaßen die Dienstboten, wie wir gesehen haben, keine Reichtümer, sie waren aber dennoch in der Lage, erst vereinzelt, dann in zunehmendem Maße, Rücklagen zu bilden. Vergleicht man Löhne und Preise, ist das nicht so sehr auf die Lohnhöhe zurückzuführen als vielmehr auf die Sparsamkeit der Dienstboten. Nach einer Aufstellung der Patriotischen Gesellschaft aus dem Jahre 1790 benötigte ein Dienstmädchen jährlich 3 Thaler für den Schuster, 2 Thaler für Leibwäsche, 1 Gulden für Strümpfe und 5 Thaler für eine gewöhnliche Sommer- und Winterbekleidung sowie Mützen, Hauben, Schuhe. Dabei errechnete sich eine Summe von 10,5 Thalern, der ein Lohn von 10 bis 15 Thalern gegenüberstand, d.h. »ohne sonderlichen modischen Aufwand machen zu können (...), war ein Lohn von 10–15 Thalern zu niedrig«.[97]

Zwar verstärkte sich mit der Auseinanderentwicklung von Herrschaften und Dienstboten bei letzteren das Bedürfnis nach Nachahmung des herrschaftlichen Lebensstils, doch suchten sie diesen nicht, wie ihnen immer wieder unterstellt wurde, mit wahllos betriebenem Aufwand zu erreichen, sondern eher durch die Beharrlichkeit, sich kleine Summen zu sparen, die ihnen zukünftig ein besseres Auskommen sichern sollten, wozu natürlich gerade die Nebenverdienste einen willkommenen Beitrag leisteten. Das Ersparte wurde für gewöhnlich den Dienstherren anvertraut, in der Hoffnung, es dadurch noch um eine kleine Summe aufzubessern. Dieses war aber immer seltener der Fall – im Gegenteil, oft mußten sie sogar (totale) Verluste hinnehmen, weil die Dienstherren mit dem ihnen anvertrauten Geld spekuliert hatten.

»Es fehlt zwar nicht an Herrschaften, die (...) das Gesinde aufmuntern, sich nachgerade von seinem Uebrigen ein kleines Kapital zu sammeln, und es bis zu den Zeiten künftiger Nothdurft zinslich zu belegen, auch selbst gern die Hände dazu bieten, aber wie selten wird ein solcher Vorschlag jetzt von dem Gesinde mehr angenommen? Einzelne Beispiele, wo es durch das unerwartet ausbrechende Falissement des Hausherren sein ganzes kleines Eigenthum einbüßte, haben dazu freilich eine traurige Veranlassung gegeben, und ein ganz ungerechtes Mistrauen erregt; aber dagegen liessen sich ja leicht Mittel ausfindig machen.«[98]

Gedacht wurde dabei an »Öffentliche Ersparungskassen«; Vorreiter dazu war die Patriotische Gesellschaft in Hamburg, die 1778 eine gemeinnützige Sparkasse im Rahmen ihrer Versorgungsanstalt gründete. Spareinlagen wurden ab 5 Thalern angenommen und mit 3% verzinst. Die Einlagen der Sparkassen stammten vornehmlich von Dienstboten und Handwerkern; sie erreichten im Jahr 1789 eine Höhe von 400 000 Mark Banco.[99]

Dieser Erstgründung einer Hamburger Sparkasse folgten dann im 19. Jahrhundert zwei weitere: die Sparkasse von 1827 und die Neue Sparkasse von 1864. Damit einher ging die Sparfreudigkeit der Dienstboten, die weiter anstieg, obwohl sich die Reallöhne nur unwesentlich erhöhten. Aus einer beispielhaften Auflistung der Spareinlagen von Dienstboten läßt sich ersehen, daß die Mehrzahl der Einlagen zwischen 20 und 100 Mark lag, einer relativ hohen Summe im Vergleich mit den gezahlten Löhnen, was auf zunehmende Sparsamkeit der Dienstboten schließen läßt.[100]

In Verbindung mit der Gründung einer Sparkasse diskutierte die Patriotische Gesellschaft in Hamburg auch den Plan einer Versorgungsanstalt für die arbeitende Klasse, einer »Ersparungs- und Pensionskasse«, »welche den arbeitenden Klassen – Professionisten, Fabriken und anderen Gewerbearbeitern, Tagelöhnern, Dienstboten usw. – gegen Erlegung kleinerer oder größerer von ihrem Wochen- und Tagelohn ersparter Beiträge, verhältnismäßige Unterstützung beim plötzlich eintretenden Stillstand ihres Gewerbes, bei vermehrten häuslichen Bedürfnissen, in Krankheiten, hauptsächlich aber im Alter darreichen mögte; durch welches Mittel Armuth mehr verhindert, Moralität, bürgerliches und häusliches Wohl befördert werden möge.«[101]

Die vornehmste Aufgabe dieser Versorgungsanstalt sollte allerdings in der Altersversorgung liegen. Da jedoch die Beiträge den meisten Dienstboten als zu hoch erschienen, kam es nicht zur Gründung, so daß den Dienstboten (und anderen Arbeitern) weiterhin die Verantwortung und die Initiative selbst überlassen blieb, sich um ihre Versorgung im Alter zu kümmern.

4.7. Stellenanzeigen

Weiteren Aufschluß darüber, was von einem Dienstboten erwartet wurde, geben die Stellengesuche in den Zeitungen. Den Vorstellungen der Herrschaften entsprachen am ehesten diejenigen Personen mittleren Alters (24–30 Jahre), die »ehrbar« und von »honetter, gesitteter Herkunft« waren.

Daher wurden also gerade diese Eigenschaften von den Dienstboten, die per Inserat eine Stellung suchten, besonders angepriesen:

»Eine junge Person von honetter Herkunft (...) wünscht als Gesellschafterin (...) Unterkommen zu finden.«[102]

Das wichtigste aber waren die Kenntnisse und Fertigkeiten, die von der Herrschaft gewünscht wurden. Die Dienstboten sollten fähig und gründlich, ihr Können sollte möglichst perfekt sein. Neben dem Kochen wurden vor allem Waschen, Nähen, Schneidern und Plätten gefordert; man versuchte also, alle Tätigkeiten, die im Haushalt anfielen, auf eine Person zu vereinigen, um die Kosten möglichst gering zu halten.

»Eine Herrschaft (...) wünscht eine ehrbare Person, die Schneidern, Weißnähen, Waschen und Plätten versteht (...)«[103]

Aus diesem Grund legten andererseits auch die Dienstmädchen sehr viel Wert darauf, ihre Fertigkeiten in den Stellengesuchen besonders herauszustreichen:

»Eine junge Person (...), welche sowohl im Nähen, Plätten, Steppen etc. wie auch ebenfalls in der Küche und sonsten im Hausstande vorkommendes vorgestanden (...).[104] Ein ehrbares Mädchen (...), welches außer den gewöhnlichen Arbeiten auch kochen kann (...).[105] Eine Demoiselle, welche das Kochen gründlich erlernt hat und im Schneidern, sowie im Weißnähen geübt ist, wünscht recht bald eine ihren Fähigkeiten angemessene Anstellung.«[106]

Den Gesetzen des Marktes entsprechend korrespondierten also immer Nachfrage und Angebot oder umgekehrt. Nur wer sich gut anzupreisen verstand, konnte auch auf einen guten Dienst hoffen.

Fast durchgängig wurden in den Stellengesuchen von den Herrschaften direkt gute bis besonders gute, glaubhafte Zeugnisse gefordert, auch indirekt Beweise von Treue und Geschicklichkeit oder Nachweise der früheren Herrschaften verlangt mit Angabe von Adresse und Dauer der Dienste. Auf die guten Zeugnisse wurde offenbar soviel Wert gelegt, weil man nicht Gefahr laufen wollte, Opfer von Veruntreuungen oder Hausdiebereien zu werden, was den Dienstboten besonders oft angelastet wurde. Aus diesem Grunde wurde folgende Formulierung, in der für heutige Ohren der Unterton infamer Unterstellung mitschwingt, zur damaligen Zeit wahrscheinlich als »normal« und üblich empfunden:

»Unter sehr billigen Bedingungen sucht eine Herrschaft hieselbst für diesen Sommer eine Frau, welche mit so guten Zeugnissen versehen, daß sie derselben ihr Haus mit Sicherheit Tag und Nacht anvertrauen können.«[107]

Aus naheliegenden Gründen fehlten Angaben zum Lohn völlig in den Anzeigen, oder sie waren nur vage formuliert; eine konkrete Summe wurde fast nie genannt (was im Rahmen von Stellenanzeigen ja bis heute nicht üblich ist). Im allgemeinen wurde ein »guter Lohn«, ein »gutes Salair« in Aussicht gestellt, oder es wurden, wie in obigem Beispiel, »sehr billige Bedingungen« angekündigt. Auch auf die eher geringen Entlohnungen stellten sich die Dienstboten von vornherein ein:

»Ihre Ansprüche sind bescheiden, da es den ihrigen nur darum zu thun ist, sie bei braven Leuten untergebracht zu wissen.«[108]

Noch seltener als der Lohn wurde das Verhältnis angesprochen, das dem Dienstvertrag und dem damit verbundenen Zusammenleben zwischen Herrschaften und Dienstboten zugrunde lag. Wenn dem »billigen Verlangen« Folge geleistet wurde, das Dienstmädchen Wohlverhalten zeigte, konnte es auch mit »zufriedenstellender« oder sogar freundlicher Behandlung rechnen.

»(...) selbige kann auf recht gute Behandlung rechnen, muß aber mit Zeugnissen versehen sein (...) Für ein Frauenzimmer (...) ist auf nächste Himmelfahrt ein Dienst zu

49. *Karikatur auf übertriebene Forderungen in den Stellenanzeigen.*

finden, welcher sie in jeder Rücksicht zufriedenstellen wird, wenn sie dem billigen Verlangen Genüge leistet.«[109]

Aber genau diese Formulierungen spiegeln die latenten Konflikte in dem Verhältnis zwischen Herrschaften und Dienstboten; denn gerade die Beurteilung von »Wohlverhalten« und der entsprechend »guten Behandlung« umfaßte einen sehr großen Ermessensspielraum, der je nach Standort außerordentlich unterschiedlich sein konnte. Es ist also leicht vorzustellen, daß es durch die räumliche Nähe, die Dauer des täglichen Umgangs und die sozialen Unterschiede zwischen Herrschaft und Dienstbote zu zahlreichen Konflikten kam, die in den wenigsten Fällen wegen des Mangels an übereinstimmendem Interesse innerhalb des Haushalts für beide Seiten befriedigend gelöst werden konnten. Die einfachste Konfliktlösung seitens der Herrschaften war daher zumeist die Kündigung des Dienstboten.

50. Der heimliche Besuch des Bräutigams.

Entzog sich das Verhältnis zwischen Herrschaften und Dienstboten weitgehend der öffentlichen Preisgabe, so wurden im häuslichen Bereich selbst die Aufgaben offenbar präzise verteilt und die Ansprüche genau formuliert, wie wir einer handschriftlichen Anweisung für die verschiedenen Dienstmädchen aus dem Jahre 1858 entnehmen können. In der Anweisung für die Kleinmädchen wurde festgelegt, daß sie in der Nacht alle zwei bis drei Stunden nach den Kindern zu sehen hatten; um 6 Uhr mußten sie aufstehen und sich vollständig ankleiden, »daß sie jeden Augenblick auf die Straße geschickt werden können«.[110] Ihre Aufgabe bestand vornehmlich in der Versorgung der Kinder: Baden, ankleiden, sie füttern, beaufsichtigen; dazu heißt es aber ausdrücklich:

»Sie müssen die Kinder beschäftigen, aber doch selbst dabei Handarbeit thun (...) Überhaupt müssen sie sich jeder Arbeit willig unterziehen. Einmal sind sie Kindermädchen, Nähmädchen, Kleinmädchen, ein andermal kochen sie, wenn die Köchin krank ist oder ausgeht übernehmen sie die Arbeit, so wie auch umgekehrt (...). Gewöhnlich braucht die Köchin keine Hülfe, aber wenn Gesellschaft ist, müssen sie mit aufwarten und in der Kinderstube Silber- und Theezeug abwaschen. Dann bekommen sie auch etwas vom Trinkgeld.«[111]

Freizeit wurde nur ungern bewilligt, auch abends, wenn die Kinder versorgt waren, fanden sich noch Näharbeiten und mußte die Kleinwäsche gewaschen werden. Im übrigen heißt es: »Wenig Besuch haben, wenig ausgehen.«[112]

Das Mädchen zum Alleindienen mußte, wie wir schon den Annoncen entnehmen konnten, alle im Haushalt anfallende Arbeit verrichten: alles saubermachen, kochen, Möbel abreiben, klären, Dielen scheuern. Eine Scheuerfrau gab es nicht, ebensowenig eine Waschfrau oder Näherin, so daß auch Waschen und Nähen hinzukam; das Aufwarten bei Gesellschaften war selbstverständlich. Gerade wegen der vielen Arbeit wurde Ausgang nur sehr selten gewährt, und auch dann nur, wenn die Arbeit es zuließ:

»Auf Wunsch ungefähr alle 4 Wochen, wenn die Arbeit fertig ist, aber gewöhnlich erst von 2½–10 Uhr, mitunter auch abends.«[113]

Um keine falschen Vorstellungen aufkommen zu lassen, wurde auch die Kost angesprochen:

»Essen ist gut bürgerlich, es ist nicht Satz, daß Sie von allem etwas abbekommen, wenn Sie ganz allein sind, essen Sie auch Mehlklöße usw. (...) Wein bei Festen ist nicht Gebrauch, auch Sonntags kein besonderes Essen.«[114]

Anschließend wurden noch mahnende Hinweise erteilt, und es wurde darauf hingewiesen, daß sich bei Befolgung aller Anweisungen ein gutes Verhältnis gestalten werde; andernfalls habe das Mädchen bei Nichtgefallen die Möglichkeit zu kündigen:

»Kein Bräutigam oder unglückliche Liebe haben, wenig Besuch empfangen, nichts übertragen (...) wenn Ihnen etwas nicht gefällt, können Sie ¼ Jahr vor der Zeit kündigen, aber nicht impertinent sein! Wenn Sie diese Sachen befolgen, werden Sie bei mir einen guten Dienst haben (...) wenn ein Mädchen es mit der Herrschaft hält, so kann es nur angenehmes davon haben.«[115]

4.8. Lebenserinnerungen

Um die unterschiedlichen Sehweisen noch einmal unmittelbar zu verdeutlichen, sollen zum Abschluß dieses Kapitels zwei »Lebenserinnerungen« gegenübergestellt werden.

Zunächst soll ein Dienstmädchen zu Wort kommen, das seine »Erlebnisse« in herrschaftlichen Haushalten niedergeschrieben hat. Die Selbstzeugnisse von Dienstboten sind außerordentlich gering, und die Aussagen der Autorin vermitteln gewiß kein geschlossenes Bild von der tatsächlichen Situation aller Dienstboten; dennoch vermögen die sehr persönlichen Schilderungen den Dienstbotenalltag gut zu veranschaulichen.

Doris Viersbeck trat aufgrund einer von ihr inserierten »Annonce« in den Dienst einer Hamburger Herrschaft. Sie kam aus Schleswig-Holstein, wo sie zweieinhalb Jahre bei einer Lehrerfamilie »treu und ehrlich (ihren) Pflichten«[116] genügt hatte. Vor allem schien den Herrschaften die Dauer ihres Dienstes zu imponieren, da in Hamburg in der Regel alle halbe Jahre der Dienst gewechselt wurde. Doris geriet an eine Hausfrau, mit der sie schwer auskommen konnte, und erfuhr auf diese Weise des öfteren den Rangunterschied am eigenen Leibe:

»Aber Mensch muß Mensch bleiben und sich zu jeder Zeit, wenn ihm Unrecht geschieht, verteidigen können. Leider wird dieses Recht einem Dienstboten gänzlich abgesprochen. Hier heißt es schweigen und immer ja sagen, oder man ist frech. Später habe ich mehrere Male versucht, mich im guten mit ihr auseinanderzusetzen, aber ich erreichte dadurch nichts. Sie redete einen dumm, und man mußte schweigen.«[117]

Daraufhin verließ sie nach einem halben Jahr den Dienst.

»Es war abgemacht, wie es ja früher Sitte war, auf halbjährliches Bleiben. Wollten wir mit Ablauf dieser Zeit den Dienst verlassen, mußten wir schon ein viertel Jahr vorher kündigen.«[118]

Zum einen konnten dadurch die Herrschaften sich schon rechtzeitig nach einem Ersatz umsehen, damit die Ordnung ihres Hauses nicht etwa für eine Stunde gefährdet war, zum anderen aber konnten sie die »untreuen« Dienstboten im Verlaufe des zweiten Vierteljahres oft genug spüren lassen, was Pflicht und Unterordnung bedeutete, und sie hatten Gelegenheit genug, die Arbeitskraft ihrer scheidenden Dienstboten noch nach Kräften auszunutzen. Bei ihrer zweiten Herrschaft traf Doris es in dieser Beziehung besser:

»So wohl hatte ich mich noch gar nicht in Hamburg gefühlt. Freundliche Behandlung, gute Nahrung, eine gesunde Schlafstätte, wohl ziemlich viel Arbeit, aber nicht überhäuft, auch gönnten sie mir mal ein Wort der Anerkennung.«[119]

Hieraus lassen sich besonders deutlich die Gründe für den häufigen Stellenwechsel der Dienstboten entnehmen. Von seiten der Herrschaften wurde dieser Tatbestand immer wieder heftig kritisiert. Man erinnerte sich der lobenswerten alten und beklagte die heutigen Zeiten, ohne allerdings eigenes Verhalten dafür verantwortlich zu machen. Denn in den meisten Fällen war der häufige Wechsel der Dienste nicht der Unverschämtheit der Dienstboten, sondern dem herrischen und oft unmenschlichen Verhalten der Herrschaften zuzuschreiben. Entscheidend war für die Dienstmädchen ganz offensichtlich die soziale Beziehung. Da sie zum größten Teil nicht aus der Stadt stammten, also an dem Orte weder

Verwandte noch Freunde hatten, waren sie auf den sozialen Kontakt zur Herrschaft in hohem Maße angewiesen. Blieb dieser aus, versuchten sie häufig, durch Mehrarbeit positive Zuwendung zu erhalten. Mißlang auch dieses, blieb ihnen nur noch die »Flucht« zu einer anderen Herrschaft, in der Hoffnung, dort bessere Bedingungen anzutreffen.

Bei einem so großen Bedürfnis nach sozialer Anerkennung waren die Anlässe, bei denen diesem Bedürfnis Rechnung getragen wurde (z.B. Weihnachten), viel zu selten, auch wenn die Zuwendungen sehr reichhaltig ausfielen:

»In diesem Jahr hatte mich der Weihnachtsmann sehr reichlich beschenkt. Ich fand alles auf meinem Platz, Kleiderstoffe, Wäsche, Schürzen und noch vieles mehr und alles gute Sachen. Ein Kasten mit hübschen Taschentüchern fehlte auch nicht; ich hatte sie schon gesehen und mich gefreut über deren Feinheit; aber Frau Nielsen kam nochmals auf die Taschentücher zurück, ob ich sie denn schon auseinandergenommen hätte. Ich fand es sonderbar, denn mich interessierte das feine Tuchkleid weit mehr, aber, um nicht gleichgültig oder gar undankbar zu erscheinen, willfahrte ich ihren Wünschen. Wer kann sich meine Freude vorstellen, als ich unter den Taschentüchern ein Etui vorfand mit einer hübschen Uhr nebst Kette.«[120]

Zwei Typen von Herrschaften schildert Doris Viersbeck in ihren Lebenserinnerungen, deren jeweiliges Verhalten entsprechende Reaktionen bei ihr hervorriefen: zum einen Widerspruch, zum anderen Dankbarkeit und guten Willen. Damit vollzog sich hier der Grundsatz, der bereits in den Besserungsschriften angeklungen war, daß man mit gutem Vorbild und Einfühlungsvermögen bei den Dienstboten auch eine angemessene Arbeitsmotivation erzielen konnte. Deutlich wird dieses besonders an der Aussage Doris Viersbecks, daß sie sogar einen geringeren Lohn akzeptieren würde, wenn sie »Familienanschluß« hätte und »als Kind des Hauses« behandelt würde.[121]

Doch in den allermeisten Fällen machte sie die gegenteilige Erfahrung, daß die Herrschaften auf Distanz gingen und nur an ihrer Arbeitskraft interessiert waren.

In einer zeitgenössischen Besprechung dieses Buches wurde besonders darauf hingewiesen, daß in der wahrheitsgetreuen Schilderung von Doris Viersbeck sehr gut das Verhältnis von Herrschaften und Dienstboten zum Tragen komme:

»Die ›Erlebnisse eines Hamburger Dienstmädchens‹ von Doris Viersbeck: Der Hauptreiz dieser Schilderungen liegt in ihrer ungesuchten, schlichten Natürlichkeit; weil sie frei sind von jeder Tendenz, reden sie gerade deswegen eine viel eindringlichere Sprache über das Leiden der Dienenden, als es die besten Abhandlungen vermöchten. Die Verfasserin erzählt einfach, und da sie eine außerordentlich feine Beobachtungsgabe besitzt, so konnte sie eine Reihe wahrheitsgetreuer Schilderungen geben, die, ohne den Anspruch auf künstlerische Durcharbeitung zu machen, doch von ganz bedeutender Wirkung sind.«[122]

Anders als von Doris Viersbeck wird das Verhältnis von Herrschaften und Dienstboten aus der Sicht einer »Herrschaft« beschrieben, nämlich in den »Jugenderinnerungen« von Emilie Weber.

»Das Verhältnis zwischen Herrschaften und Dienstboten war ein herzliches, man hatte gegenseitiges Vertrauen zueinander, lernte sich besser kennen, weil man länger beisammenblieb, da es nur halbjährige Kündigung gab, aber ich möchte doch behaupten, daß der Respekt der Dienstboten gegen ihre Herrschaft trotz größerer Vertraulichkeit ein größerer war als in der jetzigen Zeit (...)«[123]

Es zeigt sich also, daß genau wie bei der Einschätzung der Kleidermode die Aussagen von dem jeweiligen Zeitgeschmack und Standpunkt abhingen. Darüber hinaus verklärten sich Anschauungen und Ansichten unter subjektiven Erfahrungen.

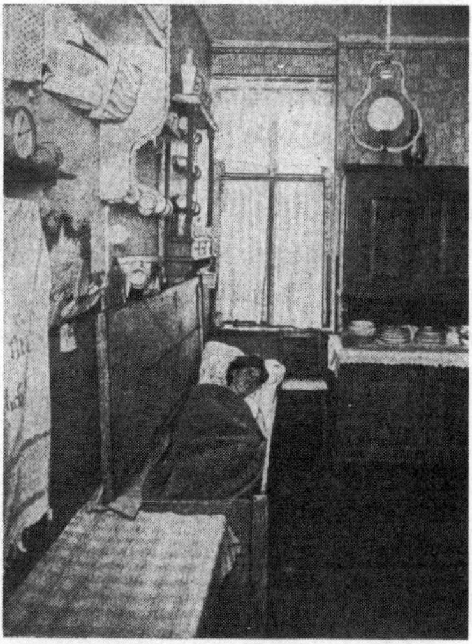

51. In manchen Haushalten war für die Dienstboten jeder Platz zu schade; sogar die Betten wurden improvisiert.

Die häufigen Klagen der Dienstboten über ihre unzureichenden Schlafstellen scheinen zunächst durch Emilie Weber bestätigt zu werden:

»Von der Küche kam man ins Mädchenzimmer und von dort in die Waschküche. Die Küche und die daranstoßende Mädchenstube erhielten ihr Licht vom Hofplatz aus, das war aber so mangelhaft, daß die Köchin den ganzen Tag einen kleinen Tranlöffel über dem Herd brennen mußte.«[124]

Im Vergleich dazu beschreibt sie dann die Schlafstelle, die sie mit ihrer Schwester teilen mußte:

»Wenn ein Arzt der Jetztzeit unsere Schlafstelle gesehen hätte, so würde er es nicht für möglich gehalten haben, daß man dabei gesund bleiben konnte. Es war die Stube neben dem Kontor, vorn an der Diele, zwischen dem Windfang und der Haustür. Dieselbe konnte nur durch Fenster gelüftet werden, welche oben unter der Decke nach dem Innern des Hauses lagen. Tagsüber war es stockdunkel, wenn man etwas sehen wollte, steckte man ein Talglicht in einem messingenen Leuchter an.«[125]

Das relativiert nicht nur die vorige Aussage, sondern läßt auch die Schlafstelle des Knechtes im Vergleich als gar nicht so schlecht erscheinen: Der Knecht hatte seine Schlafstelle »in einem Kabuff unter der großen Treppe. Darin war nur Platz für's Bett, aufrecht stehen konnte er nicht in demselben, er mußte hineinkriechen und seine Tür immer etwas offen lassen, um Luft zu bekommen. Ja, ja damals war man noch nicht so verwöhnt, und ungesund scheint's ja auch nicht gewesen zu sein, denn krank ist unser Johann Balde nie gewesen.«[126]

Diese typisch »herrschaftliche« Bemerkung zeigt deutlich die Einstellung, daß man das, was man von sich verlangte, mit Fug und Recht auch von seinen Untergebenen glaubte verlangen zu können. In diesem Fall sei dahingestellt, ob die Unzulänglichkeit des Schlafraumes vielleicht die einzige war, die die Herrschaftskinder im Vergleich mit den Dienstboten hinzunehmen hatten. Für die Dienstboten hieß das, gleichgültig, ob es den Herrschaftskindern ebenso schlecht erging, daß sie, zusätzlich zu ihrer schweren körperlichen Arbeit, während ihrer einzigen Ruhepause in der Nacht Unbequemlichkeiten zu erdulden hatten und sich nicht einmal dann angemessen erholen konnten. Und selbst die schwere körperliche Arbeit, die den Dienstmädchen aufgebürdet wurde, wertet Emilie Weber lediglich als normal und üblich:

»Unsere jetzigen Mädchen würden wohl die Hände über dem Kopf zusammenschlagen, wenn man die Arbeiten von ihnen verlangte, welche die früheren leisten mußten. Viele Hausbewohner, welche nicht am Wasser wohnten, hatten nicht einmal eine Pumpe, da mußten die Mädchen mit einer

Tracht auf den Schultern, an welcher zwei Eimer hingen, oft von weither Wasser holen. In den Häusern, in denen kein männlicher Dienstbote war, kannte man es gar nicht anders, als daß die Mädchen die Feuerung aus dem Keller hinaufschleppten, oder vom Boden herunterholen mußten.«[127]

Zwar werden von Emilie Weber keine direkten Klagen geäußert über die Dienstboten, dafür wird aber recht anschaulich geschildert, daß eine strenge Hauszucht herrschte, der sich die Dienstboten zu unterwerfen hatten. Das, was Emilie Weber als »vertrauenvolles Verhältnis« bezeichnet, wird daher von den Dienstboten oft anders tituliert worden sein.

KAPITEL V: MÖGLICHE URSACHEN DER KLAGEN ÜBER DIENSTBOTEN

Wie wir gesehen haben, war das gesellschaftliche Ansehen der Dienstboten im 19. Jahrhundert sehr gering. Dieses dokumentierte sich unter anderem in den zahlreichen Klagen über sie und ihr Verhalten. Im folgenden wollen wir nun die Frage untersuchen, ob die Klagen tatsächlich auf ungebührliches Betragen der Dienstboten zurückzuführen und worin die möglichen Gründe für dieses Betragen zu finden sind. Anschließend werden wir zu klären versuchen, inwieweit die Klagen den Herrschaften ein willkommenes Mittel boten, eigenes Fehlverhalten gegenüber den Dienstboten zu deren Nachteil zu verschleiern.

1. »Ungebührliches Betragen« der Dienstboten

Bereits die zahlreichen Preisschriften im 18. Jahrhundert bemühten sich, die Ursachen für die Klagen zu analysieren, um daraus entsprechende Maßnahmen abzuleiten. Nach Meinung vieler Autoren lag ein entscheidendes Grundübel im Mangel an häuslicher und schulischer Bildung und religiöser Unterweisung.

In der Tat zeigt es sich, daß vor allem in den ländlichen Gebieten, aus denen die Dienstboten zum größten Teil stammten, erhebliche Defizite im Schulunterricht zu verzeichnen waren:

»Trauriger noch als in den Städten sah es (...) in den Dörfern aus. Viele hatten gar keine Schule und nur selten sah sich der Landmann veranlaßt, seine Knaben an dem Unterrichte der benachbarten Stadtschule teilnehmen zu lassen (...) Wo sich aber in den Dörfern Schulen vorfanden, da waren die Lehrer (...) in der Regel Handwerker, die nichts als Lesen und Schreiben gelernt hatten und neben der Schulmeisterei und dem damit verbundenen Küsterdienst ihr Handwerk ungestört forttrieben. Umstände, die einen geregelten Schulbetrieb unmöglich machten, waren ferner die Armut und Gleichgültigkeit der Eltern, (...) und vor allem die pädagogische Verwahrlosung des weiblichen Geschlechts (für welche es nur in wenigen Städten des Landes Schulen gab). (...) Was die Schule nicht vermochte, sollte wenigstens teilweise die Kirche gutmachen. Katechismus- und Kirchenlehre waren gleichermaßen für die Kinder wie für die Dienstboten bestimmt. Daher ergingen immer wieder an die Hausväter des Landes Befehle, Kinder und Gesinde zu diesen Unterrichtsstunden zu schicken. Wo die Bildungs- und Ausbildungsmöglichkeiten für das Gesinde so kärgliche waren, ist es nicht zu verwundern, daß gegen Ende des 18. Jahrhunderts immer wieder Reformvorschläge hervortreten.«[1]

Wenn die Schulpflicht überhaupt ernstgenommen wurde – nur allzuoft ließen die Eltern ihre Kinder im Hause, wenn andere Arbeiten auf sie warteten, oder die Eltern waren finanziell nicht in der Lage, die Kinder für die Schule mit Kleidung und Büchern zu versehen –, erschwerten häufig äußere Umstände den reibungslosen Ablauf des Unterrichts. So fehlten etwa Schulräume, was zur Folge hatte, daß sich häufig über hundert Schulkinder in einem engen Raum drängten, wodurch ein gezieltes Unterrichten gar nicht möglich war.

Der Unterricht selbst beschränkte sich auf Lesen und Schreiben, Zählen und Rechnen. Hinzu kam der Religionsunterricht, der sich im Singen von Kirchenliedern und dem Auswendiglernen des Katechismus erschöpfte. Vereinzelt wurde dann noch Heimatkunde unterrichtet, was sich auf die Geschichte und Geographie der unmittelbaren Umgebung beschränkte. Vermittelt bzw. angeeignet wurde dieser begrenzte, einseitige Lehrstoff durch Vorsagen und Nachdeklamieren.

Weder die Unterrichtsinhalte noch die Art ihrer Vermittlung waren dazu angetan, die Schulkinder zu selbständig denkenden und handelnden Personen zu erziehen. Von daher verwundert es nicht, daß die Dienstboten sich in den herrschaftlichen Häusern ›dumm anstellten‹, wenig oder sehr langsam begriffen oder sich rüpelhaft benahmen. Die Klagen über den Mißstand, ungebildetes, ›ungehobeltes‹ Dienstpersonal annehmen und ertragen zu müssen, waren demzufolge berechtigt – und gleichzeitig waren sie es nicht. Zwar ging es den Herrschaften durchaus darum, besser gebildete bzw. ausgebildete Dienstboten zu bekommen, um das alltägliche Zusammenleben angenehmer und den Dienst effektiver zu gestalten; von daher mußte es eigentlich in ihrem Interesse liegen, daß sich der Schulunterricht verbesserte. In diesem Sinne äußerte sich das ›Hamburger Echo‹:

»Die Volksschule ist im günstigsten Fall eine gute Drillanstalt, die dem Kinde ein gewisses Quantum schematischer Buchweisheiten einpaukt, ihm aber keine seinem Zwecke entsprechende Entwicklung des Körpers, des Geistes und Charakters garantiert. Um dieses Manko etwas auszugleichen, wäre es nicht nur wünschenswert, sondern billig, bei der bevorstehenden Aenderung des § 120 der Gewerbeordnung, welche laut der diesbezüglichen Novelle für alle männlichen und weiblichen gewerblichen Arbeiter bis zum 18. Lebensjahre den obligatorischen Fortbildungsunterricht festgelegt, soweit die jeweiligen Gemeinde- und Kommunalverbände sich bereit erklären, diese Bestimmungen auch auf die Dienstmädchen auszudehnen. Im ureigensten Interesse der Herrschaften ›liege es, durch nachdrücklichste Protektion diesem Gesetze Geltung zu verschaffen. Die Klagen über dummes untüchtiges Hauspersonal‹ würden verstummen, und das Mädchen ausgerüstet mit genügendem Allgemein- und Berufswissen, wird den Weg durch das Leben leichter finden als heute.«[2]

Andererseits aber wollten die Herrschaften die Dienstboten so unmündig halten, daß diese in keiner Weise den Herrschaftsanspruch ihrer Vorgesetzten oder ihre eigene unterwürfige Position in Frage stellten: dieses aber lief der Forderung nach besserer Schulbildung entgegen. (Der Widerspruch war nicht zu lösen: auch wenn die Herrschaften eine (Aus-)Bildung propagierten, die scheinbar ihren Zwekken entsprach – Ergebnis sollte der angepaßte, höfliche, saubere und fleißige Dienstbote sein –, wurde gerade dadurch, *daß* es sich um eine erweiterte (Aus-)Bildung handelte, ein ›subversiver Faktor‹ in das Abhängigkeitsverhältnis hereingelassen.)

Noch entscheidender als die schulische Erziehung dürfte die Unmündigkeit der Mädchen gewesen sein, worauf sich das den Klagen zugrundeliegende Verhalten zurückführen läßt.

Die Dienstmädchen traten zu einem großen Prozentsatz weit unter dem Erreichen der Volljährigkeit, manchmal schon mit 14 oder 15 Jahren, in den Dienst ein, in einem Alter also, in dem die Herrschaftstöchter noch lange wohlbehütet im Schoße von Elternhaus und Familie verweilten. Gerade dieses Alter ist besonders schwierig: die Pubertät hat begonnen, d.h. die Kindheit ist beendet und die Adoleszenzphase schließt sich an. Der Jugendliche ist in dieser Phase besonders formbar, er braucht Vorbilder und Hilfen bei der Ausbildung der eigenen Persönlichkeit. Dabei treten Probleme auf, deren Lösung sich u.a. aus dem Verhalten der Vorbilder ergibt. Einerseits ist Anleitung notwendig, andererseits wird häufig besonders jetzt jegliche Form von Zwang abgelehnt. Den Jugendlichen, die in dieser Phase gänzlich dem Elternhaus entzogen werden, fehlen die für die Entwicklung notwendigen Auseinandersetzungen mit ihren Eltern, ihren natürlichen Vorbildern. So verhielt es sich mit der überwiegenden Zahl von Dienstboten; durch den Wechsel vom Elternhaus zum Dienstherren wurden sie gezwungen, sich erstens mit einer neuen regionalen und sozialen Umgebung (Ortswechsel, Wechsel der Bezugspersonen von den Eltern zur Dienstherrschaft), zweitens mit einem neuen Tätigkeitsbereich vertraut zu werden (statt Schule nun Beruf, statt lernen nun arbeiten) und drittens sich einem anderen Normen- und Wertsystem zu unterwerfen. Entscheidend bei diesem Wechsel war wohl die Veränderung der Bezugspersonen, die die Normen und Werte vermittelten. Daher lag es auch weitgehend an diesen Personen, an die der junge Mensch auf seinem weiteren Lebensweg geriet, wie sein Wesen beeinflußt bzw. geprägt wurde. Im Fall der Dienstboten waren es in erster Linie die Herrschaften, daneben die Mitdienenden oder andere Kontaktpersonen. Wurden dem Dienstboten Freundlichkeit, Tugendhaftigkeit, Herzlichkeit, Anteilnahme vorgelebt, war er sicher auch bereit und in der Lage, diesen Vorbildern zu folgen. Begegneten ihm allerdings Gleichgültigkeit und Unlauterkeit, ließ auch er sich davon (ver)leiten. Am wenigsten waren jedoch Zwänge, wie etwa die ungemessene Arbeit, dazu angetan, den jungen Menschen positiv zu beeinflussen und bei der Persönlichkeitsbildung mitzuhelfen. Zur Ich-Findung gehören sowohl physische als auch geistige Entspannungen, ebenso wie ein ›lockerer Zügel‹, der zwar beständig, aber ohne allzu deutlichen Zwang leitet.

Wirft man also den Dienstboten Zügellosigkeit, Sittenlosigkeit, Ungehorsam etc. vor, fällt damit zugleich auch Verantwortlichkeit auf die Herrschaften, die ihrer Aufgabe als Erzieher und (An)leiter nicht gerecht geworden sind. Dabei hätte ihnen theoretisch doch gerade die Formbarkeit der Dienstboten in diesem jugendlichen Alter die Chance gegeben, sie zu treuen, fleißigen, redlichen Untergebenen zu erziehen, vorausgesetzt, sie hätten auch nach diesen Maßstäben gelebt. (Und hierin liegt ein weiterer unauflösbarer Wi-

52. Von der Mutter wird das junge Dienstmädchen zu ihrer ersten Herrschaft gebracht.

derspruch: denn da das Verhältnis Dienstbote – Herrschaft ein Abhängigkeitsverhältnis war, mithin sich auf Zwang begründete, war ein ›Vorleben‹ der Verhaltensweisen, die man von den Dienstboten erwartete, durch die Herrschaften weitgehend nicht möglich – es sei denn, die Form der Herrschaft wäre aufgegeben worden. Herrschaft zeigte sich für den Dienstboten nicht zuletzt in der Abgrenzung, was sogar dazu führen konnte, daß den Dienstboten Verhaltensweisen untersagt wurden, die die Herrschaften bei ihresgleichen durchaus akzeptierten.)

Wie steht es nun mit den Klagen über mangelnden Arbeitseinsatz und steigende Vergnügungssucht der Dienstboten?

Mit dem Eintritt in den herrschaftlichen Dienst mußte sich der Dienstbote verpflichten, seine ganze Arbeitskraft

53. Büglerinnen bei der gemeinsamen Arbeit.

dem Dienstherren zur Verfügung zu stellen. Aber damit nicht genug: Die Inanspruchnahme dieser Arbeitskraft konnte *jeder*zeit erfolgen, denn sie unterlag den Bedürfnissen des Hauswesens. Die Folge war eine durchschnittliche Arbeitszeit von 16 Stunden am Tag und eine relativ ungeregelte Freizeit, die der Willkür der Herrschaft unterlag. Für die Dienstboten bedeutete dieses, daß sie wegen der totalen Indienstnahme die eigenen Bedürfnisse dieser Arbeitsauffassung unterordnen mußten und ein eigenes Leben nicht entfalten konnten. Häufig fehlten ihnen sogar die notwendigen Möglichkeiten zur Reproduktion der Arbeitskraft.[3] Hinzu kam die soziale Vereinsamung am Arbeitsplatz, denn in den meisten Fällen arbeiteten die Dienstboten im herrschaftlichen Haushalt ganz allein, entbehrten also der kollegialen Gemeinschaft, die die gewerblichen Arbeiter hatten, so daß häufig ganz die Gelegenheit fehlte, sich mitzuteilen oder gar ein Zusammengehörigkeitsgefühl und ein Solidaritätsbewußtsein zu entwickeln. Daß dieser Zustand unliebsame

Folgen mit sich brachte, wurde immerhin einigen Zeitgenossen allmählich klar:

»Soziale Isolierung und gesellschaftliche Vereinsamung erzeugen nun in dem Dienstboten eine seelische Verstimmung, die Unlust zur Arbeit, Unbotmäßigkeit und eine Reihe anderer Übel im Gefolge hat, die das Dienstverhältnis zersetzen. Der Dienstbote hat wenig Freude an seiner Arbeit, wenn er sie Jahr aus Jahr ein unter den geschilderten Umständen zu leisten hat. Seine Arbeit gewährt keine Freude.«[4]

Die Flucht aus der freudlosen Arbeit, der alltäglichen Demütigung und Selbstverleugnung und der sozialen Isolation »gelang« den Dienstboten über die Kompensation, die ihren Ausdruck in der vielbeklagten »Putz-, Verschwendungs- und Vergnügungssucht« fand. In den wenigen arbeitsfreien Stunden versuchten die Dienstboten nicht selten das nachzuholen, was sie während ihrer Arbeitszeit entbehren mußten, wobei sie dann gelegentlich Grenzen überschritten.

»Die innere Bestimmung und Unruhe treiben den Dienstboten der Vergnügungssucht und Genußsucht in die Arme. Immer, wo Innerlichkeit mangelt, tritt eine Äußerlichkeit auf. So leben viele Dienstmädchen innerlich nur von einem freien Sonntag zum anderen. Nur an diesen Tagen findet ihr Bedürfnis eine gewisse Befriedigung. So spielt der Putz eine große Rolle, während das Mädchen oft kaum zwei ganze Hemden und ein Paar unzerrissene Strümpfe besitzt. Unterwäsche wird gern heimlich der gebrauchten Wäsche der Hausfrau vorübergehend entnommen, damit der Lohn auf die äußere Garderobe verwendet werden kann. Tanz, Varietébesuch, Alkohol- und Geschlechtsgenuß bilden die Hauptfreude an den freien Sonntagen. Das einsame Mädchen schließt sich unfehlbar an einen Liebhaber an, dessen Verhalten vielfach das Lebensschicksal jener entscheiden kann. Im Gefolge ist das außereheliche Kind, das neuerdings nicht zuvielen Dienstmädchen erspart bleibt.«[5]

54. *Wenigstens am Sonntag möchte das Dienstmädchen einmal eine »Dame« sein.*

Es ist verständlich, daß die Herrschaften derartiges Verhalten der Dienstboten beklagten: wurde dadurch doch das reibungslose Funktionieren des eigenen Haushalts nicht unerheblich beeinträchtigt; daß dieses Verhalten jedoch vielfach nur Reaktion auf die Behandlung der Dienstboten war, war den Herrschaften offenbar nicht einsichtig. Aber nicht nur die auf das Vergnügen gerichtete Kompensation verschaffte den Dienstboten ein wenig Befriedigung, sondern auch die Möglichkeit, sich in zu krassen Fällen durch die Kündigung gegen die Herrschaft zu wenden, was sie als eine Art Racheakt empfanden, in der Hoffnung, die Herrschaft möge ihre Vorzüge wenigstens im nachhinein anerkennen.

Auch das »Tratschen« darf als eine Form von Kompensation betrachtet werden: das Dienstmädchen, dem die Teilnahme am Leben der Herrschaft verweigert wurde, ›rächte‹

55. »Schmeicheleien« des Hausherren.

sich, indem es anderen Dienstmädchen ›Begebenheiten‹ aus der Intimsphäre der herrschaftlichen Familie erzählte und dabei häufig stark überzeichnete.

Häufig jedoch gelang es den Dienstboten auch über diese Art der Kompensation nicht, Befriedigung zu erlangen; der Ausweg blieb dann nur noch im Reich der Phantasie. Was ihnen in der Realität nicht zuteil wurde, versuchten sie über die Einbildung und Vorstellungskraft zu erzielen. Die Phantasie führte die Dienstboten häufig sogar soweit, daß sie sich an die Stelle der Hausfrau wünschten; ja, sie hofften sogar, daß der Hausherr sie an ihre Stelle setzen werde.

Verfolgt man diesen Gedanken weiter, so läßt sich sogar fragen, ob die erwiesenermaßen zahlreichen Fälle von Verführung des Dienstmädchens durch den Hausherren nicht zumindest teilweise erst von ihnen selbst provoziert worden sind, um dadurch an das Ziel ihrer phantastischen Träume zu gelangen. Ausgehend von ihrer Phantasie, selbst einmal die Position der »Herrin« einzunehmen, gaben sie den männlichen Herrschaften oft vielleicht tatsächlich Veranlassung zu glauben, daß sie einer »Verführung« zustimmen würden, in der Hoffnung, damit ihrem Ziel näher zu kommen. Den Männern konnte diese Art der »Dienstbereitschaft« nur recht sein, um aus den Zwängen der bürgerlichen Moral und deren Keuschheitsidealen ausbrechen zu können. Angeregt bzw. unterstützt wurde das Wunschdenken vieler Dienstmädchen nicht zuletzt durch die zahlreichen Kolportageromane, die besonders in der zweiten Hälfte des 19. Jahrhunderts die Lesebedürfnisse eines unterbürgerlichen Publikums, insbesondere der Dienstboten, befriedigten. Dabei waren es vor allem die Liebesromane, die den sozialen Aufstieg eines armen Dienstmädchens durch die liebevolle Hinwendung ihres bürgerlichen oder adligen Herren zum Inhalt hatten und ihnen damit die Möglichkeit boten, zumindest in der Phantasie die innere Leere auszufüllen. Beispielsweise die Romane von Hedwig Courths-Mahler kamen diesem Bedürfnis entgegen: »das engelsgleiche reine und gute, aber arme Mädchen siegt im Kampf gegen die zwar standesgemäße, aber böse Rivalin und wird geheiratet«.[6]

(Hedwig Courths-Mahler war selbst uneheliches Kind und später Dienstmädchen, schrieb sich also gleichsam eigene Wunschvorstellungen und Phantasien ›von der Seele‹.)

Wenn aber auch Phantasie und Wunschdenken die Lücken nicht zu füllen vermochten, die ein nur aus schwerer Arbeit und weitgehender Isolation bei gleichzeitiger Verachtung durch die Herrschaften bestehendes Leben aufwies, suchten nicht wenige Dienstmädchen im Selbstmord ihre »Zuflucht«, weil sie nur darin einen Ausweg aus ihrer Situation sahen.

Betrachten wir in diesem Zusammenhang einmal die Klagen gegen die Herrschaften: Die zahlreichen Schriften zur Erbauung und Belehrung der Dienstboten und die Preisschriften, die sich vornehmlich mit dem Verhalten der Dienstboten befaßten, das ihrer Meinung nach die Hauptursache der Klagen bildete, setzten sich am Rande auch mit dem Verhalten der Herrschaften auseinander, und zwar zum einen mit der Behandlung, die sie den Dienstboten zuteil werden ließen, zum anderen mit ihrer ›Vorbildlichkeit‹. In der Hauptsache wurden die Geringschätzung und der Mangel an Menschlichkeit beklagt: daß die Herrschaften ihre Dienstboten eher als »Arbeitsmaschinen« denn als dienstbare Menschen betrachteten.

»Man sehe nur zuförderst auf das mit unterlaufende schlimme Benehmen so mancher Herrschaften gegen das Gesinde; vermißt man da nicht öfters alle Menschenliebe, alle Achtung und alle Gerechtigkeit? Was kann man sich bei dieser Bewandniß und bei dem überdem oft so kümmerlichen Lohn für Tugenden von einer Menschenklasse versprechen, die noch in der Entwicklung der Geisteskräfte begriffen ist, und also leicht auf Irrwege gerathen kann? Liebe, Achtung und ein erprobtes Zutraun, bewirken bei dem meisten Gesinde alles, was man nach seinen Kräften fordern kann. Allein die Gerechtigkeitsliebe geht über alles, und wird wie überall, auch in der dienstbaren Klasse, besonders hochgeschätzt. Sie scheidet das Böse vom Guten, wie die Scheidekunst die Schlacken vom edlen Metall: Gefiele es den Herrschaften, diesen und noch einigen nicht unbekannten Mängeln abzuhelfen: so dürfte von dieser Seite betrachtet, den hauptsächlichsten Ursachen der überhand genommenen Veruntreuung am schleunigsten vorzubauen seyn.«[7]

Hieraus wird deutlich, daß die Familienzugehörigkeit, die die Herrschaften immer als Argument gegen die Unterstellung der Dienstboten unter die Gewerbeordnung anführten, gar nicht mehr existierte, denn gerade das, was Zugehörigkeit zur Familie ausmachte: Geborgenheit, Zusammengehörigkeitsgefühl, Wärme etc. und was sich die Dienstboten bei Eintritt in den herrschaftlichen Haushalt auch erwarteten,

56. Ein »Hängeboden« in Berlin, eine gefürchtete Schlafstätte für Dienstboten. Innenhöhe: 1,30 m.

fehlte. Besonders Stillich hat in seiner Enquête, die den seltenen Glücksfall darstellt, daß Dienstboten zu Wort kommen, einige Stimmen zu diesem Thema sammeln können:

»›Jetzt thut es mir leid, daß ich einstmals den Beruf als Dienstbote gewählt habe, denn an trüben Erfahrungen in *jeder* Beziehung hat es mir nie gefehlt: Tüchtig schuften, dazu die schlechte Behandlung und bei mancher Herrschaft das Essen, daß man es nicht glauben möchte, wenn ich es hier niederschreiben würde (...)‹ – ›Weil kein Mädchen, mag sie sein, wie sie will, so wenig geachtet wird als ein Dienstmädchen. Man ist und bleibt die letzte Person im Hause, auch wenn nur ein Hündchen da ist.‹ – ›Weil die Herrschaften ihre Mädchen weniger achten, als ihren Hund (...)‹ – ›Ein Dienstmädchen ist in den Augen der Herrschaft nur eine Arbeitsmaschine, es wird gar nicht als Mensch betrachtet. Sie soll nur arbeiten. Vergnügen wird ihr nicht gegönnt. Da heißt es oft: Ein Dienstmädchen hat überhaupt

57. Der Hängeboden befindet sich über der Küche und ist nur mit einer Leiter zu erreichen.

nichts zu beanspruchen, die muß thun und leisten, was die Herrschaft verlangt.‹«[8]

Überwiegend wurde über schlechte Behandlung und das oft unzureichende Essen geklagt, daneben waren Beschwerden über mangelhafte Schlafstellen, niedrige Löhne und geringe Freizeit zu finden.

Dabei waren die wenigsten Herrschaften sich ihrer Versäumnisse bewußt, sie waren vielmehr häufig noch davon überzeugt, daß sie den Dienstboten als Angehörigen der Unterschicht mit der Aufnahme in ihr Hauswesen noch gefällig seien, werde ihnen dadurch doch auch etwas von dem Glanz der Besitzenden vermittelt:

»Und Anna war stets mit dem Leben zufrieden. Ich glaube, der früh Verwaisten war ein riesiges Elternhaus entstanden (...) Darf man sich eigentlich wundern, wie leicht und gern diese einfachen Mädchen in einem Leben aufgingen, welches ihnen eine neue Welt erschloß?«[9]

Vergleicht man in diesem Zusammenhang einmal die Klagen *über* die Dienstboten mit den Klagen *der* Dienstboten, so ist festzustellen, daß letztere aus dem unmittelbaren Erleben der unerträglichen Zustände heraus geäußert wurden und als ein Versuch anzusehen sind, sich gegen diese Zustände zur Wehr zu setzen. Auch wenn dabei das Verhalten der Herrschaften direkt beklagt wurde, sind die Äußerungen weder als Angriff auf den Status der Herrschaft noch gegen die jeweilige Person als solche zu verstehen; intendiert war lediglich eine Verbesserung der Lebensumstände im vorgegebenen Rahmen, die Klagen waren mithin sozial motiviert.

Anders die Klagen der (bürgerlichen) Herrschaften: diese waren überwiegend nicht sozial motiviert, da sie weder einer unmittelbaren Notsituation entsprangen noch (dieses wäre ein sozialer Akt im positiven Sinne) Ausgangspunkt einer wirklichen Hilfe für die Dienstboten waren (etwa in der Weise, daß man den Dienstboten in den Klagen ihre ›Verfehlungen‹ vor Augen führte, gleichzeitig aber anbot, die den Klagen zugrundeliegenden Ursachen im Sinne der Dienstboten zu beseitigen). Vielmehr drückte sich in ihnen *Abwehr* gegenüber den Dienstboten aus: beklagt wurden zum einen Verhaltensweisen der Dienstboten, die bürgerlichen Lebensstil nachahmten, zum anderen Verhaltensweisen, die bürgerlichen Normen nicht entsprachen; da die Herrschaften in beidem einen Angriff auf ihren Status sahen, wollten sie die Dienstboten mittels Klagen (und Gegenmaßnahmen) zur Einstellung derartigen Verhaltens bringen, um eben diesen Status zu sichern. Die Klagen erhielten also ihren besonderen Stellenwert in dem Bestreben der Herrschaften, zumindest im häuslichen Bereich das traditionelle Abhängigkeitsverhältnis, wie es das Dienstbotenwesen bestimmte, weiterhin aufrechtzuerhalten.

2. Abgrenzung des Bürgertums nach »unten«

Das Dienstbotenwesen als Verhältnis von Herrschaft und Abhängigkeit, wie es sich bis zu seiner Aufhebung im Jahre 1918 gestaltete, ist grundsätzlich der vorindustriellen Epoche zuzuordnen, erfuhr aber seine stärksten Ausprägungen im Zuge der Entwicklung bürgerlicher Gesellschaft.

In der Phase seines Aufstiegs war das Bürgertum, wie wir bereits gesehen haben, bestrebt, in der Abgrenzung nach unten, vor allem aber nach oben gegen den Adel sein neugewonnenes Selbstbewußtsein in gesellschaftlicher, politischer und wirtschaftlicher Hinsicht zu demonstrieren.

Eine entscheidende Rolle spielte dabei die moralische Wertschätzung, die auf den Prinzipien von Sparsamkeit und Enthaltsamkeit fußte. Das bedeutete, daß denjenigen, die diesen Ansprüchen des Bürgertums nicht genügten, wobei in erster Linie an das Proletariat gedacht wurde, jegliche Moralität aberkannt wurde. Armut war ein Zeichen mangelnder Sparsamkeit und verband sich nach Meinung des Bürgertums in logischer Konsequenz mit Verfehlungen und Unmoral, denen man nur dann wirksam begegnen konnte, wenn man dem Proletariat die materielle Existenzgrundlage weiter beschränkte.

»Bestätigt durch die Erfahrungen der Französischen Revolution versteifte sich das Bürgertum darauf, von einem teils herrschaftlichen, teils bürgerlich-ideologischen Standpunkt aus die gesellschaftliche Lage der Arbeiter nicht allein als niedere, sondern nahezu als untergesellschaftliche, ihre menschliche Qualität nicht allein als primitive, sondern nahezu als tierische auszulegen. Es glaubte, daß die Arbeiter nicht den Willen und die Kraft zu einer gesellschaftlichen und wirtschaftlichen Hebung hätten, sondern durch eine tierische, von Interesse und Ethik nicht wirksam kontrollierte Befriedigung des Geschlechtstriebs dazu verurteilt seien, eine Vergrößerung ihrer Einkommen unverzüglich durch

58. Auch nach Dienstschluß gibt es noch genug zu tun, oft bis in die Nacht hinein.

eine Vermehrung ihrer Nachkommen zu übertreffen. Da nun die Tendenz zur Fortpflanzung stärker zu sein schien, als die Tendenz zur Ausweitung der Produktion, bildete sich die Überzeugung, daß die Arbeiter nur durch einen Mechanismus in Zaum gehalten würden, nämlich dadurch, daß das physische Existenzminimum der zügellosen Zeugung eine Grenze setzte.«[10]

Bürgerliche Ideologie beinhaltete darüber hinaus die Deklassierung der körperlichen Arbeit und zugleich der sie ausführenden Personen. Nicht die Arbeit, sondern das Kapital diente der Existenzsicherung. Aus diesem Grunde unterlagen die Dienstboten nicht nur der unmenschlichen Ausbeutung ihrer Arbeitskraft, sondern auch noch der Verachtung und Geringschätzung, *weil* sie körperlich arbeiteten. Von daher ist es nur erklärlich, daß die oft hilflosen Versuche,

59. Trautes Familienleben.

sich durch besondere »Überarbeit« die Gunst der Herrschaften zu sichern, kläglich scheitern mußten, da diese nur verständnislose Verachtung dafür aufbringen konnten (die Ergebnisse der »Überarbeit« aber wie selbstverständlich akzeptierten).

Die Geringschätzung der »niederen« häuslichen Arbeit erwies sich allerdings als eine Art »Bumerang«, der zumindest auf die bürgerliche Frau mächtig zurückschlug. Erinnern wir uns: Die bürgerliche Familienideologie verbannte die Familie in die abgeschlossene häuslich-private Sphäre, zu der nur die direkten blutsverwandten Familienmitglieder zugelassen wurden. Das bedeutete in erster Linie für die Dienstboten eine enorme Einschränkung, denn während ihre Pflichten unangetastet blieben, sich sogar unter den steigenden Forderungen weiter verschärften, reduzierten sich ihre Rechte und Ansprüche auf Vertretung nach außen, auf

60. *Die Köchin von einst…*

Schutz und Versorgung, auf die sie nach patriarchalisch-feudalistischen Grundsätzen hatten rechnen können. Doch auch die Stellung der bürgerlichen Frauen selbst reduzierte sich mit dem Rückzug der Familie in die abgeschlossene bürgerliche Häuslichkeit. Ausgeschlossen vom Produktionsprozeß verblieb ihnen, da die körperliche Arbeit von den Dienstboten übernommen wurde, lediglich die Organisation des Haushalts, die Überwachung des Arbeitsablaufs. Die Hausfrau wurde damit weitgehend zum bisher verachteten Müßiggang verurteilt; andererseits sollte sie aber, dem Vorbild des Mannes folgend, im Rahmen ihrer Häuslichkeit rastlos tätig sein, ohne daß diese Tätigkeit als Arbeit gewürdigt wurde. Die Folgen für die Hausfrau waren verstärkte Abhängigkeit, Begrenzung von Funktions- und Tätigkeitsbereich auf die häusliche Sphäre und Isolation.
»Außer durch größere wirtschaftliche Abhängigkeit ist die

61. ... ist die Hausfrau von morgen.

Situation der bürgerlichen Hausfrau gekennzeichnet durch Isolation. Solange sie Dienstboten hatte, war sie an ihrem Arbeitsplatz isoliert wegen unüberwindlicher Klassenschranken oder aus mangelnder Bereitschaft zur Solidarität oder wenigstens fraulicher Kooperation. Später, als es kein Hauspersonal mehr gab, unterlag sie selbst – als Dienstmagd, Kindermädchen, Kutscher, Hauslehrer und Putzfrau in einer Person – der Mißachtung häuslicher Arbeiten, an der ihr bürgerliches Klassenbewußtsein mitgewirkt hatte.«[11]

Damit richtete sich die bürgerliche Ideologie nicht nur auf den Klassenunterschied, sondern auch auf den Unterschied der Geschlechter. Dadurch, daß die Frau ihre Selbständigkeit verlor, geriet sie in die ökonomische Abhängigkeit vom Manne, ihre Pflichten beschränkten sich nur noch auf Haushalt und Kinder. Diese »Reduzierung« der bürgerlichen Hausfrau hatte nun wiederum Auswirkungen auf das Verhältnis zu den Dienstboten. Einerseits ermöglichten die Dienstboten durch ihr Dasein den bürgerlichen Frauen und Mädchen ihren ›Müßiggang‹; sie waren von daher auch in doppelter Weise Bestandteil der Repräsentation, »in welcher das Bürgertum sich einerseits nach unten, gegen die kleinbürgerliche und proletarische Schicht abzusetzen suchte, zum anderen in der Anlehnung an großbürgerlichen und adligen Lebensstil seine Gesellschaftsfähigkeit erweisen wollte«[12]: sie setzten zum einen die Hausfrau frei für repräsentative Aufgaben, indem sie die häuslichen Arbeiten verrichteten; zum anderen repräsentierten sie selbst den ›Wohlstand‹ ihrer Herrschaften (wobei es oft genug vorkam, daß sie nur den Schein von Wohlstand repräsentierten: um sich einen Dienstboten »leisten« zu können, wurde in vielen bürgerlichen Haushalten an anderem drastisch gespart). Andererseits aber nahmen sie den sowieso schon auf den Haushalt beschränkten bürgerlichen Frauen dort auch noch die Arbeit weg –: diese Aussage mag zunächst befremdlich anmuten, hätten die bürgerlichen Frauen doch freiwillig die Arbeit der Dienstboten niemals verrichtet, sondern sie als »unstandesgemäß« weit von sich gewiesen; doch liegt hier ein psychologisches Problem vor. Eben aufgrund der Tatsache, daß die Frau zum »demonstrativen Müßiggang« bei gleichzeitiger materieller Abhängigkeit vom Ehemann geradezu »verurteilt« war, mußten sich im Laufe der Zeit Ressentiments gegen jeden bilden, der arbeiten »durfte« (wobei es überhaupt nicht darauf ankam, welcher Art diese Arbeit war). Die rauhe Behandlung, die viele Dienstboten vor allem durch die herrschaftlichen Frauen erfuhren, hatte neben anderen ihre Gründe wohl auch in diesem (selbstverständlich uneingestandenen) »Neid«. Hinzu kam, daß die Arbeit der Dienstboten – wenn auch noch so gering – entlohnt wurde: auch dieser »Lohn« fehlte den Hausfrauen, denn »Arbeit« wie Häkeln, Sticken u. ä. wurde nicht bezahlt. Auch hier bestand ein Zwiespalt: Zum einen wurde diese Tätigkeit hö-

62. Die »Freizügigkeit« der Dienstboten findet nur heimlich statt.

herwertig eingeschätzt als die körperliche Arbeit der Dienstboten – nicht zuletzt deshalb war sie auch den Hausfrauen vorbehalten, diente im übrigen ebenfalls der Abgrenzung (so schreibt etwa Doris Viersbeck: »Häkeln und Sticken durften wir nämlich nicht, das wäre Luxus und nur für reiche Leute bestimmt, hat sie mir einmal gesagt, als ich meine Spitze für eine Schürze häkelte«[13]); andererseits wurde sie von der Gesellschaft nicht als »Arbeit« gewürdigt, sondern allenfalls als Beschäftigung für Mußestunden betrachtet. Nun führt bekanntlich fehlende oder nur geringe Anerkennung von Leistungen zu Gefühlen der Frustration; da diese ein ›Ventil‹ benötigten, waren häufig die Dienstboten die Leidtragenden. Auch die Klagen über die Sittenlosigkeit und Liederlichkeit der Dienstboten könnten ihren Ursprung u. a. darin haben, daß die bürgerlichen Frauen, die in ihrem Verhalten strengen Moralvorschriften unterworfen waren, die »nicht über die Stränge schlagen durften«, den Dienstboten ihre »Freizügigkeit« (die oft genug nur in der Vorstellung der bürgerlichen Frauen existierte) neideten. Schon Freud hat ja deutlich gemacht, daß Wünsche, die man sich selbst nicht erfüllen kann oder darf und die man deshalb verdrängt, als verwerflich eingestuft und verurteilt werden, wenn andere sie sich (scheinbar oder tatsächlich) erfüllen. Wenn also z. B. die Dienstboten teuere Kleider anzogen, dann wurde dieses von den Herrschaften beklagt: Zum einen sicher – wie wir gesehen haben –, weil es ihnen »ungebührlich« erschien; zum anderen aber gewiß auch deshalb, weil die Dienstboten sich nach Meinung der Herrschaften »Freiheiten herausnahmen«. Das aber war den bürgerlichen Frauen eben nicht gestattet – sie hatten sich den bürgerlichen Normen entsprechend einzuschränken, für »Freiheiten« war wenig Raum.

3. Doppelmoral und verdrängte Sexualität

Die bürgerliche Moral mit ihren Tugenden wie Keuschheit und eheliche Treue wurde bestimmt von der Einschränkung und Verdrängung der Sexualität. Allerdings erwies sich diese Moral als ambivalent: obwohl sie sich auf die ganze Klasse – das Bürgertum – bezog, galt sie in der Praxis vornehmlich für die bürgerliche Frau, die aufgrund ihrer ökonomischen Abhängigkeit vom Mann als sein Eigentum angesehen wurde, das er unter allen Umständen zu bewahren trachtete. Der gleiche Prozeß der Ökonomisierung galt auch hinsichtlich des Nachwuchses, den die Frau gebar und der als Erbe des erworbenen Eigentums angesehen wurde. Nur die Keuschheit der Frau diente dem Manne als Garant, der tatsächliche Vater seiner Kinder zu sein, die in natürlicher Folge sein Vermögen erben sollten. Damit war also für die Frau Treue und Keuschheit verbindlich, für den Mann galt dies allerdings nur in sehr vermindertem Maße. Für ihn gab es

Freiräume, die es ihm gestatteten, »sich die Hörner abzustoßen«:

»Jedenfalls sollte sich der junge Mann die ›Hörner abstoßen‹, und gerade dieses doppelte Spiel in Bürgerkreisen wurde oft angeprangert. (...) Die Tochter sollte unberührt in die Ehe kommen, ihr Gemahl ihr Lehrmeister in der Liebe sein, wobei sie nicht viel zu fragen hatte, woher er über seine Kenntnisse verfügte.«[14]

Damit wurde die ideologische Grundlage geschaffen, »auf der die Prostitution als gesellschaftlich und sozial notwendig legitimiert«[15] wurde. Dem Manne wurde dadurch das Ausleben seiner sexuellen Bedürfnisse ermöglicht, während die bürgerliche Frau ihre »sittliche Reinheit« zu bewahren hatte. Dementsprechend hatten auch nur die Frauen die Konsequenzen außerehelicher Sexualität zu tragen. Durch die unterschiedliche Beurteilung des Ehebruchs wurde faktisch für jedes Geschlecht eine andere Moral geschaffen. Ausgangspunkt dafür war die Ansicht, daß das Verschulden der Frau erheblich schwerer wiege als das des Mannes:

»(...) so liegt es doch in der Natur der Geschlechter, daß die Verschuldung der Frau in der Regel eine viel schwerere ist. Die Bedeutung der Frau liegt hauptsächlich in der sittlichen und geschlechtlichen Reinheit, und mit dem Verlust derselben ist die Würde des Weibes, so wie der eheliche und häusliche Friede vernichtet, die Erziehung der Kinder preisgegeben. Daher vermag auch die Frau, nachdem das innere Band der Zucht zerrissen ist, weit seltener sich wieder zu erheben. Der Ehebruch des Mannes wird in sehr vielen Fällen die Ehe und den Frieden des Hauses nicht untergraben, und der momentane Fehltritt des Mannes wird leichter verziehen und gesühnt werden können, als der Ehebruch des Weibes.«[16]

Als einzige Form »legitimer« Sexualität galt also die Ehe, dort hatte sie sich aber wiederum nur auf die Erzeugung von Kindern zu beschränken, denn nach dem Grundsatz bürgerlicher Sozialpolitik wurden Fortpflanzung und Geschlechtlichkeit gleichgesetzt; darüber hinaus gab es nichts.[17] Sexualität um der Lust willen hätte den Vorstellungen von Keuschheit und Mäßigkeit entgegengestanden. Die rigide Sexualmoral bewirkte bzw. bestärkte zunächst die Unterdrückung der bürgerlichen Frau, wurde dann aber auch auf das Proletariat übertragen, mit der Funktion, die herrschenden gesellschaftlichen Verhältnisse aufrechtzuerhalten.

»Die Propagierung der Sexualmoral und ihre Durchsetzung mit Hilfe staatlicher Maßnahmen und gesellschaftlicher Zwänge geschieht nicht um der traditionellen Moral an sich, sondern zur Aufrechterhaltung der herrschenden gesellschaftlichen Verhältnisse. Die Produktionssphäre der Sexualmoral und Familienideologie ist der Bereich der politischen und ökonomischen Herrschaftsausübung; demgegenüber ist die Familie lediglich die Institution zu deren Reproduktion.«[18]

Da das Bürgertum dem Proletariat »sexuelle Freizügigkeit«, »Sittenlosigkeit«, »wilde Ehe« und anderes mehr unterstellte (wobei diese Unterstellungen allerdings häufig eher auf eigene verdrängte Wünsche als auf die tatsächlichen Verhältnisse verweisen) und darin eine Bedrohung der so mühe- und kunstvoll eingerichteten moralischen Verhältnisse in den eigenen Familien sah, war das Bestreben, die »Sittenlosigkeit« der Proletarier zu bekämpfen, aus der Sicht des Bürgertums durchaus verständlich. Außerordentlich fragwürdig aber wurde sofort derartiges Bestreben, wenn dieselben bürgerlichen Männer, die am Tage »Moral predigten«, am Abend aus dem Haus und in die einschlägigen Etablissements »schlichen«, in denen sie Frauen erwarteten, die nun alles andere als »sittlich« sein sollten. Obwohl also die Bürger auf der einen Seite gegen die vermeintlich »freiheitliche« Sexualität der Unterschicht kämpften, nutzten sie sie auf der anderen Seite zur Befriedigung der eigenen sexuellen Bedürfnisse aus.

63. Was der »Herr« zu Hause nicht findet, sucht er beim Dienstmädchen.

Da die bürgerliche Moral mit ihrer weitgehenden Unterdrückung der Sexualität vor allem von den Frauen unabdingbare Treue und Keuschheit verlangte, den Männern damit aber zugleich die Möglichkeit nahm, ihren Geschlechtstrieb bei den Frauen ihrer Klasse »auszuleben«, leistete sie der Ausbreitung der Prostitution und der Entsittlichung der proletarischen Frauen Vorschub. Opfer dieses Auslebens sexueller Bedürfnisse der Männer wurden nicht zuletzt auch die Dienstmädchen, die – nach den Prostituierten – dem Zugriff zwecks Befriedigung dieses Verlangens oft am nächsten waren und – als Folge – häufig selbst in die Prostitution getrieben wurden.

»Daß die Herren der normalen wilhelminischen Bürgerhäuser in der Anstellung, die ein Dienstmädchen bei ihnen nahm, eine Art sexuellen Verfügungsrechts enthalten sahen,

→ Prostitution (bes. an Dienstmädchen)

daß sie oft ihre Söhne die ersten sexuellen Erfahrungen bei Dienstmädchen machen ließen, ehe die Söhne als für den Bordellbesuch reif erachtet wurden, sind oft betonte und gesicherte Tatbestände. Eine tendenzielle Identität zwischen dem Dienstmädchen und der Prostituierten war damit durch die gesellschaftlichen Verhältnisse von vornherein gegeben. Der Verführung des Dienstmädchens, bei der ›reichlicher Alkoholgenuß, mangelnder Familienrückhalt, ein natürliches Liebesbedürfnis‹ die wichtigsten Helfer seien, folgt die Ernüchterung durchs Verlassenwerden, der Trost durch den nächsten Liebhaber usw., bis das Mädchen schließlich der Prostitution ›verfällt‹.«[19]

Somit waren besonders die weiblichen Dienstboten von der bürgerlichen Doppelmoral betroffen, und sie wurden damit in zweifacher Weise zu Opfern bürgerlicher Ausbeutung: zum einen materiell, als Angehörige des Proletariats, zum anderen sexuell, als Angehörige des weiblichen Geschlechts. In jedem Fall standen ihnen als Opfer und Verführte das Recht und die Moral ihrer bürgerlichen Verführer entgegen. Damit wurden sie auch in dieser Beziehung zu Opfern in doppelter Hinsicht. Sie mußten sich nicht nur die Verführung als geschlechtliche Ausbeutung gefallen lassen, sondern hatten auch noch die Konsequenzen im Sinne der bürgerlichen Rechts- und Moralvorstellung mit ihren frauendiskriminierenden Tendenzen zu tragen.

»Es kam in den Familien der höheren Stände vor, daß die Eltern es nicht ungern sahen, wenn der Sohn bei der Gouvernante oder beim Dienstmädchen erotische Erfahrungen sammelte. Wenn sich Folgen zeigten, wurde die Sache bei dem einen gut (die Gouvernante oder das Dienstmädchen wurde durch eine Mitgift ›abgefunden‹), bei den anderen schlecht ›bereinigt‹ (man warf die ›Schlampe‹ hinaus, die den Sohn verführt hatte, und trieb sie oft in die Prostitution).«[20]

Einer der schärfsten Kritiker der bürgerlichen Sexualmoral war Sigmund Freud, der die negativen Folgen einer »kulturellen« (im Gegensatz zur natürlichen) Sexualmoral aufzeigte:

Zunächst wandte er sich gegen die bestehende doppelte Moral, wodurch die bürgerliche Gesellschaft ihre eigenen Moralvorstellungen ad absurdum führe:

»Die für den Mann in unserer Gesellschaft geltende ›doppelte‹ Sexualmoral ist das beste Eingeständnis, daß die Gesellschaft selbst, welche die Vorschriften erlassen hat, nicht an deren Durchführung glaubt.«[21]

Daher sei die doppelte Moral eine verlogene Moral, durch die die Qualität der Gesellschaft, die sie zulasse, in Frage gestellt werden müsse.

Doppelmoral und die damit einhergehende (einseitige) Unterdrückung des Sexuallebens nähmen einen schädigenden Einfluß auf die Gesellschaft. Die Folgen der verdrängten Sexualität seien nicht zuletzt psychogene Leiden, die ihren Ausdruck in der Psychoneurose fänden. Eine Möglichkeit der Bewältigung eines unterdrückten Sexuallebens sah Freud in der Sublimierung, wodurch die »sexuellen Triebkräfte vom sexuellen Ziel weg auf höhere kulturelle Ziele«[22] abgelenkt würden; nicht selten mißlinge aber die Sublimierung und führe zur Abnormität, zur Perversion.

In der von der herrschenden Sexualmoral auferlegten Beschränkung der Sexualität auf die Ehe und innerhalb der Ehe auf die Fortpflanzung sah Freud etwas Widernatürliches, da der »Sexualtrieb des Menschen ursprünglich gar nicht den Zwecken der Fortpflanzung dient, sondern bestimmte Arten der Lustgewinnung zum Ziel hat«.[23] Den Beweis dafür sah Freud in der kindlichen Sexualität. Geradezu unmenschlich war nach seiner Ansicht die Verurteilung zu lebenslanger Abstinenz bei denjenigen Personen, denen aus materiellen Erwägungen die Ehefähigkeit abgesprochen wurde und zu denen auch die Dienstboten zählten; gleichsam als Ersatz für die Sexualität sollte das christliche

Keuschheits- und Tugendideal herhalten. Vor allem in der Forderung nach vorehelicher Abstinenz vornehmlich der Frau sah Freud sowohl eine starke Gefährdung des weiblichen Gefühlslebens als auch eine Gefahr für die Liebesfähigkeit in der Ehe selbst.

Auch August Bebel, der sich in seinem Streben nach Verbesserung der Lage des Proletariats auch für die Emanzipation der Frau einsetzte, betonte die Notwendigkeit der Befriedigung des Geschlechtstriebes, wobei kein Unterschied zwischen den Geschlechtern gemacht werden dürfe:

»Sicher gibt es nichts Schändlicheres, als der Natur ihr Recht und ihre Ansprüche zu versagen. Geschlechtlicher Umgang ist nach erreichter vollständiger Reife so notwendig wie Essen, Trinken und Erholung und Schlaf: wird er unterdrückt, so untergräbt er die Gesundheit und sucht sich auf unnatürlichem Wege einen Ausbruch. Aber stellt die Natur diese Ansprüche nur an den Mann, nicht auch an die Frau? Woher kommt wesentlich die große Zahl kranker und kränkelnder Frauen im geschlechtsreifen Alters anders, als aus unterdrücktem, unbefriedigtem Geschlechtstrieb? In Wahrheit ist, wie heute unsere Zustände beschaffen sind, die geschlechtliche Tugend der Frauen aller Sentimentalität entkleidet, nur die Folge des Zwanges, den der männliche Egoismus ihr auferlegt.«[24]

Nach Bebel hatte die Sexualunterdrückung Auswirkungen nicht nur für die Frau selbst, sondern für die ganze Gesellschaft, da sie der Prostitution Vorschub leiste und »Zustände und Eigenschaften im weiblichen Charakter (entwickele) wie Putzsucht, gefallsüchtiges Wesen, Eitelkeit, Männerjagd, sehr entwickelte Eifersucht, die häufig verspottet und heftig getadelt werden, aber die natürlichen Folgen der Verhältnisse sind«.[25]

Welche Rückschlüsse lassen sich nun hinsichtlich der Klagen aus dem bisher Gesagten ziehen? Auch wenn die Wirklichkeit anders aussehen mochte, existierte doch das Vorurteil, daß die Unterschichten sittenlos seien. So wie das Bürgertum für sich die Tugenden von Mäßigung, Keuschheit und Sparsamkeit reklamierte, stellte es zwischen der Armut der Proletarier und der allgemeinen Sittenlosigkeit bzw. dem Sittenverfall bis hin zur Kriminalität einen Zusammenhang her. Die einfache Formel: der Besitzende ist moralisch sauber, der Nicht-Besitzende ist sittenlos oder kriminell, bildete nicht zuletzt die Grundlage für die Klagen gegen die Dienstboten. Das Vorurteil der Sittenlosigkeit existierte vor allem bei den bürgerlichen Hausfrauen, die ja gerade darin einen der entscheidenden Unterschiede zu sich selbst und der ihnen anerzogenen bürgerlichen Moral sahen. Wie wir oben ausgeführt haben, steckte aber in dieser Moral sehr viel an Verdrängung, so daß die Schlußfolgerung naheliegt, daß die Hausfrau, die nach außen hin abwehrende Distanz zeigen mußte, auch diesbezüglich tief in ihrem Innern so etwas wie Neid auf die (scheinbare) Freizügigkeit des Dienstmädchens empfand. Auch hier gilt, daß man Vorwürfe, Klagen etc. um so energischer vorbringt, je mehr sie sich auf etwas beziehen, das man (eingestanden oder uneingestanden) selbst gern tun möchte, aber nicht tun darf, weil es die ›Moral‹ verbietet. Hinzu kommt, daß – vor allem, wenn es sich um jüngere Dienstmädchen handelte – die Hausfrau oft im Dienstmädchen die Rivalin (auch wenn diese sich gegen die Zudringlichkeit des Hausherrn zur Wehr setzte) um die sexuelle Gunst des Hausherrn sehen mußte, eine Rivalin, der sie in dieser Hinsicht oft genug sogar unterlegen war, da der Hausherr ihr gegenüber allenfalls seinen »ehelichen Pflichten« nachkam, während das Dienstmädchen seiner »sexuellen Neigung« entsprach. Die Frustration, die das Erlebnis des untreuen Ehemanns in der bürgerlichen Frau erwecken mußte, durfte aber nun – das gebot der Anstand – ebenfalls nicht offen gezeigt noch gar als Vorwurf dem Manne oder der Öffentlichkeit gegenüber geäußert werden. Was lag hier näher als die »Rache« an den offensichtlichen Urhebern der Schmach: den Dienstmädchen (auch wenn tatsächlich zwischen Hausherrn und Dienstmädchen gar kein »Verhältnis« bestand)? Die schlechte Behandlung der Dienstboten und die Klagen über sie dürften auch hierin einen Grund haben.

Kam es nun nach einem Herrenbesuch tatsächlich zu einer ungewollten Konsequenz, war immer das Dienstmädchen schuld, sie wurde zur »Schlampe«. Es wurde gleichsam sichtbar das Vorurteil bestätigt, daß die Unterschichten sittenlos seien. Daß die Herren in vielen Fällen selbst die Initiatoren waren, wurde entweder schamhaft verschwiegen oder durch um so lautere Klagen übertönt. Das war die eine Seite. Hatte sich nun andererseits ein Dienstmädchen einmal erfolgreich einer Verführung entziehen können, waren Klagen aus »Rache« durchaus auch hier denkbar; ein Gemeinplatz ist die Erkenntnis, daß Zuneigung sich sehr schnell in Abneigung oder Haß verwandeln kann, wenn starke Wünsche, die jemand an einen anderen hat, von diesem nicht erfüllt werden – dieses gilt besonders im Bereich der Sexualität. Lehnte ein Dienstmädchen standhaft den Besuch des Herrn ab und traf ihn damit in seiner »Männlichkeit«, wurde sie häufig gerade dadurch zum Opfer übler Nachrede und mit Schimpf und Schande davongejagt.

Aus heutiger Sicht kann man sagen, daß der Vorwurf der Sittenlosigkeit, der immer wieder gegen die Dienstboten erhoben wurde, in vielen Fällen auf die Urheber selbst zurückfällt; doch mußten die Dienstboten damals mit diesem und anderen Vorwürfen leben. Gewiß waren die Klagen gegen sie vielfach durchaus berechtigt; doch kaum jemand, schon gar nicht von seiten der Herrschaften, machte sich Gedanken über die möglichen Gründe für das Fehlverhalten der Dienstboten. Die den Klagen häufig folgenden Änderungs- oder Besserungsvorschläge zielten in den meisten Fällen nicht auf Beseitigung der Ursachen, sondern allenfalls auf Beseitigung der Symptome. Die Dienstboten selbst waren

Frau Consul: Nein Sophie, diese Lässigkeit und Widerspenstigkeit ertrage ich nicht länger. Früher waren Sie ein so gutes Mädchen, daß Sie meine ganze Zufriedenheit besaßen.

Sophie: Dat is dat ja grade. Jk heff Madame dörchut verwöhnt.

64. Die Hausfrau führt die Aufsicht, das Dienstmädchen macht die Arbeit.

aufgrund ihres Eingebundenseins in den herrschaftlichen Haushalt kaum in der Lage, ihre Situation zu ihren Gunsten zu verändern. Im Gegenteil: sie blieben auch dann, wenn Kritik und Unzufriedenheit der Herrschaften in persönlichen Kränkungen und Diffamierungen ihres Charakters gipfelten, in ihrem Denken und Fühlen in dem Haushalt und der Sphäre gefangen, in der sie dienten.

»Die fortgesetzte Fixierung an die Mechanismen und persönlichen Erfahrungen des Haushaltes, die ihrem subjektiven Leiden zugrundeliegen, verhindert eine Kritik an der Struktur des Haushalts selbst. (...) Eben deshalb sind sie selbst auch unfähig, ihre Situation zu politisieren und grundsätzlich in Frage zu stellen, vielmehr stützen sie diese Form von Herrschaftsstrukturen auf ihre Weise, indem sie sie reproduzieren.«[26]

Das führte sogar so weit, daß unter den Dienstboten häufig Neid aufeinander und Anbiederungsversuche an die Herrschaft auftraten: man hoffte, über besonders loyales Verhalten die persönliche Zuwendung der Herrschaft erwerben zu können. Brachte dieses nicht den gewünschten Erfolg, versuchten die Dienstboten den herrschaftlichen Lebensstil ihrer Vorbilder zu imitieren – mit dem bereits beschriebenen Ergebnis, daß sie sich neuerliche Klagen einhandelten. Insgesamt erfuhr der Dienstbote die Behandlung durch die Herrschaft als Verletzung seines Selbstwertgefühls, ohne sich dagegen entscheidend zur Wehr setzen zu können. Da eine Art Selbstverwirklichung auch über die Arbeit nicht möglich war (die Arbeit wurde von der Herrschaft eingeteilt, Befehlen war ohne Erläuterung ihres Sinns Folge zu leisten, es bot sich keine Möglichkeit zur Selbständigkeit), waren psychische Schäden bei den Dienstboten nicht auszuschließen:

»In einer bestimmten historischen Situation in Deutschland am Ende des 19. Jahrhunderts entstehen gesellschaftliche Teilbereiche (hier der herrschaftliche Haushalt), deren Strukturen für die beteiligten Subjekte – Herrschaft und Dienstboten – bestimmte Verhaltensregeln, Normen und Erfahrungen produzieren. Sie führen für einen großen Teil der Dienstboten zur psychischen Pathologisierung, die ihren äußersten Ausdruck in der hohen Bereitschaft zur Prostitution und zum Selbstmord findet. (...) Die gesellschaftlichen Bedingungen ihres Leidens sind den Dienstboten nicht bewußt und können deshalb von ihnen auch nicht verändert werden. Sie drücken ihr Leiden nur aus: und zwar in einer Form, die die Bedingungen erlauben und die sie auch beläßt. Psychische Pathologie zeigt demnach nicht nur, wie sich gesellschaftliche Strukturen in die einzelnen Subjekte hineinvermitteln, sondern eine Form der Vermittlung an, die eine Befreiung von ihr verhindert.«[27]

KAPITEL VI: »DIENSTBOTENFRAGE« UND DIENSTBOTENBEWEGUNG

1. Untersuchungen über die »Dienstbotenfrage«

Im Zuge gründerzeitlichen Wirtschaftswachstums entwikkelte sich nach 1870 ein neues Luxusbedürfnis, dem besonders im Haushalt durch eine größere Zahl von Dienstboten entsprochen werden sollte. Nun konnte allerdings diesem Bedürfnis nicht immer in vollem Umfang Rechnung getragen werden, da die Zahl der Haushalte, die Bediente suchten, bald die Zahl der vorhandenen Dienstboten überstieg. Das bedeutete für manche Herrschaften, daß sie nicht damit rechnen konnten, den von ihnen gewünschten Lebensstil zu verwirklichen. Für die Dienstboten selbst hieß das nicht etwa, daß sie fortan ein besseres Auskommen in Aussicht hatten; im Gegenteil, aufgrund des bestehenden Mangels (der strukturell bedingt war, da nicht die Zahl der Dienstboten entscheidend abgenommen hatte, sondern die Nachfrage übermäßig angestiegen war) wurden die Klagen noch heftiger, und man versuchte wieder, die Dienstboten zwangsweise zum Dienst zu verpflichten. In aller Öffentlichkeit wurde nun die »Dienstbotenfrage« diskutiert, die von seiten der Hausfrauen als Frage aufgefaßt wurde, »wie dem Mangel und den Mängeln der Dienstboten abzuhelfen« sei.[1]

In den meisten wissenschaftlichen Untersuchungen dieser Zeit zur »Dienstbotenfrage« finden sich die altbekannten Vorurteile gegenüber den Dienstboten und die »traditionellen« Besserungsvorschläge.

So war für William Löbe die »Dienstbotenfrage« noch ganz im alten Sinne ein Problem der Dienstboten selbst und ihres Verhaltens:

»Sind demnach die Klagen über die Verderbnis der Dienstboten schon so alt, und haben sich die in früheren Zeiten zur Besserung der Dienstboten empfohlenen Mittel als ungenügend erwiesen, so muß eben das Bestreben des Menschenfreundes dahin gerichtet sein, anderwo Mittel aufzusuchen, die tiefer eingreifen und in ihren Folgen sicherer und nachhaltiger wirken (...) Man vermißt in der That bei den Dienenden immer mehr diejenigen Eigenschaften, welche geeignet sind, bei einer billig gesinnten Dienstherrschaft Liebe und Vertrauen zu den Dienstboten zu erwecken und zu nähren.«[2]

Übertriebene Eitelkeit, Leichtsinn, Trägheit, Unfolgsamkeit und Widerspenstigkeit, Vergnügungs- und Zerstreuungssucht, Liederlichkeit und Untreue führten zur »Verderbtheit des Gesindes«.

Immerhin räumt er ein, daß auch bei den Dienstherrschaften ein Teil der Schuld am weiteren Verfall der Dienstboten liege. Sie würden den Dienstboten, wo es notwendig sei, keine oder nur mangelhafte Kenntnisse vermitteln, und würden strafen, ohne das rechte Maß zu kennen.

»Strenge zur Unzeit oder in Übermaß ausgeübt: so strafen heißt schlechter machen und verfehlt ebenso gewiß den Zweck.«[3]

Aus dieser Einsicht resultiert schließlich die Forderung:

»Wir verlangen mit Recht, daß uns die Dienstboten wie Menschen, also mit Vernunft dienen sollen, aber so sollen wir auch die dienenden Personen mit Vernunft behandeln (...) und daher Gerechtigkeit gegen dieselben (üben).«[4]

Dabei allerdings bleibt es, konkrete Vorschläge zur praktischen Umsetzung werden kaum gemacht.

Nur wenigen Autoren gelang es, tiefer in die Problematik des »Dienstbotenwesens« einzudringen. So bemühte sich etwa Paul von der Goltz sehr nachdrücklich darum, die gegen die Dienstboten bestehenden Vorurteile zunächst zu untersuchen und dann abzubauen. Nach seiner Meinung war nicht das Gesinde verdorbener geworden, sondern die

Möglichkeiten hatten zugenommen, Vorurteile zu artikulieren, z. B. durch die Medien.

Von der Goltz vertrat in seinen Darlegungen die Auffassung von der persönlichen Freiheit jedes einzelnen, solange dieser nicht gegen die bestehenden Gesetze oder die allgemeine Sittlichkeit verstieß, und konstatierte damit die sittliche Gleichheit aller Klassen. Demzufolge sollte auch das Gesindeverhältnis nicht mehr länger als Abhängigkeits-, sondern als freies Arbeitsverhältnis gewertet werden. Die den Dienstboten vorgeworfenen »Vergehen« tangierten weder Gesetzes- noch Sittlichkeitsgrenzen, sie seien vielmehr Ausdruck ganz persönlichen Geschmacks; jeder habe die Freiheit, über diesen zu streiten, nicht aber, ihn zu reglementieren.

Wenn nicht ihr Standesdünkel den Herrschaften verbiete, auch die Dienstboten als Menschen zu achten, und sie aufhörten, diese weiterhin nur als Arbeitskräfte auszubeuten, um ihren eigenen Standard zu sichern, würde sich auch das Dienstverhältnis aus der persönlichen Abhängigkeit befreien können und die »Dienstbotenfrage« sich lösen. Zurück bliebe ein freies Arbeitsverhältnis, in dem beide Partner gleichberechtigt wären.

Mit Oscar Stillich begegnen wir dem ersten Autoren, den die Lage der Dienstboten so sehr beschäftigte, daß er auf eigene Kosten eine Erhebung machte über den tatsächlichen Zustand des Dienstbotenwesens.

»Den Anstoß, die Lage der weiblichen Dienstboten zu untersuchen, gaben mir die im Hochsommer des Jahres 1899 im Westen Berlins abgehaltenen großen öffentlichen Volksversammlungen. In diesen traten zum ersten Male schlichte Mädchen aus dem Volk auf die Rednertribüne, um die Zustände zu schildern, unter denen sie lebten. Was da gesprochen wurde, war weder einstudiert noch künstlich gemacht, sondern quoll hervor aus der Überzeugung des persönlich Erlebten.«[5]

Stillich verschickte im Zeitraum eines Monats (Februar bis März 1900) zuerst an die Dienstboten, dann an die Herrschaften je 9000 Fragebögen; bei letzteren rief er damit allerdings Stürme der Entrüstung hervor.

Die Wut der Herrschaften ging stellenweise soweit, daß sie die Boten, die ihnen die Fragebögen brachten, tätlich angriffen.

Die Hausfrauen betrachteten die in der »Dienstbotenfrage« zusammengefaßten Probleme dieser Berufsgruppe als Privatangelegenheit. Aus diesem Grunde reagierten sie auch so überaus empfindlich auf diese Umfrage Stillichs, und mit ihnen ein großer Teil der Presse:

»Wir halten jede directe Einmischung von Gelehrten in das Verhältnis zwischen Arbeitgeber und Arbeitnehmer für bedenklich, weil sie mehr Schaden als Nutzen stiftet. Die Gelehrten mögen forschen, so viel sie wollen, aber nur in ihren Studierstuben, und es der Praxis überlassen, ob sie von den Ergebnissen dieser Forschung Gebrauch machen will oder nicht.«[6]

Dieser Auffassung konnte sich Stillich allerdings nicht anschließen; er sah diese Angelegenheit »vielmehr im engen Zusammenhang mit den großen ökonomischen, socialen und juristischen Fragen der Gegenwart, (die) nur in diesem Rahmen richtig erfaßt werden (können)«.[7]

Nur ein geringer Teil der Fragebögen wurde ausgefüllt zurückgesandt. Sie wurden von 459 Dienstmädchen und 187 Herrschaften beantwortet, so daß sich seine Untersuchung auf 646 Fragebögen stützen konnte; hinzu kamen zahlreiche Briefe, zu denen auch anonyme Drohbriefe zählten. Darüber hinaus erhielt Stillich noch 101 Fragebögen, die er unberücksichtigt lassen mußte, da »sie teils leer (...) waren, teils aber in gerade anscheinend wahrheitsgemäßer Beantwortung auf Täuschung hinausliefen«.[8] Dazu gehörte auch, daß wohl einige der von den Dienstboten zurückgesandten Fragebögen aus der Feder der Herrschaften stammten, die

65. Im herrschaftlichen Haushalt muß das Dienstmädchen immer bereit sein.

die Angaben der Dienstmädchen zu ihren Gunsten geändert hatten. Schließlich gab es für Stillich auch noch manche unliebsame Überraschung:

»Der größte Teil der an die Herrschaften ausgesandten Fragebögen verschwand auf Nimmerwiedersehen. Ein anderer Teil kam zurück, fast stets in dem beigelegten Couvert, aber unfrankiert, so daß ich nicht wenig Strafporto zahlen mußte. Manche Couverts enthielten den herrschaftlichen Fragebogen in tausend kleine Stücke zerrissen – so groß war die Wut –, in anderen fand er sich zwar ganz vor, aber besudelt. Dazu hat man nicht nur Tinte benutzt, sondern auch andere Stoffe. Der Anstand verbietet mir, sie zu nennen.«[9]

Stillich stellte heraus, daß über Jahrhunderte hinweg die soziale und juristische Lage der Dienstboten menschenunwürdig gewesen sei, weil sich der Dienstbote in dem Dienstvertrag zur Hingabe seiner vollen Arbeitskraft verpflichtet habe, sich damit aber auch zugleich mit seiner ganzen Person der Herrschaft habe unterordnen müssen. Damit sei eine Herrschaft von Menschen über Menschen entstanden, die über die zu leistende Arbeit weit hinausgegangen sei.

Durch die Hingabe der vollen Arbeitskraft, die persönliche Versklavung, unterschied sich nach Stillichs Meinung der Dienstbote von allen anderen abhängigen Arbeitern, die zumindest eine begrenzte Arbeitszeit von etwa zwölf Stunden hätten, darüber hinaus aber dem Arbeitgeber nicht mehr zur Verfügung zu stehen brauchten.

Stillich sah die einzige Möglichkeit, die Lage der Dienstboten zu verbessern, darin, daß man nach Kenntnis der historischen Entwicklung des Gesindewesens versuchte, die derzeitige Situation der Hausangestellten genau zu analysieren, um diese Ergebnisse dann in der Praxis zu verwerten.

Daß Stillichs Forschungsergebnisse durchaus der Realität entsprachen, zeigt die Fülle der Reaktionen, die sie hervorriefen: »Im Prinzip bin ich mit Dr. Stillich einer Meinung, ich verstehe auch seine Entrüstung über die gegenwärtige Lage der Berliner Dienstmädchen, die zu verbessern Pflicht ist, ich begreife seinen Wunsch, Abhilfe zu schaffen – doch seine Teilnahme für die dienende Klasse läßt ihn die für das Gelingen so notwendige Objektivität außer acht setzen, und in seinem Eifer, den Dienenden zu helfen, überschätzt er sie und wird gegen die Herrschaft ungerecht.«[10]

Diese Erwiderung zeigt ganz deutlich, daß die Herrschaften nicht verstanden hatten oder nicht verstehen wollten, worum es eigentlich ging. Von ihnen wurde zwar immer wieder eingeräumt, daß die Dienstboten menschenwürdig behandelt werden müßten, wenn sie nun aber diese Überlegungen in die Tat umsetzen sollten, reagierten sie beleidigt, fühlten sich in ihrer Ehre gekränkt und stellten den Leiden der Dienstboten nur ihre eigenen gegenüber, die sie offensichtlich als schwerwiegender empfanden. Eine solche Einstellung muß entweder auf einem starken, ungebrochenen Selbstbewußtsein beruhen, oder sie ist Ausdruck einer sich

66. Flugblatt zur Mitgliederwerbung.

zunehmend verstärkenden Angst um die eigene Position. Allgemein läßt sich sagen, daß die wissenschaftlichen Untersuchungen keine Tendenzwende in der Beurteilung des Gesindewesens bewirkt haben. Die Bemühungen blieben im Ansatz stecken; die Erkenntnisse und Ergebnisse führten nicht zur Beseitigung der bestehenden Problematik.

2. Die Dienstbotenbewegung

Im Zuge des großen Emanzipationskampfes der Arbeiter gegen Ausbeutung und Unterdrückung und der Frauen um Gleichberechtigung entwickelten sich um die Mitte des 19. Jahrhunderts auch erste Ansätze für eine Organisation von Dienstboten, deren Verwirklichung jedoch aus vielfachen Gründen letztlich scheiterte.

Sieht man einmal von »inneren« Schwierigkeiten, insbesondere dem Fehlen eines verbindenden Solidaritätsgefühls bei den Dienstboten, ab, so mangelte es auch an äußeren Voraussetzungen, denn das in den Gesindeordnungen festgeschriebene Koalitionsverbot verhinderte emanzipatorische Zusammenschlüsse. Dafür entstanden jedoch konfessionelle Vereine, die vornehmlich um das sittliche Wohl der Dienstboten besorgt waren. Besonders die Caritas widmete sich den Dienstboten und stellte sie unter ihre »Fürsorge«, um ihnen »Schutz vor religiösen und sittlichen Gefahren« zu bieten, der ihnen nach Auflösung der Haushaltsfamilie fehlte. Allerdings entstand diese wohlmeinende Fürsorge wohl eher unter dem Eindruck der beständig gegen die Dienstboten erhobenen Klagen als ihrer tatsächlichen Situation wegen, denn ganz im Sinne der Herrschaften trat dieser Verband vornehmlich dafür ein, daß seine Mitglieder ihre religiösen Pflichten treu erfüllten »und ihren Herrschaften aus Liebe zu Jesus demütig und willig« gehorchten.[11]

Als sich jedoch zum Ende des 19. Jahrhunderts erneut starkes (negatives) Interesse an den Dienstboten regte und allenthalben die »Dienstbotenfrage« diskutiert wurde, wobei allerdings – wie schon betont – mehr die Sorge um einen eintretenden Dienstbotenmangel als das Wohl der Dienstboten selbst im Vordergrund stand, entstanden Zusammenschlüsse mit der gewerkschaftlichen Zielsetzung, die Arbeitsbedingungen zu verbessern. Den Anfang machte ein »Unterstützungsverein der Dienerschaft Deutschlands«, der 1889 in Berlin gegründet wurde. Der Berliner Journalist Emil Perlemann initiierte diese Gründung und die Herausgabe eines Vereinsorgans, das ab 1898 erschien und unter dem Titel »Die Hausgehilfin« bekannt wurde. Das Ziel dieses Vereins bestand darin, Ausbeutung, Knechtschaft und Ungerechtigkeiten in jeder Form zu bekämpfen und »durch Selbsthilfe dem dienenden Stande ein menschenwürdiges Dasein zu schaffen (...) Nur durch Vereinigung ist es möglich, unsere Lage zu verbessern. Bedenken Sie, daß die Lage aller anderen Menschenclassen schon längst verbessert ist, aber für die Dienenden ist bis zum heutigen Tage weder auf wirtschaftlichem Gebiet noch in der Gesindeordnung etwas gethan.«[12]

Diese Vereinsgründung rief heftige Reaktionen hervor, wobei die Empörung der Hausfrauen überwog. Sie drohten sogar ihren Dienstboten an, diese auf der Stelle zu entlassen, wenn sie diese Versammlungen besuchten. Der Verein spaltete sich allerdings schon bald wieder wegen zahlreicher Konflikte innerhalb der Führung, hervorgerufen durch die scharfen Angriffe von außen. Emil Perlemann gründete daraufhin 1899 den »Hilfsverein für weibliches Hauspersonal«, dem sich in zunehmendem Maße auch die Mitglieder des Unterstützungsvereins anschlossen, so daß dieser bald an Bedeutung verlor. Das Programm des neuen Vereins enthielt u. a. folgende Punkte:

»1. (...) Gewährung von Unterstützung bei längerer unverschuldeter Stellenlosigkeit, bei andauernder Krankheit und bei Todesfällen (...)

2. (...) Gewährung von Rechtsschutz bei Streitigkeiten.

3. (...) Anstrebung guter Arbeitsbedingungen.

4. (...) Einführung eines für Mitglieder unentgeltlichen Arbeitsnachweises.

5. (...) Abhaltung von Unterhaltungsabenden, verbunden mit belehrenden Vorträgen.

6. (...) Errichtung eines Heims für die im Haushalt thätigen Personen, sowie Gründung einer Altersunterstützungskasse.

7. (...) Gewährung von Darlehen.«[13]

Mit diesem Programm strebte man an, »die materielle und geistige Hebung« der Dienstboten zu befördern. Interesse fand diese Vereinsgründung auch in der sozialistischen Frauenbewegung, deren Führerin Lily Braun die beginnende

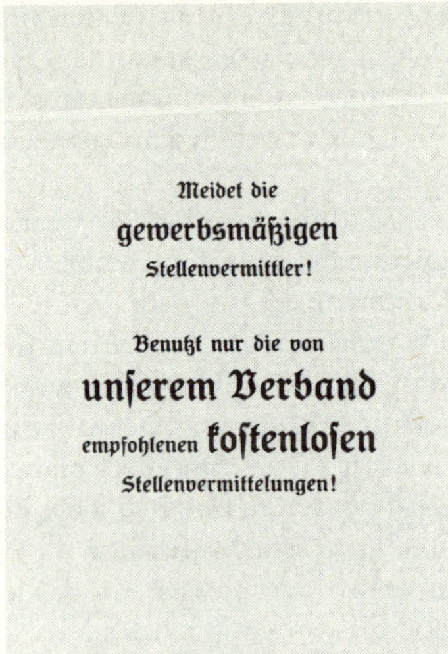
Meidet die
gewerbsmäßigen
Stellenvermittler!

Benutzt nur die von
unserem Verband
empfohlenen kostenlosen
Stellenvermittelungen!

67. Propaganda gegen die Stellenvermittlung um 1909.

Dienstbotenbewegung begrüßte und die Unterstützung der Sozialisten im Kampf für ihre Interessen zusicherte. Doch zeigte sich sehr schnell, daß der Dienstbotenverein am »Klassenkampf«, wie er von den Sozialisten propagiert wurde, nicht interessiert war; vielmehr wollte er lediglich Verbesserungen im bestehenden Rahmen des herrschaftlichen Haushalts durchsetzen, wobei den Herrschaften selbst eher zurückhaltend entgegengetreten wurde. Aus diesen Gründen wies der Verein auch die Verbindung mit der Arbeiterbewegung weit von sich.

Noch deutlicher wurden diese Ansätze in einer gemeinsamen Interessenvertretung von Herrschaften und Dienstboten: in dem »Verein Berliner Dienstherrschaften und Dienstangestellten«, der 1904 gegründet wurde. In ihm vereinigten sich die beiden bereits bestehenden Dienstbotenorganisationen. Das Programm des Vereins zielte auf die allgemeine Ver-

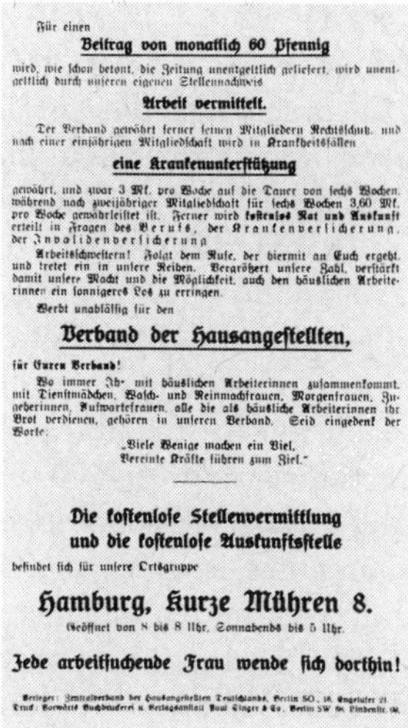

Für einen

Beitrag von monatlich 60 Pfennig

wird, wie schon betont, die Zeitung unentgeltlich geliefert, wird unentgeltlich durch unseren eigenen Stellennachweis

Arbeit vermittelt.

Der Verband gewährt ferner seinen Mitgliedern Rechtsschutz, und nach einer einjährigen Mitgliedschaft wird in Krankheitsfällen

eine Krankenunterstützung

gewährt, und zwar 3 Mk. pro Woche auf die Dauer von sechs Wochen, während nach zweijähriger Mitgliedschaft für sechs Wochen 3,60 Mk. pro Woche gewährleistet ist. Ferner wird **kostenlos Rat und Auskunft** erteilt in Fragen des Berufs, der Krankenversicherung, der Invalidenversicherung

Arbeitsschwestern! Folgt dem Rufe, der hiermit an Euch ergeht, und tretet ein in unsere Reihen. Vergrößert unsere Zahl, verstärkt damit unsere Macht und die Möglichkeit, auch den häuslichen Arbeiterinnen ein sonnigeres Los zu erringen.

Werbt unablässig für den

Verband der Hausangestellten,

für Euren Verband!

Wo immer Ihr mit häuslichen Arbeiterinnen zusammenkommt, mit Dienstmädchen, Wasch- und Reinmachfrauen, Morgenfrauen, Zugeherinnen, Aufwartefrauen, alle die als häusliche Arbeiterinnen ihr Brot verdienen, gehören in unseren Verband. Seid eingedenk der Worte:

„Viele Wenige machen ein Viel,
Vereinte Kräfte führen zum Ziel."

Die kostenlose Stellenvermittlung
und die kostenlose Auskunftsstelle

befindet sich für unsere Ortsgruppe

Hamburg, Kurze Mühren 8.

Geöffnet von 8 bis 8 Uhr, Sonnabends bis 5 Uhr.

Jede arbeitsuchende Frau wende sich dorthin!

Verleger: Zentralverband der Hausangestellten Deutschlands, Berlin SO. 16, Engelufer 21.
Druck: Vorwärts Buchdruckerei u. Verlagsanstalt Paul Singer & Co., Berlin SW 68, Lindenstr. 3

68. Aus einer Flugschrift des Verbandes der Hausangestellten Deutschlands.

besserung der Lage der Dienstboten und die Herbeiführung eines »guten Einvernehmens«. Angestrebt wurden:

»1. der für Mitglieder unentgeltliche Stellennachweis aufgrund der Vertragsbestimmungen des Vereins;

2. die Förderung der beruflichen Ausbildung der Hausangestellten;

3. die Hilfscasse für die Hausangestellten;

4. den Ausgleich etwa entstehender Streitigkeiten, ev. Rechtsschutz;

5. die Pflege der Geselligkeit.«[14]

Der Beitritt der Herrschaften erfolgte allerdings weniger aus sozialen Erwägungen, sondern vielmehr des unentgeltlichen Stellennachweises wegen, wie Stillich feststellte, während sich die Dienstboten tatsächlich eine konkrete Verbesserung ihrer Lage von dieser Organisation erhofften. Da bisher kaum jemand wirkliches Interesse an der sozialen Lage der Dienstboten gezeigt hatte, fand dieser Verein schnell Zuspruch. Dennoch blieb die Anzahl der Mitglieder insgesamt gering, was darauf zurückzuführen ist, daß sich die Organisierbarkeit der Frauen allgemein und der Dienstboten im besonderen schwierig gestaltete, da weder ein Solidaritätsgefühl noch ein politisches Bewußtsein bei ihnen besonders ausgeprägt war. Für die Dienstboten galt ja nach wie vor, daß sie isoliert arbeiteten und ihnen die kollegiale Gemeinsamkeit fehlte, die zur Ausprägung eines gemeinschaftlichen Solidaritätsgefühls grundlegend ist: »Diese Vereinzelung, das Fehlen der häufigen gegenseitigen Berührungen, des persönlichen Contaktes, ist eine jeder Organisation entgegenwirkende Kraft. Es konnten sich hier nicht so früh die Solidaritätsgefühle entwickeln, wie sie bei den Arbeitern in der Fabrik das tägliche Zusammensein erzeugt.«[15]

Bei einer durchschnittlichen Arbeitszeit von 16 Stunden am Tag (den Sonntag eingeschlossen) blieb ihnen gar keine Zeit für politische oder gewerkschaftliche Organisationen, deren Agitation vornehmlich in den öffentlichen Versammlungen stattfand. Ein weiterer Grund, sich nicht zu organisieren, lag darin, daß die meisten weiblichen Dienstboten ihre Tätigkeit weniger als Beruf, sondern mehr als eine Übergangsbeschäftigung zwischen Schule und der angestrebten Heirat betrachteten. Sie ließen diese Phase der Überbrükkung nur allzuoft über sich ergehen, ohne Kritik zu üben an den Umständen, unter denen sie leben und arbeiten mußten. Ihrer Meinung nach lohnte es sich nicht, sich dagegen zur Wehr zu setzen oder für etwas Besseres zu kämpfen, da in wenigen Jahren diese Situation ohnehin vorüber sei. Und bei aller negativen Erfahrung verbreitete sich sogar bei ihnen die vielfach geäußerte Meinung, daß es durchaus erstrebenswert sei, sich hauswirtschaftliche Kenntnisse anzueignen, die später in der eigenen Wirtschaft von Nutzen seien.

»Die Mädchen lernen hier alle Arbeiten, die sie später eigentlich einmal können sollen, wenn sie sich verheiraten und eine glückliche Ehe führen wollen. Sie lernen waschen, scheuern, flicken, kochen, sich mit Kindern beschäftigen und diese ordnungsgemäß behandeln.«[16]

Allerdings wurde dabei vergessen, daß sich trotz allgemeiner Übereinstimmung der Arbeiten die Art der Haushaltsführung im bürgerlich-herrschaftlichen Haushalt wesentlich von der im proletarischen Haushalt unterschied und aus diesem Grunde die Kenntnis bürgerlicher Haushaltsführung auch zur »Geißel« für die nur mit geringen Mitteln wirtschaftende Arbeiterfrau werden konnte.

Dennoch mehrten sich die Stimmen, die meinten, die Dienstbotenfrage könne nicht länger als Problem der abgeschlossenen, nicht-öffentlichen Privatsphäre betrachtet werden; es gelte vielmehr, sie zu integrieren in den allgemeinen Arbeitskampf, um auch für die Dienstboten dieselben Rechte wie für die Arbeiter zu erlangen.

»Die Dienstbotenfrage ist ein integrierender Bestandteil der großen Arbeiterfrage der Gegenwart. Sie steht in engem unlösbaren Zusammenhange mit den großen ökonomischen, sozialen und juristischen Emanzipationsaufgaben unserer Zeit. Es ist deshalb nicht angängig, sie als eine in sich abgeschlossene Spezialfrage zu behandeln. Freilich nimmt sie erst seit verhältnismäßig kurzer Zeit die allgemeine Aufmerksamkeit in Anspruch; erst neuestens hat sie in ihrer ganzen sozialpolitischen Bedeutung sich aufgethan. Wenige Jahre erst sind verstrichen, seitdem die sozialpolitische Forschung angefangen hat, denjenigen Proletarieren, die man ›Dienstboten‹ nennt, dieselbe Beachtung zuzuwenden, die bis dahin in stetig wachsendem Maße im Verlaufe des Neunzehnten Jahrhunderts zunächst die gewerblichen Arbeiter und sodann gemeinsam mit diesen die Arbeiter der Landwirtschaft erfahren haben.«[17]

Während sich in Berlin bereits eigenständige Dienstbotenvereine konstituierten, nahmen sich in Hamburg in den ausgehenden achtziger Jahren die Interessenvertretungen der Arbeiterinnen und Frauen auch der Dienstboten und ihrer Probleme an.

»Die weiblichen Dienstboten gehören auch zu uns, zu mir haben schon verschiedene gesagt, daß sie unserem Verein sofort beitreten würden, wenn sie nur aus dem Hause kommen könnten. Die Hauswirthe schließen gewöhnlich die Thür um 10 Uhr zu, und die Herrschaften geben keine Schlüssel mit.«[18]

Aber auch wenn diese Organisationen der gewerblichen Arbeiterinnen sich am Rande mit den Interessen der Dienstboten auseinandersetzten, so galt doch ihr Hauptaugenmerk den Frauen, die im Produktionsprozeß standen. Ihr Ziel war es, gleich den Männern und zusammen mit ihnen für eine menschenwürdige Existenz zu kämpfen.

Die Aufmerksamkeit für die Dienstboten blieb nur eine Randerscheinung, da sich doch deren Arbeits- und Lebenssituation wesentlich von der der gewerblichen, in der Regel verheirateten Arbeiterinnen unterschied. Nicht zuletzt deshalb finden sich häufig Bemerkungen, daß sich die Dienstboten trotz aller Problematik ihres Berufes vergleichsweise viel besser stünden als die Fabrikarbeiterinnen; von daher sind auch die Ratschläge an die Eltern verständlich, ihre Kinder lieber in den häuslichen Dienst als in die Fabrik zu schikken (tatsächlich wurde von nahezu 50% aller schulentlassenen Mädchen bis 1899 der häusliche Dienst der Arbeit in der Fabrik vorgezogen).

Als erstrebenswertes Ideal galt weiterhin die Frau in der Familie, in ihrer Rolle als Ehefrau und Mutter, welchem die Dienstboten in der Art ihrer Arbeit näher zu sein schienen als die Fabrikarbeiterinnen, die oft, auch wenn sie verheiratet und Mütter waren, nicht ihrem »natürlichen« Beruf nachgehen konnten. Demgegenüber galt der Beruf des Dienstmädchens, auch wenn die Arbeitsbedingungen z.T. katastrophal waren, als »Aufstiegsberuf«, da trotz niedriger

Löhne durch die Unterbringung bei der Herrschaft mit Kost und Logis scheinbar die Möglichkeit bestand, kleine Ersparnisse zu machen, die dann zusammen mit den im Haushalt erworbenen Fähigkeiten eine gute Grundlage für einen eigenen Hausstand bildeten.

Auf allgemeinen Druck wurde auf dem Halberstädter Gewerkschaftskongreß der Frauenverbände im Jahre 1892 ein Beschluß zur Reorganisation und Zentralisation der Interessenverbände verabschiedet, dem 1893 die Gründung des »Zentralvereins der Frauen und Mädchen Deutschlands« folgte, dessen Zielsetzung und Organisation sich jedoch nicht wesentlich von denen der bisherigen Vereinigungen abhob. Die Mitglieder setzten sich in der Regel aus Ehefrauen sozialdemokratischer Arbeiter zusammen, den Vorstand bildete eine Gruppe ausschließlich verheirateter Frauen zwischen 30 und 40 Jahren. Das deutet an, wie weit sich diese Interessenvertretung der Arbeiterinnen von ihrem Ziel entfernt hatte, gegen die Ausbeutung aller Arbeitnehmer zu kämpfen, zu denen auch die Dienstboten zählten. Sie reduzierten ihr Programm darauf, die Arbeiterinnen in ihrer Stellung als Ehefrauen parteipolitisch arbeitender Männer zu erfassen und sie ideologisch zu schulen, damit sie ihre Männer zukünftig in der Agitation unterstützen konnten. Bei dieser Art der Zielsetzung mußten die Dienstboten konsequenterweise zunächst unberücksichtigt bleibten, da sie nur in seltenen Ausnahmen dieser Zielgruppe zuzurechnen waren. Vor allem Clara Zetkin, die sich von jeher gegen die bürgerlichen Frauenrechtlerinnen gewandt hatte, formulierte deutlich die Ziele einer proletarischen Frauenbewegung und verknüpfte sie aufs engste mit der Arbeiterbewegung. Sie vertrat (ähnlich wie Bebel) die Meinung, daß man weder von einer Frauen- noch von einer Arbeiterfrage sprechen könne, sondern es lediglich eine »soziale Frage« gebe, die es durch gemeinsamen Kampf in einheitlichen Organisationen zu lösen gelte.

»Die Organisation der Arbeiterinnen wird erst dann bedeutende Fortschritte machen, wenn sie nicht mehr von einigen wenigen gefördert wird, sondern wenn sich jedes einzelne Mitglied der Gewerkschaften angelegen sein läßt, diesen die Kolleginnen aus Fabrik und Werkstatt zuzuführen. Um diese Aufgabe erfolgreich zu lösen, ist allerdings zweierlei notwendig. Die Arbeiter müssen aufhören, in der Arbeiterin in erster Linie eine Frau zu sehen, der man, je nachdem sie jung, hübsch, sympathisch, heiter oder es nicht ist, den Hof macht und der gegenüber man sich eventuell je nach dem Grade der eigenen Bildung oder Unbildung Roheiten und Zudringlichkeiten erlaubt. Die Arbeiter müssen sich vielmehr gewöhnen, die Arbeiterin in erster Linie als Proletarierin zu behandeln, als Genossin der Arbeit und der Klassensklaverei und als gleichwertige, unentbehrliche Mitstreiterin im Klassenkampf.«[19]

Die Organisation der Frauen bedeutete im Sinne Clara Zetkins also nicht so sehr die geschlechtsspezifische individuelle Emanzipation der Frau, wie es noch die Vertreterinnen der bürgerlichen Frauenbewegung forderten, sondern sie galt dem gemeinsamen Kampf von Frauen und Männern einer Klasse (Proletarier) gegen Unterdrückung und Ausbeutung durch eine andere Klasse (Kapitalisten). Nur scheinbar im Widerspruch dazu steht eine programmatische Resolution der sozialdemokratischen Frauenkonferenz vom 22. und 23. September 1906, auf der das »materielle und moralische Elend« der Dienenden angesprochen wurde, gegen das zu kämpfen sie nicht in dem Maße wie die gewerblichen Arbeiter und Arbeiterinnen in der Lage seien; sie seien »durch die Gesindeordnungen geknebelt und ermangeln der Koalitionsfreiheit, mittels deren die gewerblichen Arbeiter und Arbeiterinnen für eine Verbesserung ihrer Lage kämpfen«.[20] Daher forderte die Frauenkonferenz, daß es auch die Aufgabe der »organisierten kämpfenden Arbeiterklasse« sein müsse, sich für die Dienstboten einzusetzen, wobei es allerdings unerläßlich sei, daß dieser Kampf für eine Verbesserung ihrer Lage von ihnen selbst mitgetragen werden müsse. Voraussetzung dafür sei, daß alle Ausnahmebestimmungen für das Gesinde aufgehoben und sie den gewerblichen Arbeitern gleichgestellt würden. Im einzelnen sei daher zu fordern:

»1. Abschaffung der Gesindeordnungen und Gesindedienstbücher.

2. Unterstellung der Dienenden unter die Gewerbeordnung. Ausdehnung aller Versicherungsgesetze auf sie, Gewährung eines gesetzlich gesicherten vollen Koalitionsrechts und Aufhebung der Verpflichtung, Hausangehörige mit ansteckender Krankheit behaftet zu pflegen.

3. Sinngemäße Anwendung der Bestimmungen über Arbeitszeit, Sonntags- und Nachtarbeit usw. auf die Dienenden; im besonderen und zunächst als Mindestmaß an gesetzlichem Schutz: Einführung eines gesetzlich geregelten Arbeitstages, eines vollen freien Sonntagnachmittags alle 8 Tage und alle 14 Tage einen vollen freien Tag. Für außergewöhnliche Arbeiten sind Hilfskräfte anzustellen.

4. Gesetzliche Vorschriften, gesunde, den hygienischen Verhältnissen entsprechende Schlafräume, welche von innen verschließbar sein müssen, und ständige Kontrolle derselben durch die Behörden.

5. Einführung des obligatorischen Fortbildungsunterrichts auch für die Dienenden bis zum 18. Lebensjahr.

6. Abschaffung der privaten Stellenvermittlungsbüros und Einführung von paritätischen Stellennachweisen.«[21]

Trotz dieser konkreten Forderungen ging es den sozialdemokratischen Frauen jedoch nicht in erster Linie um eine Verbesserung der Lage der Dienstboten; im Zuge einer weitergefaßten Strategie nahm man sich vielmehr ihrer Probleme an, um die Dienstmädchen als Genossinnen im Kampf gegen die kapitalistische Ausbeutung zu gewinnen.

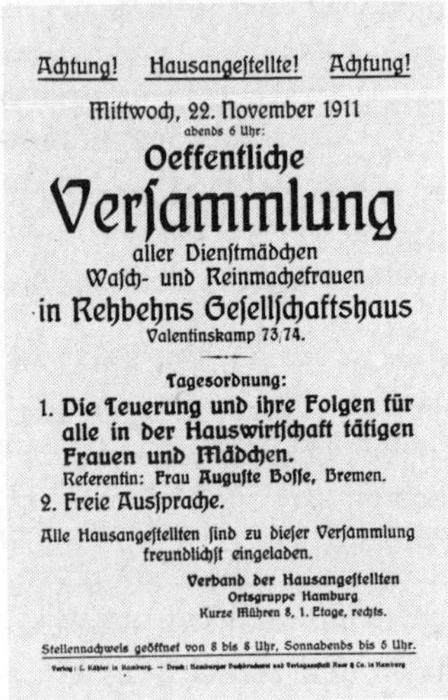

Achtung! Hausangestellte! Achtung!

Mittwoch, 22. November 1911
abends 6 Uhr:

Oeffentliche
Versammlung

aller Dienstmädchen
Wasch- und Reinmachefrauen
in Rehbehns Gesellschaftshaus
Valentinskamp 73/74.

Tagesordnung:

1. **Die Teuerung und ihre Folgen für alle in der Hauswirtschaft tätigen Frauen und Mädchen.**
   Referentin: Frau Auguste Bosse, Bremen.
2. Freie Aussprache.

Alle Hausangestellten sind zu dieser Versammlung freundlichst eingeladen.

Verband der Hausangestellten
Ortsgruppe Hamburg
Kurze Mühren 8, 1. Etage, rechts.

Stellennachweis geöffnet von 8 bis 8 Uhr, Sonnabends bis 5 Uhr.

69. Flugblatt des Verbandes der Hausangestellten Deutschlands.

»Auch die Arbeits- und Existenzverhältnisse der Dienenden werden wie die aller Lohnarbeiter von dem Klassengesetz zwischen Ausbeutern und Ausgebeuteten beherrscht. Daraus ergibt sich, daß sich die Dienstboten in Organisationen zusammenschließen müssen, welche den freien Gewerkschaften gleich auf dem Boden des Klassengesetzes und Klassenkampfes stehen und nur die Interessen der Dienenden vertreten. Die Konferenz erachtet es für die Pflicht der Genossinnen, die Dienstboten über ihre Lage aufzuklären, in Organisationen der letzteren Art zusammenzuschließen und für die oben bezeichneten Reformen mit allem Nachdruck einzutreten, damit die Hunderttausende dienender Töchter des werktätigen Volkes zu einer kulturwürdigen Lebenshaltung gelangen und zu tätigen Mitkämpferinnen werden.«[22]

Unter dem Eindruck der Gründung eines »Vereins für

Dienstmädchen, Wasch- und Putzfrauen« in Nürnberg im Februar 1906 und der Mannheimer Frauenkonferenz vom September begann sich auch in Hamburg im Oktober desselben Jahres eine Dienstbotenorganisation zu konstituieren. Von Louise Zietz wurde eine Dienstbotenversammlung einberufen, zu der »alle weiblichen Hülfskräfte in den Haushaltungen eingeladen und sehr zahlreich erschienen waren«.[23]

Die Referentin, eine aus Hamburg stammende Generalstochter, wirkte seit 1893 in der sozialdemokratischen Frauenbewegung mit und machte durch ihr Bestreben, die Frauenbewegung zu einer Massenbewegung werden zu lassen, Clara Zetkin allmählich die Vormachtstellung streitig. Ihr Ziel war es, Frauen für die SPD zu gewinnen, wobei sie sich durchaus der Schwierigkeiten bewußt war, Frauen für die Politik zu interessieren und zu mobilisieren. Das Interesse versuchte sie mit Versammlungen zu wecken, die in Form von Unterhaltungsabenden angelegt waren.

»Die Referentin, Frau Louise Zietz, eine äußerst gewandte Rednerin, schilderte in großen Zügen das traurige Los der Dienstmädchen und sonstigen weiblichen Arbeiter, welche der Not gehorchend, gezwungen sind, sich in den Dienst ihrer Mitmenschen zu stellen (...) Um dies zu bewirken, sei es erforderlich, sich fest zusammenzuscharen, einen ›Dienstboten- und Arbeitsfrauenverein‹ zu gründen und dann an die Öffentlichkeit heranzutreten. Vereint sei alles, vereinzelt nichts zu erreichen. – Lebhafter Beifall folgte diesen Ausführungen.«[24]

Louise Zietz verstand es offenbar ausgezeichnet, die Frauen durch aktuelle Themen anzusprechen, ihnen zu verdeutlichen, daß es sich dabei um ihre eigenen Angelegenheiten handelte, und sie so für sich zu gewinnen. Es verwundert nicht, daß ihr Vorschlag, auch in Hamburg einen eigenen Dienstbotenverein zu gründen, überwiegend positiv aufgenommen wurde. Louise Zietz ließ jedoch keine Zweifel daran, daß der zu gründende Verein von der SPD mitgetragen werde, die Dienstboten mit ihrem Zuspruch und dem späteren Beitritt auch die Partei mit unterstützten. Sie wies auf die Mißstände im Dienstbotenwesen hin: die im Vergleich zur unverhältnismäßig langen Arbeitszeit zu niedrigen Löhne, unzureichende Beköstigung, schlechte Behandlung, ungesunde Schlafräume und sittliche Gefahren. Sie forderte die Auflösung der »mittelalterlichen Gesindeordnung« und statt dessen die Einbeziehung der Dienstboten in die Gewerbeordnung. Daneben bedürfe es der menschenwürdigen Behandlung, Beköstigung und Unterbringung der Dienstboten, der Einrichtung einer kostenlosen Stellenvermittlung und der Festschreibung der Lohnhöhe.

»(All die) Mißstände könnten nur durch eine starke Organisation beseitigt werden. Die Dienstboten sollten die wenigen Nickel – 20 Pf. Eintrittsgeld, 30 Pf. Monatsbeitrag – opfern für die Organisation, die ihnen als Gegenleistung die ›Gleichheit‹ zustelle. Sei erst die Organisation genügend erstarkt, dann würden in Versammlungen die Mindestforderungen an die Herrschaften besprochen werden, würden bestimmte Lohnsätze aufgestellt, ein Kontrakt ausgearbeitet und ein Stellennachweis geschaffen werden. Der Verein werde Wandel schaffen auf all den beregten Gebieten, werde dafür Sorge tragen, daß die ›Muster‹-Herrschaften in der breitesten Öffentlichkeit bekannt werden. Das rechtliche Verhältnis des Dienstmädchens müsse ein anderes, aus dem abgerackerten Dienstboten eine freie Arbeiterin werden, die als Äquivalent für ihre Arbeitsleistung eine angemessene Bezahlung erhalte bei menschenwürdiger Behandlung. Deshalb rufe sie den Anwesenden zu: ›Aufgewacht‹.«[25]

Diese Ausführungen zeigen deutlich, daß es Louise Zietz in erster Linie darum ging, neue Parteimitglieder zu werben, und erst dann darum, sich auch tatsächlich für die Belange der Dienstboten einzusetzen, was sich vor allem aus der vagen Angabe für einen Zeitpunkt entnehmen läßt, an dem

— 10 —

Lage der Schlafräume.

Ort	Es gingen Fragebogen ein	Lage der Schlafräume. Der Schlafraum der Hausangestellten ist gelegen in Fällen in: Küche	Korridor	Badestube	Hängeboden	Keller	Mansarde	besonderes Zimmer	Es schlafen mit den Hausangestellten Kinder der Herrschaft in dem Raum in Fällen	Der Schlafraum wird geteilt mit mehreren Haus-a.-gestellten in Fällen
Berlin	288	9	8	4	21	6	6	239	16	84
Braunschweig .	15	—	—	—	—	—	7	8	—	2
Breslau	25	—	1	—	—	—	—	24	—	2
Bremen	16	1	—	—	—	2	8	5	—	2
Dresden	30	—	—	1	—	5	3	21	1	11
Frankfurt a. M.	41	—	—	—	—	—	33	8	—	8
Halle a. S. . .	36	—	—	—	—	2	10	24	1	4
Hamburg . . .	222	8	—	2	—	42	7	168	6	56
Hannover . . .	50	—	1	1	—	1	14	33	—	11
Jena	12	—	—	—	—	1	2	9	—	2
Leipzig	18	—	—	1	—	—	1	16	—	4
Lübeck	22	—	—	—	2	4	6	10	—	6
Mannheim . .	20	—	—	1	—	—	15	4	—	4
Nürnberg . . .	92	—	—	2	1	2	5	82	2	20
Stuttgart . . .	27	—	—	—	—	—	21	6	2	8
	914	18	5	12	24	65	138	657	28	224

Die Tabelle ergibt, daß eine ganz erhebliche Zahl von Schlafräumen als **ungenügend** und **höchst mangelhaft** nach ihrer Lage bezeichnet werden müssen. Es waren immer noch 24 Schlafstätten auf dem Hängeboden gelegen, 65 im Keller, 12 in der Badestube, 5 auf dem Korridor, 18 in der Küche und 138 sind Mansardenräume. Somit waren von 914 Schlafräumen 257 **mangelhaft.** Die Küche wird wohl niemand als einen passenden Schlafraum betrachten, es fehlt im übrigen an nötiger Ventilation, Luft und Licht; von 100 Schlafräumen waren somit 28 ungenügend. Berlin nimmt dabei eine besonders ungünstige Stellung ein, es sind hier unter 288 Schlafräumen noch 21 auf dem Hängeboden gelegen.

70. Nach einer Umfrage war es um die Zustände, unter denen die Dienstboten schlafen mußten, besonders schlecht bestellt.

konkrete Forderungen erarbeitet werden sollten, die zu einer Verbesserung der Lage der Dienstboten führen könnten. Für die Beteiligten selbst – nämlich die Dienstboten – war in ihrer Lage offenbar zu dieser Zeit jeder Versuch begrüßenswert, sie aus ihrer ausweglosen Situation zu befreien, so daß ihnen entweder die primären Absichten verborgen blieben oder sie sie in Kauf nahmen auf ihrem Weg zur vermeintlichen Befreiung.

Vor der eigentlich konstituierenden Sitzung wurde noch eine weitere Versammlung einberufen, in der aus berufenem Munde von zahlreichen Dienstmädchen die Zustände geschildert wurden, unter denen sie leben und arbeiten mußten, wohl zum einen, um »Stimmung« für die Bewegung zu machen und eine Welle der Solidarität unter den noch schwankenden Dienstboten entstehen zu lassen, dann aber

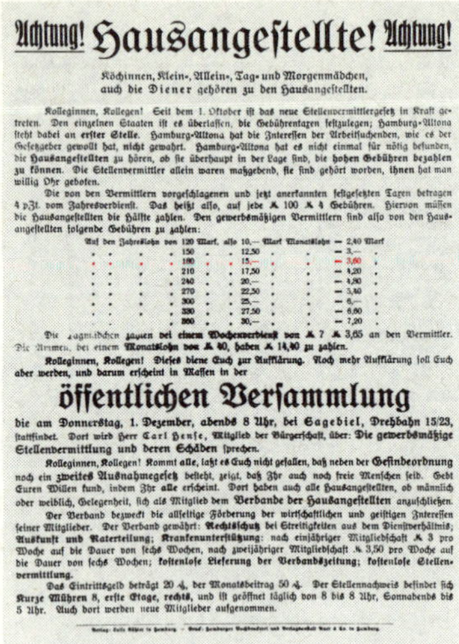

Achtung! Hausangestellte! Achtung!

Köchinnen, Klein-, Allein-, Tag- und Morgenmädchen, auch die Diener gehören zu den Hausangestellten.

Kolleginnen, Kollegen! Seit dem 1. Oktober ist das neue Stellenvermittlergesetz in Kraft getreten. Den einzelnen Staaten ist es überlassen, die Gebührentaxen festzulegen; Hamburg-Altona steht dabei an **erster Stelle**. Hamburg-Altona hat die Interessen der Arbeitsuchenden, wie es der Gesetzgeber gewollt hat, **nicht** gewahrt. Hamburg-Altona hat es nicht einmal für nötig befunden, die **Hausangestellten** zu hören, ob sie überhaupt in der Lage sind, die **hohen Gebühren bezahlen zu können**. Die Stellenvermittler allein waren maßgebend, sie sind gehört worden, **ihnen** hat man willig Ohr geboten.

Die von den Vermittlern vorgeschlagenen und jetzt anerkannten festgesetzten Taxen betragen 4 pZt. vom Jahresverdienst. **Das heißt also, auf jede M 100 M 4 Gebühren.** Hiervon müssen die Hausangestellten die Hälfte zahlen. **Den gewerbsmäßigen Vermittlern sind also von den Hausangestellten folgende Gebühren zu zahlen:**

Auf den Jahreslohn von	120 Mark, also	10,— Mark Monatslohn	—	2,40 Mark
" " " "	150 " "	12,50 " "	—	3,— "
" " " "	180 " "	15,— " "	—	3,60 "
" " " "	210 " "	17,50 " "	—	4,20 "
" " " "	240 " "	20,— " "	—	4,80 "
" " " "	270 " "	22,50 " "	—	5,40 "
" " " "	300 " "	25,— " "	—	6,— "
" " " "	330 " "	27,50 " "	—	6,60 "
" " " "	360 " "	30,— " "	—	7,20 "

Die Tagmädchen **zahlen bei einem Wochenverdienst von M 7 M** 3,65 an den Vermittler. Die Armen, bei einem **Monatslohn von M 40, haben M 14,40 zu zahlen.**

Kolleginnen, Kollegen! Dieses diene Euch zur Aufklärung. Noch mehr Aufklärung soll Euch **aber werden, und darum erscheint in Massen in der**

öffentlichen Versammlung

die am Donnerstag, 1. Dezember, abends 8 Uhr, bei Sagebiel, Drehbahn 15/23, stattfindet. Dort wird Herr **Carl Hense**, Mitglied der Bürgerschaft, über: **Die gewerbsmäßige Stellenvermittlung und deren Schäden** sprechen.

Kolleginnen, Kollegen! Kommt **alle**, laßt es Euch nicht gefallen, daß neben der **Gesindeordnung** noch ein **zweites Ausnahmegesetz** besteht, zeigt, daß Ihr auch noch freie Menschen seid. Gebt Euren Willen kund, indem Ihr **alle** erscheint. Dort haben auch alle Hausangestellten, ob männlich oder weiblich, Gelegenheit, sich als Mitglied dem **Verbande der Hausangestellten** anzuschließen.

Der Verband bezweckt die allseitige Förderung der wirtschaftlichen und geistigen Interessen seiner Mitglieder. Der Verband gewährt: **Rechtsschutz** bei Streitigkeiten aus dem Dienstverhältnis; **Auskunft und Raterteilung; Krankenunterstützung**: nach einjähriger Mitgliedschaft M 3 pro Woche auf die Dauer von sechs Wochen, nach zweijähriger Mitgliedschaft M 3,50 pro Woche auf die Dauer von sechs Wochen; **kostenlose Lieferung der Verbandszeitung; kostenlose Stellenvermittlung.**

Das Eintrittsgeld beträgt 20 ₰, der Monatsbeitrag 50 ₰. Der Stellennachweis befindet sich **Kurze Mühren 8, erste Etage, rechts,** und ist geöffnet täglich von 8 bis 8 Uhr, Sonnabends bis 5 Uhr. Auch dort werden neue Mitglieder aufgenommen.

71. Flugblatt um 1910. Ziel der Flugblätter war es, zu informieren und zur Aktivität aufzurufen.

auch, um noch diejenigen zu überzeugen, die nicht selbst dem Dienstbotenstand angehörten. Die Versammlung endete erneut mit dem Aufruf von Louise Zietz, sich der Organisation anzuschließen, um damit »der schmachvollen Knechtschaft ein Ende zu machen«.[26]

Gemäß der Methode von Louise Zietz, politischen Versammlungen Unterhaltungscharakter zu verleihen, wurde die erste konstituierende Mitgliederversammlung des »Vereins der Dienstmädchen, Wasch- und Scheuerfrauen« als Tanzveranstaltung angesetzt, zu der auch die »Vettern und Bräutigams« der Mädchen Einlaß fanden. Mit der Namensgebung wurden zugleich die Aufgaben des Vereins festgelegt, die darin bestanden, die wirtschaftliche, rechtliche und soziale Lage der Dienstboten zu verbessern, einen kostenlosen Arbeitsnachweis einzuführen und unentgeltlichen

Die Polizeibehörde.
Abteilung IV (Politische Polizei).

Hamburg, den

Ausschnitt

aus dem blatte der periodischen Druckschrift

„Hamburger Echo"

herausgegeben zu Hamburg am

Redakteur:

Zentralverband
der Hausangestellten Deutschlands.
Ortsgruppe Hamburg.
(Früher: Verein der Dienstmädchen etc.)
Sonntag, den 24. April, abends 8 Uhr:
Frühlings-Fest
im Gewerkschaftshaus, Besenbinderhof 57/58 (großer Saal).
Jeder Besucher erhält beim Eintritt von einer Vierländerin ein blühendes Geschenk.
Der Saal ist festlich geschmückt.
Hierzu ladet freundlichst ein
Die Ortsleitung.
Karten sind im Stellennachweis, Besenbinderhof 57, Stbe., 1. Etage rechts, zu haben.
Geöffnet täglich bis 8 Uhr abends.

72. In den Vereinigungen sollten die Dienstboten aber nicht nur für ihre Rechte kämpfen, sondern sich auch vergnügen. Annonce im »Hamburger Echo« 1910.

Rechtsschutz zu gewähren. Der Beitrag wurde auf 30 Pf. festgelegt, einschließlich der Lieferung des Parteiorgans »Die Gleichheit«.

Zwar betonte Louise Zietz auf den Versammlungen des Dienstbotenvereins immer wieder, in welch katastrophaler Lage sich die Dienstboten befänden, ausgebeutet bis zur Erschöpfung, niedergedrückt von den bestehenden Gesindeordnungen, und daß nur eine straffe und starke Organisation Abhilfe schaffen könne. In ihrer Argumentation übersah sie aber, daß eben die überwiegende Zahl der Dienstmädchen nicht aus Arbeiterfamilien stammte. Nach der Untersuchung von Stillich waren nur 24% aller Dienstmädchen Töchter aus Arbeiterfamilien; die überwiegende Mehrheit gehörte dem eher konservativen Kleinbürgertum

Kollegen und Kolleginnen! Besucht alle Veranstaltungen Eurer Ortsgruppe :: Bringt zu den Vorträgen sowie Vergnügungen stets Kolleginnen, Freundinnen und Bekannte mit! Werbt Mitglieder! Bezahlt regelmäßig Eure Beiträge! Meldet stets die neue Adresse!

Berlin Donnerstag, den 7. August abends 8½ Uhr:
Versammlung
in den „Industriefestsälen", Beuthstr. 20.
Vortrag von Frl. Arndt:
„Haben sich die Arbeitsverhältnisse in den letzten Jahren für unsere Hausangestellten gebessert?"
Sonntag, den 10. August:
Ausflug nach Finkenkrug
Restaurant „Finkenpark"
Abfahrt vom Lehrter Hauptbahnhof.
Sonntag, den 17. August:
Ausflug nach Pichelswerder
Restaurant „Freunds Inselgarten"
Abfahrt vom Bahnhof Charlottenburg.
Sonntag, den 31. August:
Ausflug nach Kiebemal (Mahlsdorf Süd)
Restaurant „Heidekrug"
Abfahrt vom Bahnhof Zoologischer Garten nach Hirschgarten, dann rechts vom Bahnhof nach Restaurant Heidekrug.

Bergedorf Donnerstag, den 14. August, abends 8½ Uhr, bei Johns:
Mitglieder-Versammlung
Vortrag des Herrn Graf über: „Historischer Sozialismus".
Sonntag, den 10. August:
Ausflug nach Geesthacht
Die Geesthachter Kolleginnen werden uns vom Bahnhof abholen und sich uns anschließen. Wir bitten um recht rege Beteiligung.
Jeden Donnerstag, abends 8 Uhr, finden Zusammenkünfte der Kolleginnen bei Johns statt.

Kiel Mittwoch, den 3. Sept., abends 8 Uhr, im „Gewerkschaftshaus":
Mitgliederversammlung.
Tagesordnung: 1. Aufnahme von Mitgliedern. 2. Mitteilungen. 3. Vorlesung: „Das tägliche Brot" (Fortsetzung). 4. Verschiedenes.

Lübeck Donnerstag, den 21. August, abds. 8½ Uhr, im Gewerkschaftshaus:
Mitglieder-Versammlung
Tagesordnung: 1. Vortrag. 2. Abrechnung vom 2. Quartal. 3. Kartellbericht. 4. Verschiedenes.
Gäste sind herzlich willkommen.

Nürnberg-Fürth Alle Sonntags Geselligkeit.
Sonntag, den 3. August, im Vereinslokal, Neue Gasse 42:
Zusammenkunft
Bei schöner Witterung ab 4 Uhr:
Spaziergang nach Thon.
Sonntag, den 10. August, im Vereinslokal, Neue Gasse 42:
Spaziergang nach Malach.
Sonntag, 17. August, bei schöner Witterung:
Tagesausflug ins Schwarzachtal
Treffpunkt morgens 6½ Uhr, Hauptbahnhof, Reiterdenkmal.
Sonntag, den 24. August, nachmittags 4 Uhr, im Vereinslokal, Neue Gasse 42:
Mitglieder-Versammlung
Tagesordnung: 1. Vortrag. 2. Abrechnung. Hieran anschließend: Tanz.

Leipzig Sonntag, den 10. August:
Ausflug nach Großzschocher
(schöner Wiesenweg)
Treffpunkt: 4 Uhr am Reichsgerichtsplatz. — Nachzügler fahren mit der Straßenbahn direkt nach Großzschocher, Gasthof „Zum Trompeter". Daselbst: Tanz.
Mittwoch, den 27. August:
Abendspaziergang durchs Rosental
nach dem „Schweizerhäuschen".
Treffpunkt: 8 Uhr abends, auf dem Fleischerplatz (Bürgerschule).
Donnerstag, den 11. September:
Kaffeekränzchen im Volkshaus
Das Zimmer wird am Mittelportal bekanntgegeben.

Halle a. S. Sonntag, den 3. August:
Ausflug nach Lettin
Treffpunkt: „Volksgarten", pünktlich ½4 Uhr.
Mittwoch, den 13. August, im Vereinslokal:
Mitgliederversammlung

Hannover Mittwoch, den 27. August:
Mitglieder-Versammlung
im „Gewerkschaftshaus", Nikolaistr. 7 (Restaurationslokal).
Tagesordnung: 1. Vortrag des Herrn Brill über „Wilhelm Tell". 2. Verschiedenes.
Wir ersuchen die Mitglieder, recht pünktlich um ½9 Uhr zu erscheinen.
Ganz besonders machen wir darauf aufmerksam, daß am Sonntag, den 10. August, unser
Gewerkschaftsfest
im Döhrener Biergarten stattfindet.
Es wird auch in diesem Jahre wiederum ein Festzug veranstaltet, an dem sich die gesamte Arbeiterschaft beteiligen wird.
Näheres über den Treffpunkt wird noch in den beiliegenden Blättern bekanntgemacht werden.

Frankfurt a. M. Sonntag, den 3. August, nachmittags 3 Uhr:
Großes Rosenfest
im „Tivoligarten", Darmstädter Landstraße 254.
Sonntag, den 10. August:
Rezitationsabend
im großen Saale des „Gewerkschaftshauses". Anfang ½5 Uhr. Darauf gr. Tanzbelustigung. Eintritt frei.
Samstag, den 16. August:
Sommernachtsfest
Anfang ½9 Uhr.
Sonntag, den 24. August:
Spaziergang nach Ginnheim
über Eschersheim. Treffpunkt Eschenheimertor ½3 Uhr, vor dem Kaufmännischen Verein.
Sonntag, den 31. August:
Große öffentliche Versammlung
mit Tanz. Anfang ½5 Uhr. Eintritt frei.
Sonntag, den 7. September:
Kaffeekränzchen mit Tanz
im Saale des „Gewerkschaftshauses". Anfang ½5 Uhr. Eintritt frei.
Jeden Mittwoch, abends 9 Uhr, im Büro Nähabende unter Leitung einer Schneiderin.

Hamburg Donnerstag, d. 14. August, abends 8½ Uhr:
Mitgliederversammlung
im „Gewerkschaftshaus", Besenbinderhof 57 I.
Tagesordnung: 1. Vortrag. 2. Kassenbericht. 3. Verschiedenes.
Sonntag, den 10. August:
Tagestour nach Lübeck.
Abfahrt vom Hauptbahnhof morgens. Die Lübecker Kolleginnen übernehmen die Führung.
Sonntag, den 17. August, abends 8 Uhr:
Gemütliches Beisammensein
Jeden Donnerstag, außer am Versammlungstag, ab 8 Uhr abends:
Spaziergang.
Treffpunkt im Bureau. Die Ortsleitung.

Stuttgart Sonntag, den 10. August, nachmittags 4 Uhr:
Gemütliches Beisammensein
im Gewerkschaftshause, Eßlinger Str. 19, Saal 14.
Für gute Unterhaltung, um ein paar vergnügte Stunden verleben zu können, ist Sorge getragen.
Sonntag, den 24. August:
Ausflug nach dem Waldheim
bei schönem Wetter. Treffpunkt „Gewerkschaftshaus". Ist das Wetter ungünstig, dann Unterhaltung mit Gesang und Tanz im Lokal.
Der Vorstand.

Lüneburg Dienstag, den 12. August 1913, abends 8½ Uhr:
Mitgliederversammlung
im „Gewerkschaftsheim", Neue Sülze 4.
Vorlesung der Kollegin Boß: „Aus dem Leben eines Dienstboten". — Abrechnung vom 2. Quartal. Kartellbericht. — Verschiedenes.

Bremen Mittwoch, den 20. August 1913, abends 8½ Uhr:
Mitgliederversammlung
im neuen Büro, Herren 6.8, Vorderhaus, 1. Etg.
Zusammenkunft
Gäste willkommen.
Gemütliches Beisammensein.
Gäste willkommen.

Todesanzeige.
Den Mitgliedern die traurige Nachricht, daß unsere liebe, treue Kollegin
Fräulein Anna Bulling
schnell und unerwartet im 23. Lebensjahre am 9. Juli verstorben ist. Bei unserem letzten Ausflug war sie noch sehr vergnügt und lustig mit uns, die heimtückische Krankheit Diphtheritis hat sie uns innerhalb drei Tagen geraubt. Wir betrauern sie herzlich und werden ihr Andenken stets in Ehren halten.
Die Leitung der Ortsgruppe Stuttgart.

73. Ortsgruppennachweis im Zentralorgan des Verbandes der Hausangestellten, 1913. Für die Dienstbotenvereine war es wichtig, viele Ortsgruppen einzurichten, um damit eine große Zahl von Dienstboten erreichen zu können.

an, das der SPD traditionell fernstand. Zudem orientierten sich viele Dienstboten, geprägt durch die Maßstäbe ihrer bürgerlichen Herrschaften, eher an deren Standards.

Innerhalb der Partei galt es als löblich und verdienstvoll, daß sich auf nationaler Ebene Dienstbotenorganisationen gegründet hatten, und es wurde als besonders wichtig erachtet, diese Vereinigungen tatkräftig zu unterstützen, um sich damit eine breite Mitgliederbasis zu sichern. Von seiten der Gewerkschaften jedoch, insbesondere von Helene Grünberg, die von der Gewerkschaftsbewegung im Jahre 1905 zur ersten Gewerkschaftsführerin für Frauenangelegenheiten ernannt worden war, wurde in zunehmendem Maße darauf gedrängt, daß sich die Dienstbotenvereine, ähnlich wie die

Organisationen der gewerblichen Arbeiterinnen zentralisierten, um damit ihre Wirksamkeit zu verstärken und um auch die Regionen erfassen zu können, in denen sich bisher noch keine eigenen Organisationen gebildet hatten. Die Gewerkschaftsbewegung forderte die Abschaffung der Dienstbotenordnungen und die Unterstellung unter die Gewerbeordnung, worin sie ähnlich wie die SPD die Möglichkeit sah, die Lage der Dienstboten zu verbessern.

Der sozialistischen Frauenbewegung, allen voraus Louise Zietz, genügten diese Forderungen jedoch nicht mehr. Gemäß ihren anfänglichen Ankündigungen gingen ihre Überlegungen dahin, daß nur über einen speziellen Dienstvertrag zwischen Herrschaften und Dienstboten, in dem die Rechte der Dienstboten genau festgelegt würden, sich eine durchgreifende Veränderung der Situation der Dienstboten erreichen lasse. Dieser Vertrag müsse die zur Hebung der sozialen Lage der Dienstboten notwendigen Maximal-Forderungen enthalten, die durch Unterschrift beider Parteien (Herrschaft und Dienstbote) Rechtsgültigkeit erhielten und einklagbar wären; im einzelnen seien das:

1. Dauer des Dienstes, Arbeitszeit (maximal zwölf Stunden – mindestens acht Stunden Schlaf),

2. Freizeit (alle 14 Tage Sonntagnachmittag, ein freier Abend und ein Abend für persönliche Angelegenheiten, z. B. nähen),

3. Kündigungsfrist von 14 Tagen, die nur in begründeten Ausnahmefällen nicht eingehalten zu werden braucht.

Außerdem sollte durch diesen Vertrag zugleich die Dienstbotenorganisation durch die Herrschaft anerkannt werden, damit den Dienstboten aus ihrer Mitgliedschaft keine Schwierigkeiten erwuchsen. Als Rechtsgrundlage für das Verhältnis zwischen Herrschaften und Dienstboten sollte nur der Vertrag selbst, nicht aber eine Gesindeordnung gelten.

Am 17. Januar 1909 wurde in Berlin von der Generalkom-

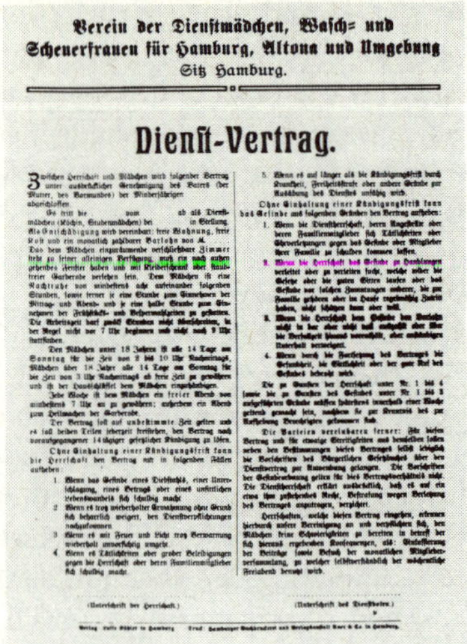

Verein der Dienstmädchen, Wasch- und Scheuerfrauen für Hamburg, Altona und Umgebung
Sitz Hamburg.

Dienst-Vertrag.

Zwischen Herrschaft und Mädchen wird folgender Vertrag unter ausdrücklicher Genehmigung des Vaters (der Mutter, des Vormundes) der Minderjährigen abgeschlossen.

Es tritt die … vom … ab als Dienstmädchen (Köchin, Stubenmädchen) bei … in Stellung.
Als Entschädigung wird vereinbart: freie Wohnung, freie Kost und ein monatlich zahlbarer Barlohn von M. …
Das dem Mädchen einzuräumende verschließbare Zimmer steht zu seiner alleinigen Verfügung, muß ein nach außen gehendes Fenster haben und mit Kleiderschrank oder staubfreier Garderobe versehen sein. Dem Mädchen ist eine Nachtruhe von mindestens acht aufeinander folgenden Stunden, sowie ferner je eine Stunde zum Einnehmen der Mittag- und Abend- und je eine halbe Stunde zum Einnehmen der Frühstück- und Vespermahlzeiten zu gestatten. Die Arbeitszeit darf zwölf Stunden nicht überschreiten, in der Regel nicht vor 7 Uhr beginnen und nicht nach 9 Uhr stattfinden.

Den Mädchen unter 18 Jahren ist alle 14 Tage am Sonntag für die Zeit von 2 bis 10 Uhr Nachmittags, Mädchen über 18 Jahre alle 14 Tage am Sonntag für die Zeit von 3 Uhr Nachmittags ab freie Zeit zu gewähren und ist der Hausschlüssel dem Mädchen einzuhändigen.

Jede Woche ist dem Mädchen ein freier Abend von mindestens 7 Uhr an zu gewähren; außerdem ein Abend zum Heilmachen der Garderobe.

Der Vertrag soll auf unbestimmte Zeit gelten und es soll beiden Teilen jederzeit freistehen, den Vertrag nach vorausgegangener 14tägiger gesetzlicher Kündigung zu lösen.

Ohne Einhaltung einer Kündigungsfrist kann die Herrschaft den Vertrag nur in folgenden Fällen aufheben:

1. Wenn das Gesinde eines Diebstahls, einer Unterschlagung, eines Betrugs oder eines unsittlichen Lebenswandels sich schuldig macht.
2. Wenn es trotz wiederholter Ermahnung ohne Grund sich beharrlich weigert, den Dienstverpflichtungen nachzukommen.
3. Wenn es mit Feuer und Licht trotz Verwarnung wiederholt unvorsichtig umgeht.
4. Wenn es Tätlichkeiten oder grober Beleidigungen gegen die Herrschaft oder deren Familienmitglieder sich schuldig macht.
5. Wenn es auf länger als die Kündigungsfrist durch Krankheit, Freiheitsstrafe oder andere Gründe zur Ausübung des Dienstes unfähig wird.

Ohne Einhaltung einer Kündigungsfrist kann das Gesinde aus folgenden Gründen den Vertrag aufheben:

1. Wenn die Dienstherrschaft, deren Angehörige oder deren Familienmitglieder sich Tätlichkeiten oder Ehrverletzungen gegen das Gesinde oder Mitglieder ihrer Familie zu schulden kommen lassen.
2. Wenn die Herrschaft das Gesinde zu Handlungen verleitet oder zu verleiten sucht, welche wider die Gesetze oder die guten Sitten laufen oder das Gesinde vor falschen Zumutungen anderer, die zur Familie gehören oder im Hause regelmäßig Zutritt haben, nicht schützen kann oder will.
3. Wenn die Herrschaft dem Gesinde den Barlohn nicht in der oder nicht voll auszahlt oder ihm die [illegible], oder anständigen Unterhalt verweigert.
4. Wenn durch die Fortsetzung des Vertrages die Gesundheit, die Sittlichkeit oder der gute Ruf des Gesindes bedroht wird.

Die zu Gunsten der Herrschaft unter Nr. 1 bis 4 sowie die zu Gunsten des Gesindes unter Nr. 1 bis 3 aufgeführten Gründe müssen spätestens innerhalb einer Woche geltend gemacht sein, nachdem sie zur Kenntnis des zur Aufhebung Berechtigten gekommen sind.

Die Parteien vereinbaren ferner: Für diesen Vertrag und für etwaige Streitigkeiten aus demselben sollen neben den Bestimmungen dieses Vertrages selbst lediglich die Vorschriften des Bürgerlichen Gesetzbuches über den Dienstvertrag zur Anwendung gelangen. Die Vorschriften der Gesindeordnung gelten für dies Vertragsverhältnis nicht. Die Dienstherrschaft erklärt ausdrücklich, daß es auf ein etwa ihr zustehendes Recht, Bestrafung wegen Verletzung des Vertrages zu beantragen, verzichtet.

Herrschaften, welche diesen Vertrag eingehen, erkennen hierdurch unsere Vereinigung an und verpflichten sich, den Mädchen keine Schwierigkeiten zu bereiten in betreff der sich hieraus ergebenden Konsequenzen, als: Einkassierung der Beiträge sowie Besuch der monatlichen Mitgliederversammlung, zu welcher selbstverständlich der wöchentliche Freiabend benutzt wird.

(Unterschrift der Herrschaft.) (Unterschrift des Dienstboten.)

Verlag: [illegible] in Hamburg. Druck: Hamburger Buchdruckerei und Verlagsanstalt Auer & Co. in Hamburg.

74. Dienstvertrag um 1906. Die Dienstbotenvereine kämpften für einen Dienstvertrag, der dem der Arbeiter vergleichbar war.

mission der Gewerkschaften Deutschlands eine Konferenz einberufen »zum Zweck der einheitlichen Organisation von Dienstboten«. Im einleitenden Referat wurde darauf hingewiesen, daß nach der Befürwortung einer einheitlichen Dienstbotenorganisation auf den verschiedenen vorangegangenen Gewerkschaftskongressen eine Umfrage vom Oktober 1908 ergeben habe, »daß in 18 Städten Vereine von Dienstboten mit zusammen 5711 Mitgliedern bestehen (allein in Hamburg waren 3000 Dienstboten organisiert, d. Verf.). Eine Unterlage für eine Zentralisation ist damit gegeben. Die Generalkommission ist bereit, ihre Unterstützung zu gewähren und größere Mittel zu bewilligen, um der Bewegung vorwärts zu helfen.«[27]

Daraufhin wurde die Gründung des »Zentralverbandes der Hausangestellten Deutschlands« beschlossen, mit dem

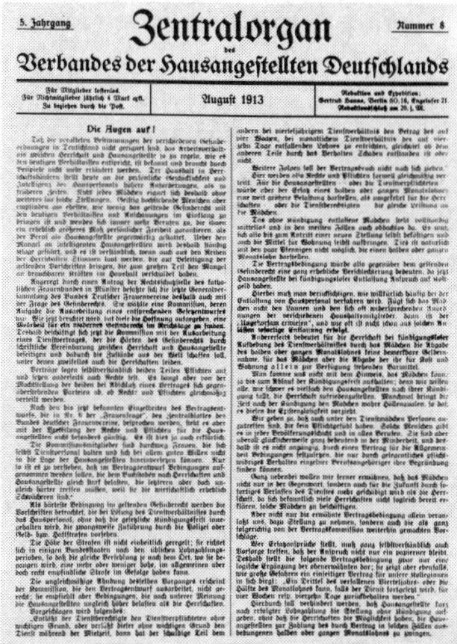

5. Jahrgang

Zentralorgan

des

Verbandes der Hausangestellten Deutschlands

Nummer 8

Für Mitglieder kostenlos. Für Nichtmitglieder jährlich 4 Mark exkl. Zu beziehen durch die Post.

August 1913

Redaktion und Expedition: Gertrud Hanna, Berlin SO. 16, Engelufer 21. Redaktionsschluß am 20. j. M.

Die Augen auf!

75. Diese Zeitung erhielten die Mitglieder kostenlos. Sie enthielt Information, Stellenanzeigen und -gesuche.

Ziel, die wirtschaftlichen und geistigen Interessen zu fördern, Unterstützung in Krankheitsfällen und Rechtsschutz zu gewähren und Stellennachweise einzurichten, sofern nicht schon welche vorhanden seien. Ein Verbandsorgan sollte unter dem Titel: »Zentralorgan des Verbandes der Hausangestellten Deutschlands« erscheinen, das in Berlin, dem Sitz des Verbandes, herausgegeben werden sollte. Der seit 1906 bestehende Hamburger »Verein der Dienstmädchen, Wasch- und Scheuerfrauen« trat dem Zentralverband als größte Ortsgruppe bei.

Mit der Gründung des Zentralverbandes der Hausangestellten Deutschlands gelang der Dienstbotenbewegung eine Wende: während die Unterstützung durch die SPD bisher vornehmlich darauf zielte, der Partei neue Mitglieder zu verschaffen, wurde nun durch die Einbeziehung in die Gewerkschaftsbewegung den tatsächlichen Interessen und Problemen der Dienstboten Rechnung getragen. Die sozialdemokratische Frauenbewegung verlor damit weitgehend an Einfluß auf die Dienstbotenbewegung.

Als Reaktion auf die Gründung des »Vereins der Dienstmädchen, Wasch- und Scheuerfrauen« entstand bereits 1907 in Hamburg eine »Gegenorganisation« bürgerlicher Hausfrauen unter dem Namen »Verein der Dienstmädchen und Stützen«, der sich bemühte, die Dienstboten dem sozialdemokratischen Einfluß zu entziehen.

»Die sozialdemokratische Agitation und Organisation trägt nicht der Besonderheit des häuslichen Dienstes Rechnung. Bei ihnen gibt es nur Arbeiter und Arbeiterinnen und sie scheeren alle über einen Kamm. Die Organisation der Hausfrauen, die wir ins Leben rufen wollen, soll hingegen den Interessen der Hausfrauen ebenso wie der Dienenden gerecht werden; sie soll die offenbaren Mißstände im Dienstbotenberuf beseitigen, will aber die Eigentümlichkeit des häuslichen Dienstverhältnisses aufrechterhalten und damit die Autorität der Herrschaft über die Dienenden.«[28]

Das läßt an Klarheit kaum zu wünschen übrig – vor allem der letzte Satz zeigt, welches wahre Interesse hinter der Gründung dieses Vereins stand: Offenbar (und nicht zu Unrecht) fürchteten die »Hausfrauen« den Verlust ihrer »Autorität«, wenn mehr und mehr Dienstboten der »sozialdemokratischen Agitation« verfielen. Hierin spricht sich nicht nur die Furcht vor »renitentem« Personal aus (das wäre ein lediglich disziplinarisches Problem und als solches zu lösen); der unverblümte Hinweis auf die Autorität zeigt sehr deutlich, daß die bürgerlichen Frauen (zumindest diejenigen, die diesen Verein ins Leben riefen) durchaus erkannten, daß bei weiterer Beeinflussung der Dienstboten durch die Sozialdemokraten die Organisation herrschaftlichen Haushalts gefährdet gewesen wäre, ja daß sogar darüber hinaus der Herrschafts*anspruch* als solcher hätte ins Wanken geraten können.

Folgerichtig (und in beschönigender Formulierung) wurde daher auch gefordert, »die Eigentümlichkeit« des häuslichen Dienstverhältnisses aufrechtzuerhalten – das war die genaue Gegenposition zur sozialdemokratischen Dienstbotenbewegung, die derartige Eigentümlichkeit eben abgeschafft wissen wollte (etwa die ungemessene Arbeitszeit). Die bürgerliche Organisation versuchte Dienstboten als Mitglieder zu gewinnen, indem sie die Vorteile des Dienstbotenberufes, die bessere Versorgung und die Integration in die Familie, der Bindungslosigkeit und sittlichen Gefahr gegenüberstellte, denen die Fabrikarbeiterinnen ausgesetzt seien. Als besondere Anreize wurden praktische Kurse wie Nähkurse, Kurse in der Kranken- und Kinderpflege u. ä. angeboten.

Es zeigte sich jedoch sehr bald, obwohl der Vorwurf der »Gleichmacherei« von Arbeitern und Dienstboten seitens der SPD nicht ganz von der Hand zu weisen war, daß der »Gegenverein« der bürgerlichen Hausfrauen nur wenig Zulauf seitens der Dienstboten hatte. Enttäuscht stellte man fest:

»Wenn auch nicht zu verkennen ist, daß die Anzahl der Mitglieder im steten Steigen begriffen ist, und die Versammlung als recht gut besucht bezeichnet werden kann, so ist doch nicht daran zu zweifeln, daß weit mehr Mädchen zur sozialdemokratischen Seite neigen, was wohl hauptsächlich der Gleichgültigkeit zuzuschreiben ist, mit der die Hausfrauen der bürgerlichen Organisation gegenüberstehen, obwohl die den Mädchen gebotenen Vortheile in erster Linie ihnen selbst zu Gute kommen.«[29]

Es verwundert nicht, daß sich die Organisationen bürgerlicher Hausfrauen nicht gegen die sozialdemokratischen Vereine durchsetzen konnten, denn sie zielten eben weiterhin darauf ab, die Dienstboten in der für die bürgerliche Lebens- und Haushaltsführung nötigen Unmündigkeit zu belassen, was durch die zahlreich angebotenen Kurse, die alle

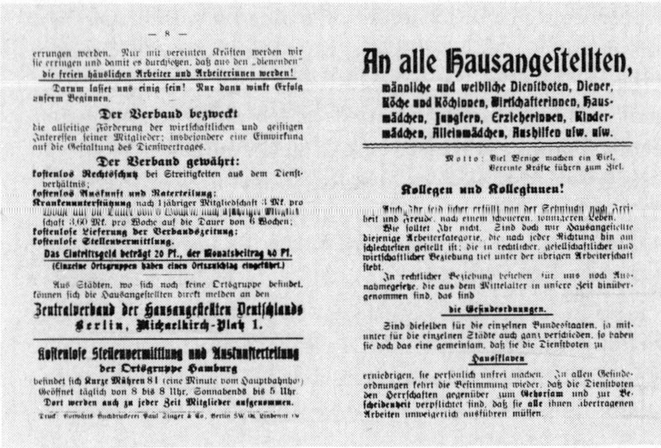

— 8 —

errungen werden. Nur mit vereinten Kräften werden wir sie erringen und damit es durchsetzen, daß aus den „dienenden"

die freien häuslichen Arbeiter und Arbeiterinnen werden!

Darum lasset uns einig sein! Nur dann winkt Erfolg unserem Beginnen.

Der Verband bezweckt

die allseitige Förderung der wirtschaftlichen und geistigen Interessen seiner Mitglieder; insbesondere eine Einwirkung auf die Gestaltung des Dienstvertrages.

Der Verband gewährt:

kostenlos Rechtsschutz bei Streitigkeiten aus dem Dienstverhältnis;
kostenlos Auskunft und Raterteilung;
Krankenunterstützung nach 1jähriger Mitgliedschaft 3 Mk. pro Woche auf die Dauer von 6 Wochen, nach [illegible]jähriger Mitgliedschaft 3.60 Mk. pro Woche auf die Dauer von 6 Wochen;
kostenlose Lieferung der Verbandszeitung;
kostenlose Stellenvermittlung.

Das Eintrittsgeld beträgt 20 Pf., der Monatsbeitrag 40 Pf.
(Einzelne Ortsgruppen haben einen Ortszuschlag eingeführt.)

Aus Städten, wo sich noch keine Ortsgruppe befindet, können sich die Hausangestellten direkt melden an den

Zentralverband der Hausangestellten Deutschlands
Berlin, Michaelkirch-Platz 1.

Kostenlose Stellenvermittlung und Auskunftserteilung
der Ortsgruppe Hamburg
befindet sich **Kurze Mühren 81** (eine Minute vom Hauptbahnhof)
Geöffnet täglich von 8 bis 8 Uhr, Sonnabends bis 5 Uhr.
Dort werden auch zu jeder Zeit Mitglieder aufgenommen.

Druck: Vorwärts Buchdruckerei Paul Singer & Co., Berlin SW 68, Lindenstr. 69

An alle Hausangestellten,
männliche und weibliche Dienstboten, Diener, Köche und Köchinnen, Wirtschafterinnen, Hausmädchen, Jungfern, Erzieherinnen, Kindermädchen, Alleinmädchen, Aushilfen usw. usw.

Motto: Viel Wenige machen ein Viel,
Vereinte Kräfte führen zum Ziel.

Kollegen und Kolleginnen!

Auch Ihr seid sicher erfüllt von der Sehnsucht nach Freiheit und Freude, nach einem schöneren, sonnigeren Leben.

Wie solltet Ihr nicht. Sind doch wir Hausangestellte diejenige Arbeiterkategorie, die nach jeder Richtung hin am schlechtesten gestellt ist; die in rechtlicher, gesellschaftlicher und wirtschaftlicher Beziehung tief unter der übrigen Arbeiterschaft steht.

In rechtlicher Beziehung bestehen für uns noch Ausnahmegesetze, die aus dem Mittelalter in unsere Zeit hinübergenommen sind, das sind

die Gesindeordnungen.

Sind dieselben für die einzelnen Bundesstaaten, ja mitunter für die einzelnen Städte auch ganz verschieden, so haben sie doch das eine gemeinsam, daß sie die Dienstboten zu

Haussklaven

erniedrigen, sie persönlich unfrei machen. In allen Gesindeordnungen kehrt die Bestimmung wieder, daß die Dienstboten den Herrschaften gegenüber zum **Gehorsam** und zur **Bescheidenheit** verpflichtet sind, daß sie **alle** ihnen übertragenen Arbeiten unweigerlich ausführen müssen.

76. Eine kleine, handliche Informationsbroschüre (um 1909), die sich notfalls auch vor den Augen der Herrschaft verbergen ließ.

in den großen Haushaltszusammenhang gehörten, sogar noch unterstützt wurde. Diejenigen Dienstboten, die überhaupt bereit waren, sich zu organisieren, schlossen sich eher den Verbänden der SPD oder der Gewerkschaften an. Dabei blieben interessanterweise die Mitgliederzahlen der freigewerkschaftlichen Verbände hinter denen der konfessionellen, vor allem der katholischen, zurück.

Während sich die freigewerkschaftlichen Verbände weitgehend mit der rechtlichen und wirtschaftlichen Lage der Dienstboten auseinandersetzten, widmeten sich die konfessionellen Verbände ihrer sozialen Situation. Sie versuchten die durch die Auflösung der alten Familienstrukturen entstandene Lücke zu füllen und den Dienstboten die (Familien)bindungen zu ersetzen. Im Vordergrund stand dabei das Bemühen, den Mitgliedern religiöse Unterweisung und eine sittliche Erziehung zukommen zu lassen und sie für den künftigen Beruf als Hausfrau und Mutter durch praktische Kurse auszubilden.

Besonders starke Verbreitung und großen Zulauf fanden die katholischen Organisationen in Süddeutschland, weil hier die Bindungen an die Kirche durch die religiöse Erziehung sehr ausgeprägt waren. Die konfessionellen Vereine besaßen familiäre Strukturen; sie ermöglichten menschliche Kontakte unter Gleichgesinnten, sorgten für die gewohnte seelsorgerische Betreuung und religiöse Unterweisung und halfen bei der Eingliederung in die neue Umgebung.

Trotz aller Bemühungen der unterschiedlichen Organisationen, die »Dienstbotenfrage« im jeweiligen Sinne zu lösen, bleibt letztlich festzustellen, daß die Vereine von und für Dienstboten im allgemeinen nicht den Erfolg hatten wie die Arbeitervereine oder die Gewerkschaften. Während bei den Arbeitern ganz offensichtlich ein großes Bedürfnis bestand, sich zusammenzuschließen und gemeinsam für eine Verbesserung der Lage zu kämpfen, war die Haltung der Dienstboten den Organisationen gegenüber eher ambivalent. Sie sahen in ihnen auf der einen Seite zwar eine Möglichkeit, ihre Klagen zu artikulieren, und erhofften sich von ihnen eine Verbesserung ihrer Lebens- und Arbeitsbedingungen, waren andererseits jedoch vielfach von der ideologischen oder parteipolitischen Agitation befremdet; die Forderungen etwa der sozialdemokratischen Organisationen, einen gemeinsamen Kampf gegen Unterdrückung und Ausbeutung zu führen, waren für viele Dienstboten häufig schwer nachvollziehbar, da die eigenen Ziele im allgemeinen weit weniger hoch gesteckt waren: »nur ein wenig geregelte Arbeitszeit und freundliche Worte statt des ewigen Zanks«.[30] So dringend sich die Dienstboten eine Veränderung ihrer Situation wünschten, so sehr fürchteten sie die weitere Versachlichung ihres Dienstverhältnisses, wie es z. B. die SPD forderte; denn letztlich war es eben doch die Aussicht auf soziale Bindung, bezeichnet als ›Familienanschluß‹, die die Mädchen bei der Berufswahl für den Beruf des Dienstmädchens einnehmen ließ. Auch wenn sich in der Realität dieses

Verhältnis eher als gefühlloses, repressives Abhängigkeitsverhältnis gestaltete, erschien es den vorwiegend aus ländlichen Gebieten stammenden Mädchen als adäquater Ersatz für den Verlust des Elternhauses. Der herrschaftliche Haushalt wurde als Ersatzfamilie betrachtet und empfunden (wobei sogar Strafen für tatsächliche oder angebliche Verfehlungen keineswegs immer als »Schikane« empfunden wurden, da sie den Dienstmädchen als Erziehungsmittel aus den eigenen Elternhäusern durchaus »bekannt« waren). Die im Verlaufe der Dienstzeit natürlich entstehenden Frustrationen wurden nicht so sehr auf das Dienstverhältnis im allgemeinen bezogen, sondern mehr auf die besondere Situation des individuellen Haushalts, dem man zur Zeit gerade angehörte. Daher erhofften sich die Dienstboten bereits von jedem Stellenwechsel Besserung ihrer Situation:

»Häufig werden die Kündigungen von den Dienstboten selbst ausgesprochen und hinterlassen den Eindruck eines spontanen Befreiungsversuches oder Racheaktes, oft gemischt mit Schadenfreude bei dem Gedanken, daß die Herrin bei Weggehen einer so guten Köchin gestraft sein wird – dem Mädchen also auf diesem Wege noch die versagte Anerkennung im nachhinein, wenn es vermißt wird, gezollt werden muß. Der Stellenwechsel, die Kündigung ist also einmal ein Befreiungsversuch aus den Zwängen des einzelnen Haushaltes, oft die einzige Möglichkeit für das Mädchen, sein Leben wieder selbst in die Hand zu nehmen. Entscheidend aber scheint uns zu sein, daß die Mädchen trotz vorangegangener Enttäuschung wieder einen neuen Haushalt suchen, nicht einen davon unabhängigen Arbeitsplatz, wie z. B. die Fabrik.«[31]

Da viele Dienstboten selbst eher geneigt waren, sich den gegebenen Bedingungen zu unterwerfen (auch wenn sie sie auf Dauer kaum mehr zu ertragen vermochten), fehlte es der Dienstbotenbewegung aufgrund einer zu schwachen Basis am Durchsetzungsvermögen. Sie war nicht in der Lage, die rechtliche Stellung ihrer Mitglieder zu verändern und ihre soziale und wirtschaftliche Lage zu verbessern. Es gelang ihr nicht, sich gegen eine Gesellschaft durchzusetzen, in der es vorrangig um die Sicherung des wirtschaftlichen und sozialen Standards der bürgerlichen Herrschaften ging.

Hinzu kam, daß auch die sozialdemokratisch-freigewerkschaftlichen Organisationen die tatsächliche Situation der Dienstboten verkannten und sie zu undifferenziert ihren Zielsetzungen unterordneten. Dadurch, daß die Voraussetzungen, die die gewerblichen Arbeiter für ihren Emanzipationskampf mitbrachten, auch für die Dienstboten angenommen wurden, obwohl gerade diese Gleichsetzung erst eine ihrer Forderungen war, mußten die Dienstbotenorganisationen mit ihrem Ziel der Emanzipation scheitern.

Obwohl das Dienstverhältnis zum Ende des 19. Jahrhunderts immer unerträglicher wurde, gab es für die Beteiligten keinen Ausweg aus ihrer Situation; aufgrund des besonderen Arbeits- und Abhängigkeitsverhältnisses blieb ihnen die Möglichkeit versagt, sich aus ihrer Misere zu befreien.

Erst mit dem Zerfall des Kaiserreiches und der Ablösung der bürgerlichen Epoche am Ende des Ersten Weltkrieges wurde auch den Dienstboten die Befreiung zuteil: das patriarchalische Gesindeverhältnis fand durch einen Erlaß der Volksbeauftragten sein Ende, die Gesindeordnungen verloren ihre Gültigkeit.

»Nachdem durch einen Erlaß der Volksbeauftragten bekannt gegeben worden ist, daß die Gesindeordnungen außer Kraft getreten sind, ist auch die Hamburgische Dienstbotenordnung als aufgehoben zu betrachten. Klagen und Strafanträge in Dienstbotensachen sind daher nicht mehr entgegenzunehmen.

Die Antragsteller sind an die ordentlichen Gerichte zu verweisen.

Dienstbücher sind nur auf Antrag anzufertigen und gelten dann als Legitimationspapiere, z. B. als Arbeitsbuch.«[32]

ANMERKUNGEN

Kapitel I: Der Bedienstete – Mensch mit vielen Pflichten und eingeschränkten Rechten

1 Griessmair, Johannes: Knecht und Magd in Südtirol, dargestellt am Beispiel bäuerlicher Dienstboten im Pustertal. Innsbruck 1970, S. 12. – Vgl. auch Könnecke, Otto: Rechtsgeschichte des Gesindes in West- und Süd-Deutschland. Marburg 1912, S. 240.

2 Krünitz, Johann Georg: Oeconomische Encyclopädie, 2. Aufl. Berlin 1787, 17. Theil von Geld bis Gesundheit, S. 565.

3 Könnecke, a. a. O., S. 240.

4 Mackensen, Lutz: Deutsche Etymologie. Bremen 1977, S. 337–338.

5 Könnecke, a. a. O., S. 247.

6 Kähler, Wilhelm: Gesindewesen und Gesinderecht in Deutschland. Jena 1896, S. 5.

7 Riehl, Wilhelm Heinrich: Die Familie. Stuttgart 1861, S. 189. – Wird seit 1854 als Band 3 der »Naturgeschichte des Volkes« gezählt.

8 Vgl. Brunner, Otto: Das »ganze Haus« und die alteuropäische Ökonomik. In: Familie und Gesellschaft, hrsg. v. Ferdinand Oeter. Tübingen 1966, S. 36.

9 Weber-Kellermann, Ingeborg: Die Kindheit. Frankfurt/M. 1979, S. 16.

10 Kähler, a. a. O., S. 6.

11 Könnecke, a. a. O., S. 251.

12 York, B. von: Lebenskunst, die Sitten der guten Gesellschaft auf sittlich ästhetischer Grundlage. Leipzig. o. J., S. 73–74.

13 Könnecke, a. a. O., S. 189.

14 Lavater, J. C.: Sittenbüchlein für das Gesinde. Homburg v. d. H. 1773, S. 13.

15 Der Gesindefreund. Liegnitz und Leipzig 1803, S. 2.

16 Vgl. Keltinger, Elise: Lehrbuch für Dienstmädchen in bürgerlichen und vornehmen Häusern. Essen/Ruhr 1905, S. 30.

17 Riehl, a. a. O., S. 189.

18 Hallier, Eduard: Erlebtes und Geschautes, Lebenserinnerungen eines alten Mannes. Hamburg 1955, S. 119.

Kapitel II: Klagen über Dienstboten und Schriften zur »Belehrung und Besserung des Gesindes«

1 Luther, zit. nach Stillich, Oscar: Die Lage der weiblichen Dienstboten in Berlin. Berlin, Bern 1902, S. 21.
2 ebd.
3 ebd., S. 38f.
4 Glaser, Peter: Gesind Teuffel, Darin acht Stueck gehandelt werden, von des Gesindes Vntrew welche im nachfolgenden blat verzeichnet. Dresden 1564.
5 ebd., S. 379.
6 ebd., S. 372.
7 Glaser zit. nach Fuchs, Eduard: Die Frau in der Karikatur. München 1906, S. 386.
8 Glaser, Gesind Teuffel, a. a. O., S. 374–375.
9 Glaser, Gesind Teuffel, a. a. O., S. 430 und 435.
10 Luther zit. nach Gerstenkorn, Hans Robert: Weltlich Regiment zwischen Gottesreich und Teufelsmacht. Bonn 1956, S. 103 u. 110.
11 Hereth, Michael (Hrsg.): Grundprobleme der politischen Ökonomie. München 1977, S. 12.
12 Kluge, Friedrich: Etymologisches Wörterbuch der deutschen Sprache, bearbeitet von Walter Mitzka. Berlin 1960, S. 29.
13 Lexer, Matthias: Mittelhochdeutsches Taschenwörterbuch. 30. Aufl. Stuttgart 1961, S. 7.
14 Negt, Oskar und Alexander Kluge: Geschichte und Eigensinn. Frankfurt/M. 1981, S. 136.
15 ebd., S. 137 und Gerstenkorn, a. a. O., S. 18.
16 Friedell, Egon: Kulturgeschichte der Neuzeit, Bd. 1 – Einleitung, Renaissance und Reformation. 18. Aufl. München 1947, S. 339.
17 Kofler, Leo: Zur Geschichte der bürgerlichen Gesellschaft. Versuch einer verstehenden Deutung der Neuzeit. Neuwied und Berlin 1966, S. 273.
18 Lavater, a. a. O., S. 4–5, 7.
19 ebd., S. 13.

20 Morgenstern-Schulze, J. K.: Lesebuch für angehende weibliche Dienstboten. Halle 1789. Inhaltsverzeichnis Teil I.
21 ebd., S. 15, 19, 22, 41.
22 Keltinger, a. a. O.
23 Der Gesindefreund, a. a. O.
24 Goldener Spiegel, ein Geschenk für Mädchen, welche in Dienst treten wollen. 3. Aufl. 1804.
25 Katechismus für Dienstboten. Hamburg 1825.
26 ebd., S. 4.
27 ebd., S. 5.
28 Spamer, Adolf: Der Bilderbogen von der geistlichen Hausmagd. Göttingen 1970, S. 1.
29 ebd.
30 ebd.
31 ebd.
32 ebd.
33 ebd.
34 Germershausen, Chr. Fr.: Die Hausmutter in allen ihren Geschäften. Leipzig 1781. Band V, S. 63.
35 ebd., S. 63.
36 ebd., S. 100.
37 ebd., S. 121.
38 ebd., S. 130.
39 Knigge, Adolph Frhr. von: Ueber den Umgang mit Menschen. Neunte unveränderte Auflage (1927), S. 131.
40 Davidis, Helene: Die Hausfrau. Praktische Anleitungen zur selbständigen und sparsamen Führung des Haushalts. Essen 1861, S. 284.
41 ebd., S. 285.
42 ebd., S. 292.
43 Zit. nach Könnecke, a. a. O., S. 664. – Bei Zuwiderhandlungen erfolgten Leibes- oder Gefängnisstrafen.
44 ebd. – Auf dieses Vergehen stand schwere Turm- bzw. Gefängnisstrafe.
45 Hoff, August von: Ueber Gesinde, Gesinde-Ordnung und deren Verbesserung. Berlin 1789, S. 5.
46 Berger (Johann Erich von): Über das Gesindewesen. In: Schleswig-Holsteinische Provinzialberichte, Jg. 8, Bd. 1, H. 2, 1794, S. 116.

47 ebd., S. 116. Kurz zuvor heißt es scharf: »Die Herrschaften denken immer nur an sich und ihre eigenen Vortheile (...).«
48 ebd., S. 114–121.
49 ebd., S. 150.
50 Brennecke, H.: Ueber die Verschlimmerung des Gesindes und deren Verbesserung. Berlin 1810, S. 1.
51 Warum bedürfen wir weiblicher Dienstbotenschulen und wie sollen sie angelegt sein? Hamburg 1869, S. 1.
52 ebd.
53 Richter, Karl Gottlieb: Ueber Gesinde, Gesindeordnung und deren Verbesserung. Berlin 1790, S. 8–9.
54 ebd., S. 14.
55 ebd., S. 15.
56 ebd., S. 31.
57 ebd., S. 60.
58 Etwas als Beytrag zu dem, in dem ersten Stücke der Annalen vom Jahre 1791 befindlichen Aufsatze: Stof zu Betrachtungen für Herrschaften in Rücksicht ihres Einflusses auf das Verderben ihrer Hausbediente betitelt. Von einem hannoverschen Bedienten. In: Annalen der Braunschweigisch-Lüneburgischen Curlande, 5. 1791, S. 723–725.

Kapitel III: Bürgerliche Gesellschaft und Moralvorstellung

1 Habermas, Jürgen: Strukturwandel der Öffentlichkeit. Neuwied, Berlin 1962, S. 28.
2 Hegel, Georg Friedrich Wilhelm: Grundlinien der Philosophie des Rechts (1821), Frankfurt/M., Berlin, Wien 1972.
3 Krupp, Alfred: Ein Wort an meine Angehörigen, 1877. In: Enzensberger, Hans Magnus, u. a. (Hrsg.): Klassenbuch 2. Ein Lesebuch zu den Klassenkämpfen in Deutschland 1850–1919, S. 93. – Noch deutlicher wird diese Einstellung in einem Erlaß an seine Arbeiter 1872 artikuliert: »Ich erwarte und verlange volles Vertrauen, lehne jedes Eingehen auf ungerechtfertigte Anforderungen ab, werde, wie bisher, jedem gerechten Verlangen zuvorkommen; fordere daher alle diejenigen, welche sich nicht damit begnügen wollen, hiermit auf, je eher, desto lieber zu kündigen,

um meiner Kündigung zuvorzukommen, und so in gesetzlicher Weise das Etablissement zu verlassen, um anderen Platz zu machen, mit der Versicherung, daß ich in meinem Hause, wie auf meinem Boden Herr sein und bleiben will.« – ebd., S. 87. – In einem Spottgedicht, das sich darauf bezieht, heißt es: »(...) *Ich bin Krupp*, ich denke für Euch alle, *Ich bin Krupp*, bin Euer Herr und Gott, *Ich bin Krupp*, wem's bei mir nicht gefalle, gut, adieu, er mach sich auf den Trott. – *Ich bin Krupp*, das heißt die Nächstenliebe, *ich bin Krupp*, ich hab allein Verstand, *ich bin Krupp*, ich nur das Gute übe, doch dulde ich keinen Widerstand (...).« – ebd., S. 88–89.

4 Riehl, a. a. O., S. 177.

5 ebd., S. 183.

6 ebd., S. 187–188.

7 Bahrdt, Carl Friedrich: Handbuch der Moral für den Bürger-Stand. Halle 1789, S. 16.

8 ebd., S. 25.

9 Knigge zit. nach Engelsing, Rolf: Zur Sozialgeschichte deutscher Mittel- und Unterschichten. Göttingen 1973, S. 200.

10 Engelsing, ebd.

11 Aufklärung, Erläuterungen zur deutschen Literatur. (Hrsg. v. Kollektiv für Literaturgeschichte im Volkseigenen Verlag Volk und Wissen.) Berlin 1971, S. 209.

12 Der Patriot, No. 90, Donerstag, den 20. September 1725, S. 314.

13 Martens, Wolfgang: Die Botschaft der Tugend. Die Aufklärung im Spiegel der deutschen Moralischen Wochenschriften. Stuttgart 1971, S. 149.

14 ebd., S. 383.

15 Büchner, Georg: Werke und Briefe. München 1965, S. 114.

16 Luther, Martin: Vom ehelichen Leben, u. a. Schriften über die Ehe. Hrsg. v. C. G. Lorenz. Stuttgart 1978, S. 34.

17 Zit. nach den »Sorgfältigen Müttern« (I. 14). In: Gaus, Marianne: Das Idealbild der Familie in den moralischen Wochenschriften und seine Auswirkungen in der deutschen Literatur des 18. Jahrhunderts. Phil. Diss. Rostock 1937, S. 18.

18 Fuchs, a. a. O., S. 385.

19 Vgl. Kap. V. 3.

20 Der Patriot, No. 6, Donnerstag, den 10. Februar 1724, S. 46.

Kapitel IV: Gesellschaftliches Ansehen und Lebensbedingungen der Dienstboten im 19. Jahrhundert

1 Boehn, Max von: Die Mode im 19. Jahrhundert. München 1907, S. 91–92.
2 Wittkop, Justus Franz: Die Welt des Empire. München 1968, S. 32.
3 Vgl. Schütze, J. F.: Hamburgisches neues Taschenbuch auf das Jahr 1801 zur Beförderung froher Laune, Menschen- und Sittenkunde im neuen Jahrhundert, S. 4.
4 Vgl. Heckscher, J.: Chr. Suhrs Hamburgische Trachten. Berlin 1909, S. 20.
5 Suhr, Christoffer: Hamburgische Trachten. Hamburg 1838. Einmalig numerierte Auflage von 1908 (Nr. 244 v. 245 Exemplaren mit einer Einführung von Dr. J. Heckscher), S. 16–17.
6 Vgl. Suhr, ebd.
7 Hamburgensien Sammelband 50, Nr. 22, S. 3–4.
8 Schütze, a. a. O., S. 4–6.
9 Suhr, a. a. O., S. 18.
10 ebd.
11 Der Hamburger Correspondent Nr. 171, 1803, zit. nach Suhr, a. a. O., S. 19.
12 Das Donauweibchen ist ein romantisch komisches Volksmärchen mit Gesang nach einer Sage der Vorzeit. – Heckscher, a. a. O., S. 18, Anm. 1.
13 Heckscher, a. a. O., S. 18.
14 ebd.
15 Förster, Christian: Hamburger Bilderbogen. Hamburg o. J.
16 Der vielbedeutende Küster und Anwalt der kürzlich beleidigten schönen Hamburger Dienstmädchen oder die Livreebedienten und die Arme-Sünder-Predigt. Hamburg 1797, S. 5.
17 By Kümmel und by witten da schall se wohl good sitten. Hamburg 1798, S. 9.
18 Der große Unterschied zwischen gute Dienstmädchen und freche, übertrieben galante Dienstmenscher. Hamburg 1798.
19 Feyerliche Rede der alten Köchin Margarethe zum Tage Martini ... Hamburg 1825, S. 7.
20 ebd., S. 7–8.

21 ebd.
22 Die Hamburger Köchinnen und Dienstmädchen und der Hamburger Beobachter als Mörder ihres guten Rufs. Hamburg 2. Aufl. 1848, S. 5.
23 Grießheim zit. nach Finder, Ernst: Hamburgisches Bürgertum in der Vergangenheit. Hamburg 1930, S. 81.
24 Meyer, F. J. L.: Skizzen zu einem Gemälde von Hamburg, 1801, 1. Heft 1–3, S. 114. – (Vgl. Müller, Heidi: Dienstbare Geister, Leben und Arbeitswelt städtischer Dienstboten. Berlin 1981, S. 227.)
25 Deneken, (Arnold Gerhard): Über den Gebrauch, dem Gesinde Trinkgeld zu geben. In: Hanseatisches Magazin 3, 1800, S. 206.
26 Hamburg und Altona. Eine Zeitschrift zur Geschichte der Zeit, der Sitten und des Geschmacks. Hrsg. Karl Lange, Hamburg 1802/1803, S. 312.
27 ebd., S. 172.
28 ebd., S. 174.
29 ebd., S. 176.
30 Sieveking, Georg Heinrich: Fragmente über Luxus, Bürgertugend und Bürgerwohl. In: Schriftensammlung der Gesellschaft zur Beförderung der Künste. Bd. 4. Hamburg 1791, S. 4.
31 Hamburg und Altona, a. a. O., 1806, I. Jg. V. Heft 6, S. 315 und 317.
32 Smidt, Heinrich: Hamburger Bilder. Band 3, Hamburg 1837, S. 184–185.
33 ebd., S. 186.
34 Lithographie, Verlag J. Rocca, Berlin, zit. nach Böhmer, Günter: Die Welt des Biedermeier. München 1968, S. 145.
35 Lithographie von Ch. Philipon. »Dem Geistlichen naht der Teufel in Gestalt der Haushälterin.« Zit. nach Böhmer, ebd., S. 146.
36 Zeichnung von F. Bamberger, »Dem Hausherren kommt die Ehegattin auf die Schliche, wie er das hübsche Küchenmädchen karessiert. Hat sie sich totgegrämt, tritt oft genug die Magd an ihren Platz.« Zit. nach Böhmer, ebd., S. 147.
37 Leipziger Karikatur, G. Kuhn, zit. nach Fuchs, Eduard: Die Frau in der Karikatur. München 1906, S. 387.
38 Lithographie von Alois Sennefelder, zit. nach Böhmer, a. a. O., S. 141.

39 »Eine herrliche Zukunft sagt auf diesem satirischen Blatt eine ›Prophetin des 19. Jahrhunderts‹ dem Gesinde voraus: ...« zit. nach Böhmer, ebd., S. 143.

40 »›Dresdner Hausgesinde in floribus‹ betitelt Peter Lyser, der Mephisto der Bildchronisten, sein Sittengemälde. Die Emanzipation des Dienstpersonals nimmt die überraschend eintretende Hausfrau (rechts) ratlos zur Kenntnis.« Zit. nach Böhmer, ebd., S. 144.

41 ebd., S. 148.

42 Adolf Wilette, zit. nach Fuchs, a. a. O., S. 389.

43 Henry Boutet. Frou-Frou. Zit. nach Fuchs, ebd., S. 391.

44 ebd., S. 390.

45 »Der Hausmagnet«. In: »Fliegende Blätter«. Zit. nach Fuchs, a. a. O., S. 386.

46 Könnecke, a. a. O., S. 58.

47 Musiat, Siegmund: Zur Lebensweise des landwirtschaftlichen Gesindes in der Oberlausitz. Bautzen 1964, S. 45.

48 Verordnung in Beziehung aus das Gesinde und die Nachweisungs-Comptoire und Dienstbotenvermiether und -vermietherinnen. Auf Befehl eines Hochedlen Raths der freyen Hansestadt Hamburg. Publiciert den 14. Juni 1839, § 1.

49 Gesetz-Entwurf, betreffend Ergänzung der Vorschriften über die Dienstboten-Verhältnisse. Wilhelm – König von Preußen, 27. Okt. 1879. – Bericht des Polizei-Inspektors Röpke v. 3. Oct. 1882.

50 26. Bürgerschaftssitzung vom 3. Oct. 1894 – Zeitungsbericht des Hamburgischen Correspondenten v. 4. Oct. 1894.

51 Die Hamburgische Dienstbotenordnung vom juristischen Standpunkt beleuchtet. Hamburger Correspondent, 14. Jan. 1897.

52 ebd., v. 15. Jan. 1897.

53 ebd.

54 Bericht des von der Bürgerschaft niedergesetzten Ausschusses zur Prüfung des Antrages von Dr. Wolffson, betreffend die Ausarbeitung des Entwurfs einer Gesindeordnung. April 1896.

55 ebd.

56 Brief eines Dienstmädchens vom 1. Mai 1893.

57 Brief eines Dienstmädchens vom 12. 1. 1897.

58 Brief eines Dienstmädchens vom 26. September 1892.
59 Verordnung zur Regelung der Freizeit, Hamburg 20. Jan. 1919.
60 Bericht der Bürgerschaft, a. a. O.
61 ebd.
62 Dienst-Personal-Zeitung, Nr. 2, vom 23. Februar 1907.
63 Neue Hamburger Zeitung, Nr. 506, vom 28. 10. 1898.
64 Hamburger Echo, Nr. 267, vom 12. 2. 1898.
65 Generalakte betr. Einführung von Gesindedienstbüchern – 1858–1919. Eingabe der Frau Grahmke & Con. betr. die Einführung von Dienstzeugnisbüchern. Hamburg, April 1858.
66 Drucksache vom 10. 2. 1873 des Bundesrates. Antrag des Reichskanzlers wegen Gültigkeit der Gesindebücher der einzelnen Bundesstaaten im gesamten Reichsgebiet.
67 ebd.
68 Dienstbuch der Polizeibehörde Hamburg nach 1900.
69 Referat von Senator Dr. Lappenberg vom 27. 12. 1889 betreff die Leistungen der einzuführenden Dienstbotenkrankenversicherung.
70 Antrag betreffend die Krankenversicherung der Dienstboten. Drucksache für die Senatssitzung No. 31 vom 26. Febr. 1890.
71 Amt Bergedorf Nr. 997, Heitmann gegen Hoppe.
72 Amt Bergedorf Nr. 3939, Jürgen Heitmann gegen Becke Heins und Gretje Lüttjens wegen Dienstentlassung, 1774–1775.
73 ebd.
74 Amt Bergedorf, ebd.
75 Amt Bergedorf Nr. 2001: Elisabeth Klempau in Schönningstedt gegen Franz Christopher Minten in Bergedorf wegen Mißhandlung. 1814–1815, Brief an das »Wohllöbliche Gericht« vom 25. Nov. 1814.
76 Amt Bergedorf, ebd., Brief vom 9. Dec. 1814.
77 ebd., Brief vom 1. Nov. 1815.
78 ebd.
79 Neue Hamburger Zeitung No. 45, vom 27. 1. 1900.
80 Dienstvertrag des Abraham Meldola, Hamburg 21. März 1816, Staatsarchiv Hamburg, Schriftgut Beispielsammlung.
81 Dienstvertrag von W. Stoldt, Selbständiger Bürge, Hamburg 19. Juni 1841, ebd.
82 Kraus, Antje: Die Unterschichten Hamburgs in der ersten

Hälfte des 19. Jahrhunderts. Stuttgart 1965, S. 52, Tab. 6a: Lebenshaltungskosten für einen alleinlebenden Erwachsenen 1788.

83 ebd., vgl. Tab. 8: Arbeitslöhne im Jahre 1788, S. 56.

84 »Die Hamburger Hausfrau« No. 1, vom 21. 1. 1902: Zur Dienstbotenfrage in Hamburg.

85 Sans Gène, Marie: Jugenderinnerungen eines armen Dienstmädchens. Unveränderter Nachdruck der Ausgabe v. 1906. Neu hrsg. und mit einem sozialkritischen Nachwort versehen von Dr. D. Meyer. Bremen o. J. (1973), S. 92–93.

86 ebd., S. 93.

87 Stillich, a. a. O., S. 187–189.

88 ebd., S. 189.

89 ebd.

90 Hamburger Landbote vom 14. 1. 1908.

91 Unterstützungsbehörde von 1842, 30–787, Krüger, Anna Margaretha Dorothea, 24, Dienstmädchen, Verlust von Kleidung.

92 Unterstützungsbehörde, 30–364, Catharina Maria Hermana Carell, 65, Dienstmädchen, Kleidung.

93 Unterstützungsbehörde, 30–787, a. a. O.

94 ebd., 30–735, Jünke, Elise (gen. Sophia im letzten Dienst), 26, Dienstmädchen, Hausstand.

95 ebd., 30–393, Dankert, Henrica Elisabeth, 34, Kleinmädchen, Hausrat.

96 ebd., 30–147, Battmer, Catharina, 42, Köchin, Hausrat.

97 Engelsing, Rolf: Zur Sozialgeschichte deutscher Mittel- und Unterschichten. Göttingen 1973, S. 236.

98 Deneken, a. a. O., S. 237.

99 Vgl. Engelsing, Rolf: Das Vermögen der Dienstboten in Deutschland zwischen dem 17. und 20. Jahrhundert. In: Jahrbuch des Instituts für Deutsche Geschichte, Bd. III, 1974. Hrsg. v. Walter Grab. Tel Aviv 1974, S. 239.

100 Neue Sparkasse von 1864, Band 1, Jahresabschluß Juni 1865.

101 Verhandlungen und Schriften der Hamburgischen Gesellschaft zur Beförderung der Künste und nützlichen Gewerbe, Bd. 7. Hamburg 1807, S. 379.

102 Privilegierte wöchentliche gemeinnützige Nachrichten von und für Hamburg, Mittwoch, 19. Oct. 1803.

103 ebd., Sonnabend, 30. April 1803.
104 ebd., Mittwoch, 19. Oct. 1803.
105 ebd., 20. Sept. 1822.
106 ebd., 3. März 1840.
107 ebd., Mittwoch, 13. 4. 1803.
108 ebd., 18. März 1840.
109 ebd., Sonnabend 30. 4. 1803 und Sonnabend 7. 5. 1803.
110 Handschriftliche Anweisung für die verschiedenen Dienstmädchen der Kaufmannsfamilie Schlüter aus St. Georg. 1858, S. 1.
111 ebd., S. 2–3.
112 ebd., S. 3.
113 ebd., S. 4.
114 ebd., S. 4 und 6.
115 ebd., S. 5–6 und 3.
116 Viersbeck, Doris: Erlebnisse eines Hamburger Dienstmädchens. München 1910, S. 3.
117 ebd., S. 14.
118 ebd., S. 19.
119 ebd., S. 73.
120 ebd., S. 89.
121 ebd., S. 4.
122 Zentralorgan des Verbandes der Hausangestellten, Nr. 12, vom 7. 12. 1910, Redakteurin: Ida Daar.
123 Weber, Emilie: Jugenderinnerungen 1836–1851. Hamburg 1904, S. 27.
124 ebd., S. 20.
125 ebd., S. 60.
126 ebd., S. 25.
127 ebd., S. 26.

Kapitel V: Mögliche Ursachen der Klagen über Dienstboten

1 Könnecke, a. a. O., S. 686–688. – Diese Darstellung bezieht sich auf Hessen im 17. Jahrhundert; die angesprochenen Reformvorschläge finden u. a. ihren Niederschlag in den bereits genannten Preisschriften.
2 Hamburger Echo vom 20. 1. 1908.

3 Vgl. Regina Schulte: Dienstmädchen im herrschaftlichen Haushalt. In: Zeitschrift für bayerische Landesgeschichte Band 41, 1978, S. 893.
4 Wulffen: Zur Psychologie des Dienstboten. Ein Beitrag zur Reform des Gesinderechts. In: Gesetz und Recht 10. 1909, S. 155.
5 ebd., S. 158.
6 Schulte, a. a. O., S. 908.
7 Richter, Karl Gottlieb: Ueber Gesinde, Gesindeordnung und deren Verbesserung. Berlin 1790, S. 61–62.
8 Aussagen der Dienstmädchen zu der Frage: Welche Gründe können Sie angeben, warum so wenig Mädchen sich dem häuslichen Dienst widmen? – Stillich, a. a. O., S. 399–401.
9 Klée Gobert, Ascan: Zacke und Loch, 3. Aufl. Hamburg 1972, S. 29–30.
10 Engelsing, Sozialgeschichte, a. a. O., S. 20.
11 Gerhard, Ute: Verhältnisse und Verhinderungen. Frauenarbeit, Familie und Rechte der Frauen im 19. Jahrhundert. Frankfurt/M. 1978, S. 141.
12 Schulte, a. a. O., S. 881.
13 Viersbeck, a. a. O., S. 17.
14 Kramer, Hans: Deutsche Kultur zwischen 1871 und 1918. Frankfurt/M. 1971, S. 133–134.
15 Deutelmoser, Mechthild und Birgit Ebert: »Leichte Mädchen«, hohe Herren und energische Frauen. Die Hamburger Frauenbewegung im Kampf gegen Prostitution und Doppelmoral 1896–1906. In: Berlin, Jörg (Hrsg.): Das andere Hamburg. Köln 1981, S. 145.
16 Revision des Gesetzentwurfs des Strafgesetzbuches von 1843 vom Preußischen Justizminister Savigny. – Zit. nach Gerhard, Ute: Verhältnisse und Verhinderungen. Frauenarbeit, Familie und Rechte der Frauen im 19. Jahrhundert. Frankfurt/M. 1978, S. 451.
17 Vgl. Reich, Wilhelm: Massenpsychologie des Faschismus. Kopenhagen, Prag, Zürich 1933, S. 157.
18 Haensch, Dietrich: Repressive Familienpolitik. Reinbek bei Hamburg 1969, S. 31. – Wilhelm Reich führt diesen Gedanken weiter aus; für ihn beginnt die Ausdehnung der Sexualmoral auf das Proletariat in dem Moment, da die Arbeiterschaft sich zu organisieren und damit für die Bourgeoisie bedrohlich zu werden

beginnt: »Mit dem Beginn der organisierten Arbeiterbewegung, der Erkämpfung der sozialpolitischen Errungenschaften und der mit ihr einhergehenden kulturellen Hebung der breiten Volksmassen setzt zugleich ihre sexual-moralische Verbürgerlichung ein. Erst jetzt beginnt die herrschende Klasse, ein Interesse an der ›Sittlichkeit‹ der Unterdrückten zu bekommen. Mit dem Aufstieg der organisierten Arbeiterschaft setzt also gleichzeitig ein gegenteiliger Prozeß ein, der in ideologischer Angleichung des Proletariats an die Bourgeoisie besteht.« – Reich, a. a. O., S. 143.

19 Theweleit, Klaus: Männerphantasien, Band 1, Frankfurt/M. 1977, S. 209–210.

20 Kramer, a. a. O., S. 133.

21 Freud, Sigmund: Drei Abhandlungen zur Sexualtheorie. Frankfurt/M. 1981, S. 131.

22 ebd., S. 130.

23 ebd., S. 126.

24 Bebel, August: Über die gegenwärtige und künftige Stellung der Frau. In: Glossen zu Yves Guyots und Sigismond Lacroix: »Die wahre Gestalt des Christentums«. Vierte durchges. Aufl., Berlin 1908, S. 43–44.

25 ebd., S. 45.

26 Schulte, a. a. O., S. 903.

27 ebd., S. 920.

Kapitel VI: »Dienstbotenfrage« und Dienstbotenbewegung

1 Stillich, a. a. O., S. 13.

2 Löbe, William: Das Dienstbotenwesen unserer Tage. 2. Aufl. Leipzig 1855, S. 1–2.

3 ebd., S. 10.

4 ebd., S. 14.

5 Stillich, a. a. O., S. 7.

6 Hamburger Nachrichten Nr. 42 v. 18. 2. 1900, zit. nach Stillich, ebd., S. 85.

7 ebd., S. 15.

8 ebd., S. 92.

9 ebd., S. 79.

10 Rosen, Kathinka von: Zur Dienstbotenfrage, eine Erwiderung an Dr. Oscar Stillich. Leipzig 1903, S. 5.
11 Schulz, Selke: Die Entwicklung der Hausgehilfinnen-Organisation in Deutschland. Tübingen 1961, Rechts- und Wirtschaftswissenschaftliche Dissertationen 5, S. 61.
12 Flugblatt für die erste Versammlung des Vereins, zit. nach Stillich, a. a. O., S. 390.
13 Stillich, ebd., S. 391.
14 Zit. nach Stillich, ebd., S. 393.
15 ebd., S. 388.
16 Dresdner Nachrichten Nr. 358 vom 29. Dez. 1900, zit. nach Stillich, ebd., S. 397.
17 Hamburger Echo, No. 33, vom 8. 2. 1902.
18 Versammlungsbericht des Vereins zur Vertretung der gewerblichen Interessen der Frauen und Mädchen Hamburgs vom 21. 3. 1890.
19 Zetkin, Clara: Ausgewählte Schriften und Reden. Zit. nach: Arbeiterbewegung und Frauenemanzipation 1889–1933. Hrsg. v. Institut für Marxistische Studien und Forschung. Frankfurt/M. 1973, S. 90–91.
20 Zur Dienstbotenbewegung. Resolution der sozialdemokratischen Frauenkonferenz am 22. und 23. Sept. 1906 in Mannheim. In: Dokumente der Revolutionären deutschen Arbeiterbewegung zur Frauenfrage 1848–1974. Hrsg. v. d. Forschungsgemeinschaft »Geschichte des Kampfes der deutschen Arbeiterklasse um die Befreiung der Frau«, an der Päd. Hochschule »Clara Zetkin« Leipzig. Leipzig 1975, S. 48.
21 ebd., S. 49.
22 ebd.
23 Hamburger Fremdenblatt vom 25. 10. 1906.
24 ebd.
25 Hamburger Echo vom 25. 10. 1906.
26 Hamburger Fremdenblatt vom 19. 11. 1906.
27 Der Vorwärts vom 20. 1. 1909.
28 Dienstpersonal-Zeitung vom 23. 2. 1907.
29 Generalanzeiger, Nr. 120, Hamburg, 23. 5. 1908.
30 Müller, a. a. O., S. 248.
31 Schulte, a. a. O., S. 906.
32 Anweisung für die Bezirksbüros vom 15. 11. 1918.

QUELLEN- UND LITERATURVERZEICHNIS

1. Ungedruckte Quellen
(einschließlich Senatsdrucksachen und Zeitungsartikel)

1.1. Staatsarchiv Hamburg (StAH)

Altona Bestand 88, Familie Wunderlich, Nr. 1–7 (Briefe).
Amt Bergedorf, Nr. 831, 903, 997, 1409, 1421, 1571, 1810, 2001, 2153, 2175, 2193, 2203, 2368, 2388, 2476, 2924, 3016, 3083, 3120, 3562, 3939, 4043.
Aufsicht über Versicherungen, 9 Bd. 1 und 2, 19, 90; 472 Bd. 1–3.
Familie Stockfleth, 1 (Lebenserinnerungen).
Familie Versmann, VI C 3a 7 (Briefe).
Hamburger Sparcasse von 1827, 5 Bd. 1 und 2 (1827–1830); Bd. 5 (1845–1849).
Handschriftensammlung 597, 1055.
Meldewesen, A 11, Bd. 1, 2, 7, 9, 15, 22; A 18, Bd. 1, 5, 10; A 19, Bd. 1, 10, 13; A20, Bd. 4, 24, 33; A 21, Bd. 4, 37, 47; B 5–7, 9, 11, 12, 19, 21, Bd. 1–3, 26, 31, 32–34, 37, 43, 44, 45, 46, 48, 49, 50, 52.
Neue Sparcasse von 1864, 1 Bd. 1 und 2 (1864–1866); 1 Bd. 33 (1896–1897); 1 Bd. 34 (1897); 1 Bd. 136 (1913–1914).
Patronat St. Pauli, II A 6922, II B 4364, II C 3400, II D 7925, II D 7940, II F 1828, Fasc. 6, III 376.
Politische Polizei:
S 2704 Acte der Schneider Dorothea Louise Helene Köhler.
S 7488 Internationale Frauenkongresse.
S 14946 Verein der Dienstmädchen, Wasch- und Scheuerfrauen.
S 16870 Zentralverband der Hausangestellten Deutschlands.
S 17587 Zentralorgan des Verbandes der Hausangestellten Deutschlands.
SA 593 Was will die internationale Abolitionisten Föderation?
SA 795 Internationaler Verein der Freunde junger Mädchen.
SA 1501 Klub der Dienstmädchen.
SA 1847 Verein gebildeter Hausangestellter.
V 43 Verein zur Vertretung der gewerblichen Interessen der Frauen und Mädchen 1885–1895.

V 324 Verein zur Hebung der öffentlichen Sittlichkeit.
V 327–28 Öffentliche Versammlung der Frauen und Mädchen 1890–1895.
V 348 Agitationsverein der Frauen und Mädchen 1890–1893.
V 469 Zentralverein der Frauen und Mädchen 1892–1895.
V 479 Zentralverein der Frauen und Mädchen 1892–1895.
V 487 Zentralverein der Frauen und Mädchen 1892–1895.
V 499 Zentralverein der Frauen und Mädchen 1892–1895.
V 581 Zentralverein der Frauen und Mädchen 1892–1895.
V 890 Bd. 1–2 Verein für Dienstmädchen, Scheuerfrauen.
V 900 Verein für Dienstmädchen, Scheuerfrauen und Stützen.
V 959 Zentralverband der Hausangestellten Berlin 1909.

Polizeibehörde-Kriminalwesen:
1785 Nr. 6 Prostitution.
1803 Nr. 124 Heimliche Entbindung.
1804 Nr. 145 Nichtanmeldung von Fremden.
1818 Nr. 134 Kurpfuscherei.
1818 Nr. 196 Heimliche Geburt und Kindesmord.
1822 Nr. 365 Buch zur sittlichen Bildung der Dienstboten.
1825 Nr. 91 Schwängerung und versuchte Abtreibung.
1829 Nr. 88 Erschlichene Copulation.
1831 Nr. 168 Dienstmädchen-Giftmordversuch.

Präturen:
II F 178 Bezahlung von Dienstboten und Kostgeld 1873–1875.
II V 51 Bezahlung von Ammengeld; Retentionsrecht des Dienstherren bei Lohnvorschuß 1875.
(Schriftgut-)Beispielsammlung; P 2.

Senat:
Cl. I Lit. T Nr. 7 Vol. 6 Fasc. 9 Inv. 6a (Prostitution).
Cl. VII Lit. Lb Nr. 17a 1 Vol. 1–13; 14 Fasc. 1–4b; 15–17 (Gesindeordnung).
Cl. VII Lit. Nc Nr. 5 (Statistiken).
Cl. VII Lit. Nc Nr. 12 Vol. 3, 5, 6 (Aufenthaltskarten – Dienstboten, Fremde).
Cl. XI Gen. Nr. 2 Vol. 22 (Anfrage zur Arbeitszeit).

Unterstützungsbehörde von 1842:
16 – 1, 3, 5, 7, 9, 11, 12, 14.
30 – 1, 2, 15, 24, 26, 31, 86, 100, 106, 107, 147, 159, 213, 257, 264, 283,

293, 324, 338, 364, 378, 393, 400, 413, 494, 534, 607, 634, 683, 688, 1004, 1103, 1192.

35 – Abrechnungen über Geldspenden für besondere Zwecke.

1.2. Museum für Hamburgische Geschichte

Handschriftliche Anweisung für die verschiedenen Dienstmädchen der Kaufmannsfamilie Schlüter aus der Vorstadt St. Georg aus dem Jahre 1858.

2. Gedruckte Quellen

BAHRDT, Carl Friedrich: Handbuch der Moral für den Bürgerstand. Halle 1789.

Beantwortung der aus der Versammlung der Modedamen erschienenen Proclamation. Hamburg 1797. (StAH, Hamburgensien Sammelband 50, Nr. 43.)

Beiträge zur Statistik Hamburgs. (Mit besonderer Rücksicht auf die Jahre 1821–1852.) Hrsg. von Mitgliedern des Vereins für Hamburgische Statistik. Hamburg 1854.

BERGER, (Johann Erich v.): Über das Gesindewesen. In: Schleswig-Holsteinische Provinzialberichte, Jg. 8, Bd. 1, H. 2, 1794. S. 113–150.

Bericht des Polizei-Inspektors Röpke aus Anlaß des 50 jährigen Bestehens des Gesindebureaus, vom 28. Dec. 1883.

BENEKE, Otto: Hamburgische Geschichten und Sagen. Hamburg 1853.

BERTUCH, F. J. und G. M. Kraus (Hrsg.): Journal (des Luxus und) der Moden. Erster Band, Jahrgang 1786, Weimar 1786. Jahrgang 1792, Weimar 1792. Siebzehnter Band, Jahrgang 1802, Weimar 1802.

BRENNECKE, H.: Ueber die Verschlimmerung des Gesindes und dessen Verbesserung. Berlin 1810.

Brockhaus Kleines Konversations-Lexikon. Fünfte, vollständig neubearbeitete Auflage in zwei Bänden. Erster Band A–K. Leipzig 1906.

BROHAGEN, P. H. C.: Hamburger Trachtenkalender von 1804.

BÜCHLING, Johann David: Arbeit bringt Glück. 1795. In: Könnecker, Marie Louise (Hrsg.): Kinderschaukel 1. Ein Lesebuch zur Geschichte der Kindheit in Deutschland 1745–1860. Darmstadt und Neuwied 1976. S. 114–115.

By Kümmel und by witten, da shall se woll good sitten – oder die klagenden Stimmen der Hamburger und Altonaer Herrschaften über die brutalen Dienstmädchen, Mamsells, wollte ich sagen, denn Dienstmädchen wollen sie ja nicht mehr heißen. Hamburg 1798. (StAH, Hamburgensien Sammelband 50, Nr. 14.)

Das Gefängnis (...) diese beyden brutalen Dienstmädchen, welche öfters ohne Wissen und Willen ihrer Herrschaften nach dem Ball gefahren, werden nun mehro öffentlich an Meistbietenden verkauft. (...) Hamburg 1798.

DAVIDIS, Henriette: Die Hausfrau. Praktische Anleitungen zur selbständigen und sparsamen Führung des Haushalts. Essen 1861.

Dee Bündelabend. En plattdüütsches Leed. Hamburg um 1820. (StAH, Hamburgensien Sammelband 51, Nr. 30.)

DENEKEN, (Arnold Gerhard): Über den Gebrauch, dem Gesinde Trinkgeld zu geben. In: Hanseatisches Magazin 3, 1800, Hrsg. v. J. Smidt. S. 193–247. Bremen 1800.

Der, die untreuen Dienstboten beleuchtende Nachtwächter oder: Warnung an Herrschaften wegen des heimlichen Nachtschwärmens vieler Dienstmädchen mittels Eröffnung der Thüren und Fenster – wie auch über vieler Mädchen Hausdiebereien zu Gunsten ihrer Liebhaber ... – Eine äußerst drollige Geschichte. Hamburg 1798. (StAH, Hamburgensien Sammelband 50, Nr. 16.)

Der Friseur und sein Kunde. Ein Gespräch beim Friseur oder die beiden brutalen Dienstmädchen sind aus ihrer Gefangenschaft erlöst. 1798. (StAH, Hamburgensien Sammelband 50, Nr. 15.)

Der Gesindefreund. Ein Handbuch für weibliche Dienstboten, als ein für dieselben nützliches Geschenk von christlichen Herrschaften, denen die Beförderung ihrer häuslichen Zufriedenheit und Wohlfahrt nicht gleichgültig ist. Liegnitz und Leipzig 1803.

Der große Unterschied zwischen gute Dienstmädchen und freche, übertrieben galante Dienstmenscher oder: Die hierin aufgeführten ehrliebenden und modesten Dienstmädchen sind beynahe in der ganzen Stadt als Tugendmuster bekannt. Hamburg 1798.

Der Patriot. Nach der Originalausgabe Hamburg 1724–26 in drei Textbänden und einem Kommentarband kritisch herausgegeben von

Wolfgang Martens. Band 1, Jahrgang 1724, Stück 1–52, Berlin 1969. Band 2, Jahrgang 1725, Stück 53–104, Berlin 1970. Band 3, Jahrgang 1726, Stück 105–156, Berlin 1970.

Der vielbedeutende Küster und Anwald der kürzlich beleidigten schönen Hamburger Dienstmädchen oder die Livrebedienten und die Armesünder-Predigt. Eine für Herrschaften und Dienstmädchen sehr interessante Schrift. Hamburg 1797 – herausgegeben von dem berühmten Küster zu N. N. (StAH, Hamburgensien Sammelband 50, Nr. 13.)

Die Hamburger Köchinnen und Dienstmädchen und der Hamburger Beobachter als Mörder ihres guten Rufs. (...) von Peter Rademacher (...). 2. Auflage, Hamburg 1848.

Dokumente der revolutionären deutschen Arbeiterbewegung zur Frauenfrage 1848–1974 Hrsg. v. d. Forschungsgemeinschaft »Geschichte des Kampfes der deutschen Arbeiterklasse um die Befreiung der Frau« an der Pädagogischen Hochschule »Clara Zetkin« Leipzig. Leipzig 1975.

Drey neue Lieder zum Bündelabend. Hamburg 1826.

ERSCH, J. S. und J. G. Gruber (Hrsg.): Allgemeine Encyklopädie der Wissenschaft und Künste. Erste Section A–G. 64. Teil Gesenius – Getränk. Herausgegeben von Hermann Brockhaus, Leipzig 1857. Photomechanischer Nachdruck Graz 1973.

Etwas als Beytrag zu dem, im ersten Stücke der Annalen vom Jahre 1791 befindlichen Aufsatze »Stof zu Betrachtungen für Herrschaften, in Rücksicht ihres Einflusses auf das Verderben ihrer Hausbediente« betitelt. Von einem hannoverschen Bedienten. In: Annalen der Braunschweigisch-Lüneburgischen Curlande. 5, 1791, S. 719–728.

Feyerliche Rede der alten Köchin Margrethe zum Tage Martini, da man Gänse schlachtet, an alle auf- und abgehende Köchinnen, Kleinmädchen und sonstige dienstbare Geister – (...) Hamburg 1825. (StAH, Hamburgensien Sammelband 51, Nr. 29.)

FICHTE, Johann Gottlieb: Grundlagen des Naturrechts nach Prinzipien der Wissenschaftslehre (1796). Hamburg 1960.

FÖRSTER, Christian: Hamburger Bilderbogen. Hamburg o. J.

Freymüthige Gedanken über die itzigen Anzüg der Frauenzimmer mit ihren langen französischen Sackkleidern – nebst etwas über die Hamburger Dienstmädchen. O. J. (StAH, Hamburgensien Sammelband 50, Nr. 46.)

GERMERSHAUSEN, Chr. Fr.: Die Hausmutter in all ihren Geschäften. Leipzig 1781.

GLASER, Peter: Gesind Teuffel. Darin acht Stueck gehandelt werden, von des Gesindes Vntrew, welche in nachfolgenden Blat verzeichnet. Dresden 1564.

Goldner Spiegel, ein Geschenk für Mädchen, welche in Dienst treten wollen. Regensburg 1806.

HALLIER, Eduard: Erlebtes und Geschautes, Lebenserinnerungen eines alten Mannes. Hamburg 1955.

Hamburg und Altona. Eine Zeitschrift zur Geschichte der Zeit, der Sitten und des Geschmacks. Hrsg. von Karl Julius Lange. Hamburg 1802/1803.

HARTMANN, August: Versuch einer geordneten Anleitung zur Hauswirtschaft, Stuttgart 1792.

HEGEL, Georg Friedrich Wilhelm: Grundlinien der Philosophie des Rechts (1821), Frankfurt/M., Berlin, Wien 1972.

– Phänomenologie des Geistes (1807). Frankfurt/M., Berlin, Wien 1970.

– Vorlesungen über die Philosophie der Geschichte (1822), Werke Band 12, Frankfurt/M. 1970.

HESS, Jonas Ludwig v.: Hamburg topographisch, politisch und historisch beschrieben. 2. Auflage. Band 1–3, Hamburg 1810.

HOFF, August v.: Ueber Gesinde, Gesinde-Ordnung und deren Verbeßerungen. Berlin 1789.

HOFFMANN, J(ohann) G(ottfried): Bemerkungen über die Ursachen der entsittlichenden Dürftigkeit oder des sog. Pauperismus. In: Hoffmann Nachlaß kleiner Schriften staatswissenschaftlichen Inhalts, Berlin 1847.

HOLST, Amalie: Über die Bestimmung des Weibes zur höheren Geistesbildung. Berlin 1802.

Jahresbericht der Abt. IV der Polizeibehörde (Fremden, Pass- und Gesinde-Polizei – Einwohnermeldeamt). Hamburg 1899.

KANT, Immanuel: Metaphysik der Sitten. (1797), Hamburg (1954).

– Beantwortung der Frage: Was ist Aufklärung? In: Kant, Immanuel: Was ist Aufklärung, Aufsätze zur Geschichte und Philosophie. Hrsg. und eingeleitet v. Jürgen Zelbe, S. 55–62. (1784), Göttingen 1967.

Katechismus für Dienstboten oder fünf und zwanzig Regeln in Betreff ihrer sittlichen Aufführung und ihres anständigen Betragens gegen Herrschaften und Mitdienende (...). Hamburg 1825.

KELTINGER, Elise: Lehrbuch für Dienstmädchen in bürgerlichen und vornehmen Häusern. Essen – Ruhr 1905.

KNIGGE, Adolph Frhr. v.: Ueber den Umgang mit Menschen. Vollständige Neubearbeitung des altberühmten Buches des Frhr. v. Knigges durch Curt Weißenfeld (1788). Neunte unveränderte Auflage o. J. (1927).

KOEBLER, J. W.: Beleuchtung der so häufig vorkommenden Klagen über die Verderbtheit der Dienstboten mit besonderer Rücksicht auf die Kgl. Bayer. Haupt- und Residenzstadt München. München 1828.

KRÜNITZ, (Johann Georg): Oeconomische Encyclopädie oder allgemeines System der Staats-, Stadt, Haus- und Landwirtschaft. 17. Theil, von Geld bis Gesundheit, 40. Theil von Kleid bis Kleo. 2. Auflage, Berlin 1787.

LAPPENBERG, Johann Martin: Die ältesten Stadt-, Schiff- und Landrechte Hamburgs I. Hamburg 1845.

LAVATER, (Johann Kasp.): Sittenbüchlein für das Gesinde. Homburg v. d. Höhe 1773.

Leben und weben op'n Hamborger Bündel-Abend. Martiny, den 14. November 1841.

MARX, Karl und Friedrich Engels: Manifest der Kommunistischen Partei. (1847), Berlin 1969.

MEYER, (Friedrich Johann Lorenz): Skizzen zu einem Gemälde von Hamburg 1801, 1. Heft 1–3.

MÖHRMANN, Renate (Hrsg.): Frauenemanzipation im deutschen Vormärz. Stuttgart 1978.

MORGENSTERN-SCHULZE, J. K.: Lesebuch für angehende weibliche Dienstboten. Teil I Halle 1789, Teil II Halle 1790.

MOST, –: Ein Beitrag zur historischen Lohnstatistik der häuslichen Dienstboten. In: Jahrbücher für Nationalökonomie und Statistik 92 (3. F., 37. Bd.), S. 219–227. Jena 1909.

NICOLAI, Christoph Friedrich: Beschreibung einer Reise durch Deutschland und die Schweitz im Jahre 1781 nebst Bemerkungen über Gelehrsamkeit, Industrie, Religion und Sitten. Berlin, Stettin 1783.

– Beschreibung der königlichen Residenzstädte Berlin und Potsdam, und aller daselbst befindlichen Merkwürdigkeiten. Berlin 1786.

Privilegierte wöchentliche gemeinnützige Nachrichten von und für Hamburg. Jahrgang 1801, 1803, 1822, 1840.

Proclamation in Betreff der bloßen Brüste wegen begangenen Frevels eines Matrosen, der sich erfrechte, einer Judenmadam im Vorbeigehen einen Pruntje von durchkautem Toback auf den blossen Titt zu legen. (...) (1797). (StAH, Hamburgensien Sammelband 50, Nr. 45.)

RICHTER, Karl Gottlieb: Ueber Gesinde, Gesindeordnung und deren Verbesserung. Berlin 1790.

ROSEN, Kathinka v.: Zur Dienstbotenfrage, eine Erwiderung an Dr. Oscar Stillich. Leipzig 1903.

RUMPF, J. D. F.: Der Haus-, Brod- und Lehrherr in seinen ehelichen, väterlichen und übrigen hausherrlichen Verhältnissen gegen Gesinde, Gesellen und Lehrlinge. Berlin 1823.

SALBERG, Maria und Elisabeth Glas: Unser Dienstmädchen, was es wissen und leisten muß und wie es sich benehmen soll. 2. Auflage München 1908.

Sammlung von zwölf Flugschriften über die Französische Revolution und Napoleon I, aus den Jahren 1794–1814.

SANS GÈNE, Marie: Jugenderinnerungen eines armen Dienstmädchens. Unveränderter Nachdruck der Ausgabe 1906. Neu herausgegeben und mit einem sozialkritischen Nachwort versehen von Dr. C. Meyer. Bremen o. J. (1973).

SAUTIER, Heinrich: Die arme, brave Marie oder das Bild eines vollkommenen Dienstmädchens. 4 Teile, 1801–1802.

SIEVEKING, Georg Heinrich: Über Luxus, Bürgertugend und Bürgerwohl. In: Schriftensammlung der Gesellschaft zur Beförderung der Künste. Band 4, Heft 1, S. 170. Hamburg 1791.

SMIDT, Heinrich: Hamburger Bilder. Band 1–2, Hamburg 1836, Band 3, Hamburg 1837.

SCHACHT, Heinrich: Bilder aus Hamburgs Volksleben. Hamburg 1855.

SCHUETZE, Johann Friedrich: Holsteinisches Idiotikon, ein Beitrag zur Volkssittengeschichte. Teil 1, 1800, Teil 2, 1801, Teil 3, 1802.

SCHÜTZE, J(ohann) F(riedrich): Hamburgisches neues Taschenbuch auf das Jahr 1801 zur Beförderung froher Laune, Menschen- und Sittenkunde im neuen Jahrhundert.

SCHULZ, Ursula (Hrsg.): Die Deutsche Arbeiterbewegung 1848–1919 in Augenzeugenberichten. Mit einer Einleitung von Willy Dehnkamp. München 1976.

Statistik des Hamburgischen Staates, bearbeitet vom Statistischen Bureau der Deputation für direkte Steuern. Heft I, Hamburg 1867, Heft III, Hamburg 1872. Heft VII, Hamburg 1875. Heft VIII, Hamburg 1876. Heft IX, Hamburg 1878. Heft XII, Hamburg 1883. Heft XIII, Hamburg 1886. Heft XV, Hamburg 1890. Heft XVII, Hamburg 1895. Heft XXVI, Hamburg 1912.

Statistik über die Tätigkeit des Gesindebüros und des Fremdenbüros für die Jahre 1886/1887. Hamburg 1888.

Stimme der Livreydiener, Domestiken und andere Dienstboten in Hinsicht auf die Zeitungsausgabe und der sog. Extrablätter ... vorgelegt von einem herrschaftlichen Bedienten. Wien 1788.

Stof zur Betrachtung für Herrschaften in Rücksicht ihres Einflusses auf das Verderben der Hausbediente. In: Annalen der Braunschweig-Lüneburgischen Curlande 5, 1791, S. 122–142.

SUHR, Christoffer: Hamburgische Trachten. Hamburg 1838. Einmalig nummerierte Auflage von 1908 (Nr. 244 von 245 Exemplaren).

TACITUS, Cornelius: In Five Volumes I: Agricola, Transl. by M. Hutton, Rev. by R. M. Ogilvie. *Germania*, Transl. by M. Hutton, Rev. by E. M. Wormington. Dialogues, Transl. by W. Petersen, Rev. by M. Winterbottom. London 1970.

Ueber Gesinde-Verbesserung. Eine Verhandlung der Hamburgischen Gesellschaft zur Beförderung der Künste und nützlichen Gewerbe. Hamburg 1793. (StAH, Hamburgensien Sammelband 21.)

Verhandlungen und Schriften der Hamburgischen Gesellschaft zur Beförderung der Künste und nützlichen Gewerbe. Band 1, 2 und 7. Hamburg 1807.

Vermahnungsred' vun Dorthe dee oole Kääksch gegen dee Klatschereyen in'm »Bündelabend« un dee Rede der Köchin Margarethe. – (...) Hamburg um 1820. (StAH, Hamburgensien Sammelband 51, Nr. 31.)

VIERSBECK, Doris: Erlebnisse eines Hamburger Dienstmädchens. München 1910.

Warum bedürfen wir weiblicher Dienstbotenschulen und wie sollen sie angelegt sein? (...) Hamburg 1869.

WEBER, Emilie: Jugenderinnerungen 1836–1851. Hamburg 1904.

Wenn Frauenzimmer sich fast bis zum Nabel entblößen, werden oder können sie es dann übel nehmen, wenn man nach ihren nackten Brüsten greift, indem sie selbst einem zur Geilheit reizen oder gar auffordern? Hamburg, im Jahre der vielen Ammen, o. J. (StAH, Hamburgensien Sammelband 50, Nr. 22.)

WINTER, Marie Luise: Das Hamburger Bündelfest. In: Niederdeutsche Zeitschrift für Volkskunde 21 (1943), S. 40–49.

YORK, B. v.: Lebenskunst, die Sitten der guten Gesellschaft auf sittlich ästhetischer Grundlage. Leipzig o. J.

ZEDLER, Johann Heinrich: Großes Vollständiges Universallexikon Aller Wissenschaft und Künste. Zehnter Band G–Gl. Halle und Leipzig 1735.

2.1. Gesetzessammlungen

Bekanntmachung – A. F. Spalding, Landherr der Marschlande: Zur Vermeidung der häufigen Klagen über Verordnungen in Ansehung der Dienstboten im Lande, wodurch oftmals die Herrschaften und Hauswirthe in Verlegenheit gesetzt werden, hat der Wohlverordnete Landherr für notwendig erachtet, folgende Verordnung zu erlassen. Hamburg 25. Febr. 1837 (6. Jul. 1844).

Das Hamburgische Gesetz betreffend die Krankenversicherung der Dienstboten vom 16. Juli 1890. Hamburg 1896.

Die Hamburgischen Hochzeits- und Kleiderordnungen von 1583 und 1585. Hamburg 1899.

Dienstbotenordnung für das Amt Ritzebüttel. 1. Aug. 1861.

Gesindeordnung für die Landherrschaft der Geestlande. 1. Mai 1845.

Gesindeordnung von 1845, nach Maßgabe der Gewerbeordnung des Norddeutschen Bundes.

Polizeiverfügung vom 29. März 1837: Da mittels Conclusi Ampl. Senatus v. 15. März 1837 gestattet worden ist, daß auch einheimische Dienstboten, wenn sie sich freiwillig dazu melden, derselben Kontrolle unterworfen werden können, welche hinsichtlich des Gesindes aus der Fremde stattfindet.

Polizeiverfügung vom 30. Dec. 1864: Verbot »des marktschreierischen Anbietens von Dienststellen in öffentlichen Blättern«.

Revidierte Gesindeordnung für das Königreich Sachsen vom 2. Mai 1892, in der Fassung vom 31. Mai 1898. Textausgabe (...) von Paul Fahrnert. 3. Auflage Leipzig 1906.

Revidierte Verordnung in Bezug auf das Gesinde und die Nachweisungs-Comptoire für Dienstboten. Juli 1874.

Verordnung in Beziehung auf das Gesinde, welche durch den Rath- und Bürgerschluß vom 28. Nov. 1833 vorläufig auf Fünf Jahre beliebt werden. Auf Befehl eines Hochedlen Raths der freyen Hansestadt Hamburg. publiciert den 30. Dec. 1833.

Verordnung in Beziehung auf das Gesinde und die Nachweisungs-Comptoire und Dienstbotenvermiether und -vermietherinnen. Auf Befehl eines Hochedlen Raths der freyen Hansestadt Hamburg. publiciert den 14. Juni 1839.

Verordnung in Beziehung auf das Gesinde und die Nachweisungs-Comptoire und Dienstbotenvermiether und Vermietherinnen, welche durch den Rath- und Bürgerschluß vom 31. Juli 1845 beliebt worden. Auf Befehl eines Hochedlen Raths der freyen Hansestadt Hamburg. publiciert den 8. Aug. 1845.

Verordnung von 1845 in Bezug auf das Gesinde und die Nachweisungscomptoire für Dienstboten nach Maßgabe der Gewerbeordnung für den Norddeutschen Bund vom 30. Sept. 1869.

3. Literaturverzeichnis

Arbeiterbewegung und Frauenemanzipation 1889–1933. Hrsg. v. Institut für Marxistische Studien und Forschung Frankfurt/M. Frankfurt/M. 1973.

Aufklärung, Erläuterungen zur deutschen Literatur. Hrsg. vom Kollektiv für Literaturgeschichte im Volkseigenen Verlag Volk und Wissen. Berlin 1977.

BAASCH, Ernst: Geschichte des hamburgischen Zeitungswesens von den Anfängen bis 1914. Hamburg 1930.

BÄUMER, Gertrud: Die Frau im neuen Lebensraum. Berlin 1931.

– Die Frau in der Chrisis der Kultur. Berlin 1927.

– Die Frau in der Kulturbewegung der Gegenwart. Wiesbaden 1904.

– Die Frau in Volkswirtschaft und Staatsleben der Gegenwart. Stuttgart und Berlin 1914.

– Die soziale Idee in den Weltanschauungen des 19. Jahrhunderts. – Grundzüge der modernen Sozial-Philosophie. Heilbronn 1910.

– Die Ziele der sozialen Frauenschule und des sozialpädagogischen Instituts in Hamburg. Berlin o. J.

BAUDISSIN, Adelbert, Graf: Der Mägdemarkt in Ripen. In: Schleswig-Holstein 11, 1959, S. 267–268.

BAUER, Karin: Clara Zetkin und die proletarische Frauenbewegung. Berlin 1978.

BEBEL, August: Ueber die gegenwärtige und künftige Stellung der Frau. In: Glossen zu Yves Guyots und Sigismond Lacroix »Die wahre Gestalt des Christentums«. Vierte durchges. Aufl., S. 40–54. Berlin 1908.

BELLEBAUM, Alfred: Soziologische Grundbegriffe. Fünfte verb. Aufl., Darmstadt 1974.

BERGER, Richard (August): Die häuslichen Dienstboten nach dem Kriege; Dienstbotenvereine. Mönchen-Gladbach 1916.

– Die rechtliche Lage der Dienstboten Badens in sozialökonomischer Beleuchtung. Mönchen-Gladbach, Jur. Diss. 1915.

BERLIN, Jörg (Hrsg.): Das andere Hamburg, freiheitliche Bestrebungen in der Hansestadt (...). Köln 1981.

BERNSDORF, Wilhelm: Wörterbuch der Soziologie Bd. 1 und 2. Frankfurt/M. 1972.

BERTHEAU, Franz Rudolf: Das Zeitungswesen in Hamburg 1616–1913. Hamburg 1914.

BEUYS, Barbara: Familienleben in Deutschland. Reinbek bei Hamburg 1980.

BLASCHKA, Anton: Die Dienstmagd. II. Teil Kopenhagener Handschrift und Niederdeutsche Bruchstücke. In: Wissenschaftliche Zeitschrift der Martin-Luther-Universität Halle – Wittenberg. Gesellschafts- und Sprachwissenschaftliche Reihe 10 (1961) H. 4/5, Sonderbeilage S. 909–913.

BLIKSLAGER, G.: Hausstand, Verlobung und Dienstboten im ostfriesischen Volksverein. Upstalsbom-Blätter (Emden) 1919, S. 26–28.

BOEHN, Max v.: Biedermeier-Deutschland v. 1815–1847. München 1923.

– Das Empire. Die Zeit, das Leben, der Stil. Berlin 1925.

– Die Mode im 19. Jahrhundert. Band 1–4, München 1907–1919.

BÖHMER, Günter: Die Welt des Biedermeier. München 1968.

BOLLAND, Jürgen: Die Hamburgische Bürgerschaft in alter und neuer Zeit. Hamburg 1959.

– Ein Sonderfall in der Geschichte. In: Hamburg, Die Freie und Hansestadt. Hrsg. v. Paul Otto Vogel. Hamburg 1972, S. 9–16.

– Senat und Bürgerschaft. Über das Verhältnis zwischen Bürger und Stadtregiment im alten Hamburg. Hamburg 1954.

BRANDT, Martin: Die Bestrebungen der Hamburgischen Armenanstalt von 1788 zur Erziehung der Armenbevölkerung. Ein Beitrag zur Geschichte der Industrieschule. In: Erziehungswissenschaftliche Studien, H. 6. Hamburg 1954.

BRANDT, Peter, Thomas Hoffmann und Reiner Zilkenat: Preußen, zur Sozialgeschichte eines Staates. Eine Darstellung in Quellen. Bd. 3 des Katalogs zu der Ausstellung »Preußen Versuch einer Bilanz« vom 15. August–15. November 1981 in Berlin.

BRÜCKNER, Wolfgang: Populäre Druckgraphik Europas. Deutschland vom 15. bis zum 20 Jahrhundert. München 1969.

BRUNNER, Otto: Das »ganze Haus« und die alteuropäische Ökonomik. In: Familie und Gesellschaft. Hrsg. v. Ferdinand Oeter. Tübingen 1966.

BULCH, Heinrich: Dienstbotenwechsel nach der julianischen Zeitreichnung. In: Heimat, Jg. 42, Kiel 1932, S. 129.

COHN, Egon: Gesellschaftsideale und Gesellschaftsroman des 17. Jahrhunderts. Studien zur deutschen Bildungsgeschichte. Berlin 1921.

CONSENTIUS, Ernst: Die Dienstbotenfrage im alten Berlin. In: Preußische Jahrbücher 126, Berlin 1906, S. 111 ff.

CONZE, Werner: Das Spannungsfeld von Staat und Gesellschaft im Vormärz 1815–1848. In: Industrielle Welt, Schriftenreihe des Arbeitskreises für moderne Sozialgeschichte. Hrsg. v. W. Conze. Bd. 1, Stuttgart 1962.

CHRISTMANN, E.: Vom Wander- oder Bündelstag in der Pfalz. (Gesindewechsel auf dem Lande am 27. Dezember.) Pfälz. Presse 28. Dezember 1930, Nr. 359.

CUNNINGTON, Phillis: Costume of Household Servants From The Middle Ages To 1900. London 1974.

DEIMLING, Gerhard: Recht und Moral, Gedanken zur Rechtserziehung. Darmstadt 1972.

Der letzte Schrei, vom Spätrokoko bis zum Empire, Mode um 1789. Katalog zur Modeausstellung im Museum für Kunst und Gewerbe Hamburg vom 1. Dez. 1976 bis 6. März 1977.

DEUTELMOSER, Mechthild und Birgit Ebert: »Leichte Mädchen«, hohe Herren und energische Frauen. Die Hamburger Frauenbewegung im Kampf gegen Prostitution und Doppelmoral 1898–1906. In: Berlin, Jörg (Hrsg.): Das andere Hamburg. Freiheitliche Bestrebungen in der Hansestadt seit dem Spätmittelalter. Köln 1981, S. 140–161

DHONDT, Jan (Hrsg.): Fischer Weltgeschichte Bd. 10: Das frühe Mittelalter. Frankfurt/M. 1968.

DIE BIBEL oder die ganze Heilige Schrift. Gernsbach 1965.

DIRKSEN, Viktor (Hrsg.): Ein Jahrhundert Hamburg 1800–1900. Zeitgenössische Bilder und Dokumente. Leipzig 1935.

DONAT, Walter: Ein bürgerlicher Haushalt zu Heidelberg um das Jahr 1760. In: Neues Archiv für die Geschichte Heidelbergs 9, S. 149–154.

DUDEN, Barbara: Das schöne Eigentum. Zur Herausbildung des bürgerlichen Frauenbildes an der Wende v. 18. zum 19. Jahrhundert. In: Kursbuch 47, Berlin 1977, S. 125–140.

DÜLMEN, Richard v.: Reformation als Revolution. Soziale Bewegung und religiöser Radikalismus in der deutschen Reformation. München 1977.

EHRENBERG, Richard: Das Haus Parisch in Hamburg. In: Große Vermögen, ihre Entstehung und ihre Bedeutung. Bd. 2, 2. Aufl. Jena 1925.

ELBEN, Clara: Zur Dienstbotenfrage. In: Die Frauenbewegung. Jg. 7, Berlin 1901. S. 11 und 28/29.

ELIAS, Norbert: Über den Prozeß der Zivilisation. Bd. 2. (Frankfurt/M.) 1977.

ENGELS, Friedrich: Der Ursprung der Familie, des Privateigentums und des Staats. In: Karl Marx, Friedrich Engels: Ausgewählte Schriften in zwei Bänden. S. 169–301. Berlin 1966.

ENGELSING, Rolf: Das Vermögen der Dienstboten in Deutschland zwischen dem 17. und 20. Jahrhundert. In: Jahrbuch des Instituts für Deutsche Geschichte Bd. III. Hrsg. Walter Grab. S. 227–257. Tel Aviv 1974.

– Einkommen der Dienstboten in Deutschland zwischen dem 16. und 20. Jahrhundert. In: Jahrbuch des Instituts für Deutsche Geschichte Bd. II. Hrsg. Walter Grab. S. 11–65. Tel Aviv 1973.

– Der Arbeitsmarkt der Dienstboten im 17./18. und 19. Jahrhundert. In: Wirtschaftspolitik und Arbeitsmarkt. Hrsg. v. Hermann Kellenbenz. S. 159–237. Wien 1974.

– Zur Sozialgeschichte deutscher Mittel- und Unterschichten. 2. erweiterte Auflage, Göttingen 1978.

ENGERER, Carl: Vorgeschichte und Recht des Standes der großstädtischen weiblichen Dienstboten. Staatswirtschaftl. Diss. München 1909.

ENZENSBERGER, Hans Magnus u. a. (Hrsg.): Klassenbuch 2, Ein Lesebuch zu den Klassenkämpfen in Deutschland 1850–1919. Darmstadt und Neuwied 1972.

EPHRAIM, Else: Die Stellung der Dienstboten im 18. Jahrhundert. In: Die Frauenbewegung Jg. 6, 1900, S. 11–13. Berlin 1900.

EVANS, Richard J.: Sozialdemokratie und Frauenemanzipation im deutschen Kaiserreich. Berlin, Bonn 1979.

– The Feminist Movement in Germany 1894–1933. London and Beverly Hills 1976.

FINDER, Ernst: Hamburgisches Bürgertum in der Vergangenheit. Hamburg 1930.

FINLEY, Moses J.: Die antike Wirtschaft. München 1977.

FOERSTER, F. W.: Die Dienstbotenfrage und die Hausfrauen, ein Problem der Frauenbildung. Zürich 1912.

FREUD, Sigmund: Drei Abhandlungen zur Sexualtheorie. Frankfurt/M. 1981.

FRIEDELL, Egon: Kulturgeschichte der Neuzeit. Bd. 1, Einleitung, Renaissance und Reformation. 18. Aufl. München 1947.

FUCHS, Eduard: Die Frau in der Karikatur. München 1906.

– Illustrierte Sittengeschichte. Bd. 2: Die galante Zeit. München o. J. (1910).

– Sozialgeschichte der Frau. (1928) Reprint Frankfurt/M. 1973.

FUCHS, Konrad und Heribert Raab: Wörterbuch zur Geschichte Bd. 2, Konz – Z. München 1972.

GAUS, Marianne: Das Idealbild der Familie in den moralischen Wochenschriften und seine Auswirkungen in der deutschen Literatur des 18. Jahrhunderts. Phil. Diss. Rostock 1937.

GEBAUER, Curt: Geistige Strömungen und Sittlichkeit im 18. Jahrhundert. Beiträge zur deutschen Moralgeschichte. Berlin 1931.

– Studien zur Geschichte der bürgerlichen Sittenreform im 18. Jahrhundert. In: Archiv für Kulturgeschichte. Bd. 15, Berlin und Leipzig 1923, S. 97–116. Bd. 20, Berlin und Leipzig 1930, S. 36–51.

GEHRING, Paul: Hamburg und die ersten deutschen Wochenschriften. In: Hamburgische Geschichts- und Heimatblätter. Jg. 9, 1935, S. 224–226.

GERHARD, Ute: Verhältnisse und Verhinderungen. Frauenarbeit, Familie und Rechte der Frauen im 19. Jahrhundert. Frankfurt/M. 1978.

GERSTENKORN, Hans Robert: Weltlich Regiment zwischen Gottesreich und Teufelsmacht. Die staatstheoretischen Anschauungen M. Luthers. Bonn 1956.

GIERKE, Otto v.: Die Wurzeln des Dienstvertrages. In: Festschrift für Heinrich Brunner. München, Leipzig 1914.

GLASBRENNER, Adolf: Berliner Volksleben. Leipzig 1847.

GOLTZ, Theodor, Frhr. von der: Die soziale Bedeutung des Gesindewesens. Danzig 1873.

GÖRLICH, Ernst Joseph: Herrenrecht und Sklavenpeitsche. Eine Geschichte der Sklaverei und Leibeigenschaft. Stuttgart, Salzburg 1971.

GÖTTSCH, Silke: Beiträge zum Gesindewesen in Schleswig-Holstein zwischen 1740 und 1840. Neumünster 1978.

GRAB, Walter: Demokratische Strömungen in Hamburg und Schleswig-Holstein zur Zeit der ersten französischen Republik. Hamburg 1966.

GREBING, Helga: Geschichte der deutschen Arbeiterbewegung. 8. Auflage, München 1977.

GRIESSMAIR, Johannes: Knecht und Magd in Südtirol, dargestellt am Beispiel bäuerlicher Dienstboten im Pustertal. Innsbruck 1970.

GRIMM, Heinrich: Die deutschen »Teufelsbücher« des 16. Jahrhunderts. In: Börsenblatt für den deutschen Buchhandel, Jg. 15, Nr. 100 v. 17. 10. 1959. – Sondernummer.

GRÜTZNER, Reinhold: Kost und Lohn des Hofgesindes um 1800. Nach Urkunden aus den Dörfern Grenztal, Gostal und Heinersdorf. In: Heimatblätter des Neißegaues 14, 1938, Nr. 10–11.

HABERMAS, Jürgen: Strukturwandel der Öffentlichkeit. Neuwied, Berlin 1962.

HAENSCH, Dietrich: Repressive Familienpolitik. Hamburg 1969.

HAIN, Mathilde: Aschenputtel und die »geistliche Hausmagd«. In: Rheinisches Jahrbuch für Volkskunde XII (1961), S. 9–16.

HECKSCHER, J.: Chr. Suhrs Hamburgische Trachten. Berlin 1909.

HEINEMANN, Werner: Die radikale Frauenbewegung als nationale Gefahr. Hamburg 1913.

HERETH, Michael (Hrsg.): Grundprobleme der politischen Ökonomie. München 1977.

HERMAND, Jost (Hrsg.): Von deutscher Republik 1775–1795, II. Theoretische Grundlagen. Frankfurt/M. 1968.

HEPDING, Hugo: Dienstbotenmärkte. In: Hessische Blätter für Volkskunde 26 (1927), S. 141.

HIRSCH, Arnold: Bürgertum und Barock im deutschen Roman, ein Beitrag zur Entstehungsgeschichte des bürgerlichen Weltbildes. 2. Aufl. bes. v. Herberg Singer. Köln, Graz 1957.

HOFFMANN, Julius: Die »Hausväterliteratur« und die Predigten über den christlichen Hausstand. Lehre vom Hause und Bildung für das häusliche Leben im 16., 17., 18. Jahrhundert. Weinheim, Berlin 1959.

HOLZHAUSEN, Paul: Davout in Hamburg. Ein Beitrag zur Geschichte der Jahre 1813–1814. Mühlheim (Ruhr) 1892.

JAKOBY, Karl: Die ersten moralischen Wochenschriften Hamburgs am Anfang des 18. Jahrhunderts. Hamburg 1888.

JANTKE, Carl und Dietrich Hilger: Die Eigentumslosen. Der deutsche Pauperismus und die Emanzipationskrise in Darstellungen und Deutungen der zeitgenössichen Literatur. München, Freiburg 1965.

JUSTUS, Thekla: Die weiblichen Hausangestellten in Frankfurt am Main. Frankfurt/M. Phil. Diss. 1924.

JUX, Anton: Handwerker, Tagelöhner und Dienstboten in Hohkoppel 1842–1888. In: Bergischer Kalender 29 (1959), S. 110–117.

KÄHLER, Wilhelm: Gesinde – Soziale Verhältnisse des Gesindewesens. In: Handwörterbuch der Staatswissenschaften, Hrsg. J(ohannes) Conrad, W(ilhelm) Lexis u. a., Bd. 4 Galiani – v. Justi. 2. gänzl. umgearb. Aufl. Jena 1900.

– Gesindewesen und Gesinderecht in Deutschland. Jena 1896.

KESTING, Hanno: Herrschaft und Knechtschaft. Die »soziale Frage« und ihre Lösungen. Freiburg 1973.

KLEIN, Ruth: Lexikon der Mode. Baden-Baden 1950.

KLEPPER, Erhard: Die Mode des 18. Jahrhunderts. München 1971.

KLÉE GOBERT, Ascan: Zacke und Loch. 3. Aufl. Hamburg 1972.

KLESSMANN, Eckart: Geschichte der Stadt Hamburg. Hamburg 1981.

KLUGE, Friedrich: Etymologisches Wörterbuch der deutschen Sprache. 18. Aufl. bearbeitet von Walter Mitzka. Berlin 1960.

KÖNIG, René: Fischer Lexikon Soziologie. Neuausgabe. Frankfurt/M. 1967.

KOFLER, Leo: Zur Geschichte der bürgerlichen Gesellschaft, Versuch einer verstehenden Deutung der Neuzeit. Neuwied und Berlin 1966.

KOLLMANN, Paul: Geschichte und Statistik des Gesindewesens in Deutschland. Jahrbücher für Nationalökonomie und Statistik 10, 1968, S. 237–301.

KÖNNECKE, Otto: Rechtsgeschichte des Gesindes in West- und Süd-Deutschland. Marburg 1912.

KRAMER, Hans: Deutsche Kultur zwischen 1871 und 1918. Handbuch der Deutschen Kulturgeschichte. Abt. 1, Zeitalter deutscher Kultur v. 1871–1918. Frankfurt/M. 1971.

KRAMER, Karl-S.: Nachrichten zum Komplex Haus und Hof im Volksleben. In: Kieler Blätter zur Volkskunde II, 1970, S. 88 ff.

– Einiges über die Lage des Gesindes in einem ostholsteinischen Gutsbezirk. In: Zeitschrift für Volkskunde. Jg. 70, 1974 I, S. 20–39.

– und Ulrich Wilkens: Volksleben in einem holsteinischen Gutsbezirk. Neumünster 1979.

KRAUS, Antje: Die Unterschichten Hamburgs in der ersten Hälfte des 19. Jahrhunderts. Stuttgart 1965.

KYBALOVÁ, Ludmilla, Olga Herbenová, Milena Lamarová: Das große Bilderlexikon der Mode. Gütersloh 1975.

LAUFFER, Otto: Ausstattung nach Rang und Stand. Festschrift für Alfons Dopsch, »Wirtschaft und Kultur«. Baden, Leipzig 1938.

LAVER, James: Die Mode, Wien, München, Zürich 1970.

LEHR, Hans Walter: Das Bürgerrecht im Hamburgischen Staate. Hamburg 1919.

LEJEUNE, Else: Zur Dienstbotenfrage. Berlin 1897.

LEPPERT-FÖGEN, Annette: Die deklassierte Klasse. Studien zur Geschichte und Ideologie des Kleinbürgertums. Frankfurt/M. 1974.

LERDA-OLBERG, Oda: Zur Dienstbotenfrage. In: Die Frauenbewegung. Jg. 6, 1900, S. 58–59. Berlin 1900.

LEXER, Matthias: Mittelhochdeutsches Taschenwörterbuch. 30. Aufl. Stuttgart 1961.

LÖBE, William: Das Dienstbotenwesen unserer Tage. 2. Aufl. Leipzig 1855.

LUDWIG, Franz: Die Gesindevermittlung in Deutschland. In: Zeitschrift für die gesamte Staatswissenschaft. Ergänzungsheft 10, Tübingen 1903.

LUTHER, Martin: An den christlichen Adel deutscher Nation. Von der Freiheit eines Christenmenschen. Ein Sendbrief vom Dolmetschen. Hrsg. Karl Gerhard Steck. München o. J.

– Vom ehelichen Leben, u. a. Schriften über die Ehe. Hrsg. C. G. Lorenz. Stuttgart 1978.

– Von der Freiheit eines Christenmenschen. Fünf Schriften aus den Anfängen der Reformation. 4. Aufl. Stuttgart 1977.

– Von weltlicher Obrigkeit. Schriften zur Bewährung des Christen in der Welt. Hrsg. Wolfgang Metzger. 3. Aufl. Stuttgart 1978.

MACKENSEN, Lutz: Deutsche Etymologie. Bremen 1977.

MAIERBRUGGER, Matthias: Dienstboten durften früher keine Kinder haben. In: Die Kärntner Landmannschaft, H. 12, 1971, S. 5–7.

– Volkskundliches aus der Gegend von Kaning. In: Carinthia 142 (1952), S. 494–508.

MARBACH, G. O. (Hrsg.): Sprichwörter und Spruchreden der Deutschen. Wiesbaden 1975.

MARTENS, Wolfgang: Die Botschaft der Tugend. Die Aufklärung im Spiegel der deutschen moralischen Wochenschriften. Stuttgart 1971.

MAUERSBERG, H. H.: Wirtschafts- und Sozialgeschichte zentraleuropäischer Städte in neuer Zeit. Göttingen 1960.

MAURER, Friedrich: Die Termine des Dienstbotenwechsels in Hessen. In: Hessische Blätter für Volkskunde 25 (1926), S. 106–116.

MITGAU, Hermann: Gemeinsames Leben 1770–1870 in Braunschweiger Familienpapieren. Wolfenbüttel, Hannover 1948.

Mitteilungen des Vereins für Hamburgische Geschichte. Hrsg. vom Vereinsvorstand. Siebenundzwanzigster Jahrgang 1907. Hamburg 1908.

MOHRMANN, Ruth E.: Sittlichkeitsdelikte in Wilster im Spiegel rechtlicher Quellen des 18. und 19. Jahrhunderts. In: Kieler Blätter zur Volkskunde VIII, 1976, S. 41–61.

MOSER-RATH, Elfriede (Hrsg.): Predigtmärlein der Barockzeit. Berlin 1964.

MUSIAT, Siegmund: Zur Lebensweise des landwirtschaftlichen Gesindes in der Oberlausitz. Bautzen 1964.

MUSSNER, Franz: Die weiblichen Hausdienstboten in München. München 1918.

MÜLLER, Heidi: Dienstbare Geister. Leben und Arbeitswelt städtischer Dienstboten. Ausstellung des Museums für Deutsche Volkskunde Berlin vom 18. Januar bis 18. Juli 1981. Berlin 1981.

NEGT, Oskar und Alexander Kluge: Geschichte und Eigensinn. Frankfurt/M. 1981.

NEHER, Otto: Zur Lage der weiblichen Dienstboten in Stuttgart. Ellwangen 1908.

NESSMANN, J. C. F.: Armenwesen und Armengesetzgebung in Hamburg. In: Armenwesen und Armengesetzgebung in europäischen Staaten. Hrsg. v. A. Emminghaus. Berlin 1870.

NIENHOLT, Eva: Die deutsche Tracht im Wandel der Jahrhunderte. Berlin 1938.

NITSCHE, Rainer und Walter Kröber: Grundbuch zur bürgerlichen Gesellschaft. Bd. 1. Darmstadt und Neuwied 1979.

OHSE, Bernhard: Die Teufelliteratur zwischen Brant und Luther. Ein Beitrag zur näheren Bestimmung der Abkunft und des geistigen

Ortes der Teufelsbücher besonders im Hinblick auf ihre Ansichten über das Böse. Berlin Phil. Diss. 1961.

OSBORN, Max: Die Teufellitteratur des XVI. Jahrhunderts. Berlin 1893.

ÖTTINGEN, Alexander v.: Die Moralstatistik in ihrer Bedeutung für eine Sozialethik. 3. Aufl. Erlangen 1882.

OTTMÜLLER, Uta: Die Dienstbotenfrage. Zur Sozialgeschichte der doppelten Ausnutzung von Dienstmädchen im deutschen Kaiserreich. Münster 1978.

OTTO, Bernd: Gewerkschaftsbewegung in Deutschland. Köln 1975.

PAROW, Eduard, Fritz Hegi, Hans Harald Niemeyer und Reinhard Strömer: Über die Schwierigkeit, erwachsen zu werden. Rauschmittel und Adoleszenskrise. 2. Aufl. Frankfurt/M. 1979.

PIETZCKER, Frank: Deutsches Bürgertum im 19. Jahrhundert. Materialien zur Gemeinschaftskunde. Reihe A. Hrsg. v. Robert Geipel und Wolfgang Haseloff. 2. Aufl. Frankfurt/M., Berlin, München 1978.

PERTHES, Agnes und Wilhelm: Aus der Franzosenzeit in Hamburg. Hamburg 1917.

PIEGLER, Josef: Die ländlichen Dienstbotenvereine. Österreichischer Volkskundeatlas, 1. Lieferung. Linz 1959.

PIEPER, August: Dienstbotenfrage und Dienstbotenvereine. Mönchen-Gladbach 1908.

PIPER, Paul: Altona und die Fremden, insbesondere die Emigranten vor hundert Jahren. Hamburg 1914.

PRELL, Marianne: Erinnerungen aus der Franzosenzeit. Hamburg 1863.

REINCKE, Heinrich: Die Bevölkerung Hamburgs. In: Forschung und Skizzen zur hamburgischen Geschichte. Hamburg 1951.

REICH, Wilhelm: Massenpsychologie des Faschismus. Kopenhagen, Prag, Zürich 1933.

REITSTÄTTER, Josef: Aus dem Leben des Bauerndienstboten im Pinzgau. In: Völkerkunde 2, 1926, S. 246–249.

RIEDEL, Manfred: Studien zu Hegels Rechtsphilosophie. Frankfurt/M. 1969.

RIEHL, Wilhelm Heinrich: Die bürgerliche Gesellschaft. Dritte Auflage, Stuttgart 1861. (Wurde seit 1854 als Band 2 der »Naturgeschichte des Volkes« gezählt.)

– Die Familie. Stuttgart 1861. (Band 3 der »Naturgeschichte des Volkes«.)

– Über den Begriff der bürgerlichen Gesellschaft (1864). In: Wilhelm Heinrich Riehl: Die bürgerliche Gesellschaft. Hrsg. und eingeleitet von Peter Steinbach. S. 270–285. Frankfurt/M., Berlin, Wien 1976.

ROSENBAUM, Heidi: Formen der Familie. Frankfurt/M. 1982.

ROSS, Keith L.: The Devil in 16 th. Century German Literature. The Teufelsbücher. Frankfurt/M. 1972.

ROSS, Lisa: Weibliche Dienstboten und Dienstbotenhaltung in England. Tübingen 1912.

RUTSCHKY, Katharina (Hrsg.): Schwarze Pädagogik. Quellen zur Naturgeschichte der bürgerlichen Erziehung. Frankfurt/M., Berlin, Wien 1977.

SACHSE, J. C.: Der Deutsche Gil Blas, eingef. von Goethe. München 1964.

Sammlung hamburgischer Altertümer als Museum für Volkskunde. In: Mitteilungen des Vereins für Hamburgische Geschichte, Bd. 9, H. 1, Nr. 9, S. 129–135. Hamburg 1907.

SCHERER, Alice und Robert und Julius Dorneich (Hrsg.): Ehe und Familie, Grundsätze, Bestand und fördernde Maßnahmen. Heft sieben in der Reihe »Wörterbuch der Politik«. Freiburg 1956.

SCHEIDL, J.: Bäuerliche Dienstbotenkost im 18. Jahrhundert im Dachauer Land. In: Bayrische Hefte für Volkskunde 4, 1917, S. 146–150.

SCHEINFUSS, Katharina (Hrsg.): Von Brutus zu Marat, Kunst im Nationalkonvent 1789–1795. Reden und Dekrete Band 1. Dresden o. J.

SCHENK, Herrad: Die feministische Herausforderung. München 1981.

SCHIDROWITZ, Leo (Hrsg.): Sittengeschichte des Proletariats. Wien, Leipzig o. J. (1926).

SCHLEGEL, Katharina: The Experience of Hamburg Maids: Relationships between Employers and Employees within Domestic Service in Nineteenth Century Hamburg. Norwich 1980.

SCHMID, Josef: Das Dienstbotenwesen im Herrschaftsbereich Gmünd. In: Carinthia 134/35 (1947), S. 206–216.

SCHOPPE, Georg: Gesindemärkte in Schlesien. In: Hessische Blätter für Volkskunde 26 (1927), S. 190 f.

SCHOTTENLOHER, Karl: Flugblatt und Zeitung. Berlin 1922.

SCHRAMM, Percy Ernst: Hamburger Biedermeier. Hamburg (1962).

SCHULTE, Regina: Dienstmädchen im herrschaftlichen Haushalt. Zur Genese ihrer Sozialpsychologie. In: Zeitschrift für bayerische Landesgeschichte 41, 1978, S. 879–920.

SCHULZ, Selke: Die Entwicklung der Hausgehilfinnen-Organisationen in Deutschland. Rechts- und wirtschaftswissenschaftliche Diss. Tübingen 1961.

SCHYMA, H.: Das Gesinde im Beuthener Kreise im 18. und 19. Jahrhundert. In: Mitteilungen aus dem Beuthener Lande 3 (1926), S. 93 f.

SERAPHIM, Hans Jürgen: Das Heuerlingswesen in Nordwestdeutschland. (Veröffentlichungen des Prov. Inst. für westf. Landes- und Volkskunde, Reihe 1, H. 5), Münster (Westf.), Aschendorff 1948.

SIEVERS, Kai Detlev: Volkskultur und Aufklärung im Spiegel der Schleswig-Holsteinischen Provinzialberichte. Quellen und Forschungen zur Geschichte Schleswig-Holsteins Bd. 58, Neumünster 1970.

SOBOUL, Albert: Die große Französische Revolution. Frankfurt/M. 1973.

SOMBARD, Werner: Der Bourgeois. Zur Geistesgeschichte des modernen Wirtschaftsmenschen. München und Leipzig 1920.

SPAMER, Adolf: Der Bilderbogen von der geistlichen Hausmagd. Göttingen 1970.

STILLICH, Oscar: Die Lage der weiblichen Dienstboten in Berlin. Berlin, Bern 1902.

STRINDBERG, August: Ein Lesebuch für die niederen Stände. Hrsg. v. Jan Myrdal. München 1977.

STROBL, Lorenz: Altbayrische Schlenkltäg. In: Mühlrad 2 (1952), S. 33–36.

THEWELEIT, Klaus: Männerphantasien. Bd. 1. Frankfurt/M. 1977.

TWELLMANN, Margrit: Die deutsche Frauenbewegung. Kronberg 1976.

URBAN, Alfred: Staat und Prostitution in Hamburg vom Beginn der Reglementierung bis zur Aufhebung der Kasernierung (Hamburg 1927).

Vereinsabende im November 1905. In: Mitteilungen des Vereins für Hamburgische Geschichte. Bd. 9, H. 1, Nr. 12. S. 169–173. Hamburg 1907.

WASCHER, Hermann: Das deutsche illustrierte Flugblatt. Bd. 1–2. (Dresden) 1955–1956.

WASCHINSKI, Emil: Währung, Preisentwicklung und Kaufkraft des Geldes in Schleswig-Holstein v. 1226–1864. In: Quellen und Forschungen zur Geschichte Schleswig-Holsteins, Bd. 26, Neumünster 1952.

WEBER-KELLERMANN, Ingeborg: Berliner Dienstmädchen bei Theodor Fontane. In: Museum und Kulturgeschichte. Festschrift für Wilhelm Hansen. S. 393–398. Münster 1978.

– Die deutsche Familie. Frankfurt/M. 1974.

– Die Kindheit. Eine Kulturgeschichte. Frankfurt/M. 1979.

WEGNER, Eginhard: Wandlungen im ländlichen Siedlungs- und Wirtschaftsbild des 17. Jahrhunderts im Amt Loitz und ihre Ursachen. In: Greifswald-Stralsunder Jahrbuch 2 (1962), S. 39–47.

Weiter wohnen wie gewohnt? Konzeption Deutscher Werkbund e. V. 19. Ausstellung im Hause Deutscher Ring. Hamburg 3. April bis 25. Mai 1979.

WILHELM, Friedrich: Die ersten moralischen Wochenschriften in Deutschland, ein Stück Hamburger Kulturgeschichte: In: Hamburgische Geschichts- und Heimatblätter. Jg. 7, 1932–1933, S. 14–18.

WOLFF, Hans Felix: »Nachdienen« des Hausgesindels. In: Zeitschrift des Vereins für Rheinische und Westfälische Volkskunde 31, 1934, S. 73–75.

WITTKOP, Justus Franz: Die Welt des Empire. München 1968.

WULFFEN, –: Zur Psychologie des Dienstboten. Ein Beitrag zur Reform des Gesinderechts. In: Gesetz und Recht 10, 1909, S. 153–165.

ZAEHLE, Barbara: Knigges Umgang mit Menschen und seine Vorläufer. Ein Beitrag zur Geschichte der Gesellschaftsethik. Heidelberg 1933.

ABBILDUNGSNACHWEIS

Abb. 1: Hamburger Dienstmädchen. Postkarte von Knackstedt und Näther, um 1905.
Museum für Hamburgische Geschichte, Bildarchiv.

Abb. 2: Bilderhandschrift des Hamburgischen Stadtrechts von 1497. Dienstantritt. Dienstboten und Gesinde.
Reproduktion Blatt 10. Staatsarchiv Hamburg. Bildarchiv.

Abb. 3: »Scenen aus dem Hamburger Volksleben«. Blatt 12. Lithographie von L. Ens. Hamburg um 1840.
Museum für Hamburgische Geschichte, Bildarchiv.

Abb. 4: Lithographie um 1800. In: Böhmer, Günter: Die Welt des Biedermeier. München 1968, S. 143.

Abb. 5: »Dresdner Hausgesinde in floribus« von Peter Lyser (1803–1870), um 1833(36). In: Böhmer, ebd., S. 144.

Abb. 6: C. W. Allers: Die silberne Hochzeit. Gedr. von C. Griese. Hamburg 1890. Blatt 39 »Hausmädchen und Scheuerfrau«. Lithographie nach einer Zeichnung.
Museum für Hamburgische Geschichte, Bildarchiv.

Abb. 7: Theobald Riefesell: Teppichklopfendes Dienstmädchen. 1893.
Museum für Hamburgische Geschichte, Bildarchiv.

Abb. 8: Beschreibung der geistlichen Hausmagd. Nachdruck des Bilderbogens von C. Burchard's Nachfolger. Weissenburg/Els. um 1890.
Museum für Hamburgische Geschichte, Bildarchiv.

Abb. 9: Titelblatt: Die Hamburger Küche ... Kochbuch für Hausfrauen und Köchinnen. Hamburg 1843.
Museum für Hamburgische Geschichte, Bildarchiv.

Abb. 10: Moderne Dienstboten. Karikatur aus der »Reform«. Hamburg um 1870.
Museum für Hamburgische Geschichte, Bildarchiv.

Abb. 11: Kaffeetrinkende Dienstboten in einer herrschaftlichen Küche. Aufnahme: Osterland. Hamburg um 1910.
Museum für Hamburgische Geschichte, Bildarchiv.

Abb. 12: Lithographie von Henry Boutet (1851-?), in: »Frou-Frou«, um 1880. In: Fuchs, Eduard: Die Frau in der Karikatur. München 1906, S. 391.

Abb. 13: Christian Förster: Hamburger Bilderbogen. Heft 2, Abb. Nr. 8 unten links. Hamburg um 1870.
Museum für Hamburgische Geschichte, Bildarchiv.

Abb. 14: Belobigungs-Attest für gute Dienste. Heiligenstadt 1860.
Staatsarchiv Hamburg.

Abb. 15: Familie Joh. Valentin Meyer und der Künstler Chodowiecki. Ölgemälde. Hamburg 1781.
Museum für Hamburgische Geschichte.

Abb. 16: Familien Duncker und Kerner bei der Abendunterhaltung. Aquarell von J. Milde. Hamburg 1832.
Museum für Hamburgische Geschichte.

Abb. 17: Hamburger Köchin beim Einmachen. 1909.
Museum für Hamburgische Geschichte, Bildarchiv.

Abb. 18: Leipziger Karikatur von G. Kuhn, um 1840. Fuchs, a. a. O. (vgl. Abb. 12), S. 387.

Abb. 19: Christian Förster: Hamburger Bilderbogen. Heft 2, Abb. Nr. 36 links unten. Hamburg um 1870.
Museum für Hamburgische Geschichte, Bildarchiv.

Abb. 20: Christian Förster: Hamburger Bilderbogen. Heft 2, Abb. Nr. 35 rechts unten. Hamburg um 1870.
Museum für Hamburgische Geschichte, Bildarchiv.

Abb. 21: C. W. Allers: Die silberne Hochzeit. Gedr. von C. Griese. Hamburg 1890. Blatt 12. Lithographie nach einer Zeichnung.
Museum für Hamburgische Geschichte, Bildarchiv.

Abb. 22: »Eine Dame in einer Robe à la Turque«, Tafel VIII, März 1786, in: Journal der Moden. Hrsg. v. F. J. Bertuch und G. M. Kraus. Erster Band, Jg. 1786, Weimar 1786, S. 98.

Abb. 23: »Eine junge Dame en Robe Anglaise«, Journal des Luxus und der Moden, Weimar 1792, Tafel 10, April 1792, S. 218.

Abb. 24: »Eine junge Dame im rundausgeschnittenen Obergewand und im bloßen Haar mit Guirlanden und Kamm«, Journal des Luxus und der Moden. Hrsg. v. F. J. Bertuch und G. M. Kraus. Siebzehnter Band, Jg. 1802. Weimar 1802, Tafel 31, November 1802.

Abb. 25: Kleinmädchen in der Kleidung um 1794. Colorierte Radierung von Gatiné nach einer Zeichnung von Bauté. Nachstich von Chr. Suhrs Kleidertracht in Hamburg Nr. 2. Hamburg um 1800.
Museum für Hamburgische Geschichte, Bildarchiv.

Abb. 26: Köchin in der Kleidung um 1794. Colorierte Radierung von Chr. Suhr. Hamburg um 1801.
Museum für Hamburgische Geschichte, Bildarchiv.

Abb. 27: Köchin in der Kleidung ab 1815. Colorierte Radierung von Chr. Suhr. Hamburg 1838.
Museum für Hamburgische Geschichte, Bildarchiv.

Abb. 28: Alte Zeit – Neue Zeit in Hamburg. Colorierte Radierung von Chr. Suhr. Hamburg 1808.
Museum für Hamburgische Geschichte, Bildarchiv.

Abb. 29: Christian Förster: Hamburger Bilderbogen. Heft 2, Abb. Nr. 10 unten links. Hamburg um 1870.
Museum für Hamburgische Geschichte, Bildarchiv.

Abb. 30: C. W. Allers: Die silberne Hochzeit. Gedr. von C. Griese. Hamburg 1890. Blatt 35. Lithographie nach einer Zeichnung. »Zaungäste«.
Museum für Hamburgische Geschichte, Bildarchiv.

Abb. 31: Costumes Hamburgeois: Das Ansagemädchen (die Geburtsanzeige). Kolorierte Lithographie. Hamburg um 1800.
Museum für Hamburgische Geschichte, Bildarchiv.

Abb. 32: Lithographie, Verlag J. Rocca, Berlin um 1850, Böhmer a. a. O. (vgl. Abb. 4), S. 145.

Abb. 33: Lithographie von Charles Philipon (1806–1862) um 1830/32. Böhmer, ebd. (vgl. Abb. 4), S. 146.

Abb. 34: Lithographie von Alois Senefelder (1771–1834) um 1800. Böhmer, ebd. (vgl. Abb. 4), S. 141.

Abb. 35: Zeichnung von Franz Bamberger (1814–1873) um 1840. Böhmer, ebd. (vgl. Abb. 4), S. 147.

Abb. 36: Lithographie von Jean Louis Forain (1852–?) um 1880, in: Courrier Français, Fuchs, a. a. O. (vgl. Abb. 12), S. 390.

Abb. 37: Holzschnitt von Nikolaus Knilling (1825–?) um 1850, in: Fliegende Blätter. In: Fuchs, ebd. (vgl. Abb. 12), S. 386.

Abb. 38: Quittung und Ausweis der Stellenvermittlung Hamburg. 1908.
Staatsarchiv Hamburg.

Abb. 39: Stellenvermittlungsnachweis aus: Zentralorgan der Hausangestellten Deutschlands, 5. Jahrgang, Nr. 8, August 1913.
Staatsarchiv Hamburg.

Abb. 40: Schlachter und Dienstmädchen. Hamburg vor 1909.
Museum für Hamburgische Geschichte, Bildarchiv.

Abb. 41: Flugblatt des Zentral-Verbandes der Hausangestellten Deutschlands, Ortsgruppe Hamburg. Hamburg 1913.
Staatsarchiv Hamburg.

Abb. 42: Flugschrift des Zentralverbandes der Hausangestellten Deutschlands, Berlin um 1909.
Staatsarchiv Hamburg.

Abb. 43: Dienstbuch der Stadt Conitz für Marie Lüdtke, 1866.
Staatsarchiv Hamburg.

Abb. 44: Dienstbuch der Stadt Altona für: Johanna Henr. Sophia Buchholz aus Hamburg, ausgestellt in Altona 4. Oct. 1884, 1884–1886.
Staatsarchiv Hamburg.

Abb. 45: Zwei Dienstmädchen in der »Roggenkiste«. Titelseite für das Flugblatt »Das Gefängnis«. Radierung, Hamburg 1798.
Museum für Hamburgische Geschichte, Bildarchiv.

Abb. 46: C. W. Allers: Die silberne Hochzeit. Gedr. von C. Griese. Hamburg 1890. Blatt 38 »Das Trinkgeld«. Lithographie nach einer Zeichnung.
Museum für Hamburgische Geschichte, Bildarchiv.

Abb. 47: Christian Förster: Hamburger Bilderbogen. Heft 2, Abb. Nr. 35 links unten. Hamburg um 1870.
Museum für Hamburgische Geschichte, Bildarchiv.

Abb. 48: Hamburger Dienstmädchen. Druck nach Postkarte. Photogr. von C. Worzedialeck. Hamburg 1905.
Museum für Hamburgische Geschichte, Bildarchiv.

Abb. 49: Christian Förster: Hamburger Bilderbogen. Heft 2, Abb. Nr. 36 rechts unten, Hamburg um 1870.
Museum für Hamburgische Geschichte, Bildarchiv.

Abb. 50: Christian Förster: Hamburger Bilderbogen. Heft 2, Abb. Nr. 36 oben rechts. Hamburg um 1870.
Museum für Hamburgische Geschichte, Bildarchiv.

Abb. 51: Schlafplatz für Dienstboten bei einer Leipziger Herrschaft (1,55 × 0,53 m). Abb. aus der Broschüre: Der Hausangestellten Klage. Zentralverband der Hausangestellten Deutschlands. Berlin 1912, S. 16.
Staatsarchiv Hamburg.

Abb. 52: Der erste Dienst. Kupferstich von Decoëne und F. Randel, um 1770.
Museum für Hamburgische Geschichte, Bildarchiv.

Abb. 53: Sechs Büglerinnen. Photogr. um 1900.
Museum für Hamburgische Geschichte, Bildarchiv.

Abb. 54: Christian Förster: Hamburger Bilderbogen. Heft 2, Abb. Nr. 9 links. Hamburg um 1870.
Museum für Hamburgische Geschichte, Bildarchiv.

Abb. 55: Christian Förster: Hamburger Bilderbogen. Heft 2, Abb. Nr. 8 unten rechts. Hamburg um 1870.
Museum für Hamburgische Geschichte, Bildarchiv.

Abb. 56: »Hängeboden«, Berlin – Westf. Str. Innenhöhe des »Hängebodens«: 1,30 m, Höhe der Tür: 1,62 m, Höhe des Sockels: 0,3 m, Höhe des Fensters: 0,6 m, Höhe der Küchentür über dem Boden: 2,10 m.
Foto: Wolf-Dieter Könenkamp, Regensburg.

Abb. 57: Schlafstelle für Dienstboten in Berlin, der sog. Hängeboden. Mietshaus Berlin West, Westfälische Str. $42^{IV.}$, erbaut um 1900. Die Wohnung besteht aus 5 Zimmern, Bad, Lieferanteneingang, Küche mit Kohle-Gasherd.
Foto: Wolf-Dieter Könenkamp. Regensburg.

Abb. 58: »Zwei Uhr nachts« von Adolf Wilette (1857–1926) um 1800. Fuchs, a. a. O. (vgl. Abb. 12), S. 389.

Abb. 59: Johann Anton Tischbein: Selbstbildnis mit Familie. Ölgemälde. Hamburg 1779.
Museum für Hamburgische Geschichte.

Abb. 60: Hamburger Köchin, vor 1909.
Museum für Hamburgische Geschichte, Bildarchiv.

Abb. 61: Die Hausfrau. Photogr. von F. Muster. aus einem Photowettbewerb der 30er Jahre.
Museum für Hamburgische Geschichte, Bildarchiv.

Abb. 62: Christian Förster: Hamburger Bilderbogen. Heft 2, Abb. Nr. 29 links unten. Hamburg um 1870.
Museum für Hamburgische Geschichte, Bildarchiv.

Abb. 63: Dienstmädchen. Federzeichnung von Carl Schildt, um 1880.
Museum für Hamburgische Geschichte, Bildarchiv.

Abb. 64: Christian Förster: Hamburger Bilderbogen. Heft 2, Abb. Nr. 8 oben links. Hamburg um 1870.
Museum für Hamburgische Geschichte, Bildarchiv.

Abb. 65: C. W. Allers: Die silberne Hochzeit. Gedr. von C. Griese, Hamburg 1890. Ausschnitt aus Blatt 37. Lithographie nach einer Zeichnung.
Museum für Hamburgische Geschichte, Bildarchiv.

Abb. 66: Flugblatt des Zentralverbandes der Hausangestellten Deutschlands. Berlin nach 1909.
Staatsarchiv Hamburg.

Abb. 67: Aufruf aus einer Broschüre des Zentralverbandes der Hausangestellten Deutschlands: Hausangestellte! Dienstboten! Köchinnen, Kleinmädchen und Kinderfräuleins, Diener und Alleinmädchen, Stützen und Wirtschafterinnen, um 1909.
Staatsarchiv Hamburg.

Abb. 68: Flugschrift des Verbandes der Hausangestellten Deutschlands: An alle Frauen ..., letzte Seite.
Staatsarchiv Hamburg.

Abb. 69: Flugblatt des Verbandes der Hausangestellten Deutschlands, Ortsgruppe Hamburg, v. 22. 11. 1911.
Staatsarchiv Hamburg.

Abb. 70: Zur Lage der Schlafräume, aus der Broschüre: Der Hausangestellten Klage, S. 10 und 11.
Staatsarchiv Hamburg.

Abb. 71: Flugblatt des Zentralverbandes der Hausangestellten Deutschlands, Ortsgruppe Hamburg. Hamburg 1910.
Staatsarchiv Hamburg.

Abb. 72: Annonce aus dem Hamburger Echo: Der Zentralverband der Hausangestellten Deutschlands veranstaltet ein Frühlings-Fest. Hamburg, 24. 4. 1910.
Staatsarchiv Hamburg.

Abb. 73: Ortsgruppennachweis des Verbandes der Hausangestellten Deutschlands, aus: Zentralorgan des Verbandes der Hausangestellten Deutschlands, Aug. 1913.
Staatsarchiv Hamburg.

Abb. 74: Dienst-Vertrag des Vereins der Dienstmädchen, Wasch- und Scheuerfrauen für Hamburg, Altona und Umgebung um 1906.
Staatsarchiv Hamburg.

Abb. 75: Zentralorgan des Verbandes der Hausangestellten Deutschlands, 5. Jahrgang, Nr. 8, August 1913, Berlin.
Staatsarchiv Hamburg.

Abb. 76: Broschüre des Zentralverbandes der Hausangestellten Deutschlands, Berlin um 1909.
Staatsarchiv Hamburg.

Romane, Erzählungen, Prosa

Hans Christian Andersen. Glückspeter
Mit Scherenschnitten von Alfred Thon. it 643

Bettina von Arnim. Bettina von Arnims Armenbuch
Herausgegeben von Werner Vordtriede. it 541
– Dies Buch gehört dem König
Herausgegeben von Ilse Staff. it 666
– Die Günderode
Mit einem Essay von Christa Wolf. it 702

Apuleius. Der goldene Esel
Mit Illustrationen von Max Klinger zu »Amor und Psyche«. Aus dem Lateinischen von August Rode. Mit einem Nachwort von Wilhelm Haupt. it 146

Jane Austen. Emma
Aus dem Englischen von Charlotte Gräfin von Klinckowstroem. it 511

Honoré de Balzac. Die Frau von dreißig Jahren
Deutsch von W. Blochwitz. it 460
– Das Mädchen mit den Goldaugen
Aus dem Französischen von Ernst Hardt. Vorwort Hugo von Hofmannsthal. Illustrationen Marcus Behmer. it 60

Joseph Bédier. Tristan und Isolde
Roman. Deutsch von Rudolf G. Binding. Mit Holzschnitten von 1484. it 387

Harriet Beecher-Stowe. Onkel Toms Hütte
In der Bearbeitung einer alten Übersetzung herausgegeben und mit einem Nachwort versehen von Wieland Herzfelde. Mit 27 Holzschnitten von George Cruikshank aus der englischen Ausgabe von 1852. it 272

Ambrose Bierce. Aus dem Wörterbuch des Teufels
Auswahl, Übersetzung und Nachwort von Dieter E. Zimmer. it 440
– Mein Lieblingsmord
Erzählungen. Aus dem Amerikanischen von G. Günther. it 39

Die Blümlein des heiligen Franziskus von Assisi
Aus dem Italienischen nach der Ausgabe der Tipografia Metastasio, Assisi 1901, von Rudolf G. Binding. Mit Initialen von Carl Weidemeyer. it 48

Romane, Erzählungen, Prosa

Blumenschatten hinter dem Vorhang. Von Ting Yao Kang. Aus dem Chinesischen übertragen und mit einem Nachwort versehen von Franz Kuhn. Mit 18 Holzschnitten. it 744

Giovanni di Boccaccio. Das Dekameron
Hundert Novellen. Ungekürzte Ausgabe. Aus dem Italienischen von Albert Wesselski und mit einer Einleitung versehen von André Jolles. Mit venezianischen Holzschnitten. Zwei Bände. it 7/8

Hermann Bote. Ein kurzweiliges Buch von Till Eulenspiegel aus dem Lande Braunschweig. Wie er sein Leben vollbracht hat. Sechsundneunzig seiner Geschichten.
Herausgegeben, in die Sprache unserer Zeit übertragen und mit Anmerkungen versehen von Siegfried H. Sichtermann. Mit zeitgenössischen Illustrationen. it 336

Clemens Brentano. Gedichte, Erzählungen, Briefe
Herausgegeben von Hans Magnus Enzensberger. it 557

Emily Brontë. Die Sturmhöhe
Aus dem Englischen von Grete Rambach. it 141

Giordano Bruno. Das Aschermittwochsmahl
Übersetzt von Ferdinand Fellmann. Mit einer Einleitung von Hans Blumenberg. it 548

Gottfried August Bürger. Wunderbare Reisen zu Wasser und zu Lande. Feldzüge und lustige Abenteuer des Freiherrn von Münchhausen
Mit Holzschnitten von Gustave Doré. it 207

Hans Carossa. Eine Kindheit. it 295
– Verwandlungen einer Jugend. it 296

Lewis Carroll. Geschichten mit Knoten
Herausgegeben und übersetzt von W. E. Richartz. Mit Illustrationen von Arthur B. Frost. it 302
– Alice im Wunderland
Mit 42 Illustrationen von John Tenniel. Übersetzt und mit einem Nachwort versehen von Christian Enzensberger. it 42
– Alice hinter den Spiegeln
Mit Illustrationen von John Tenniel. Übersetzt von Christian Enzensberger. it 97

Romane, Erzählungen, Prosa

Lewis Carroll. Briefe an kleine Mädchen
Aus dem Englischen übersetzt und herausgegeben von Klaus Reichert. Mit Fotografien des Autors. it 172

Miguel de Cervantes Saavedra. Der scharfsinnige Ritter Don Quixote von der Mancha
Mit einem Essay von Iwan Turgenjew und einem Nachwort von André Jolles. Mit Illustrationen von Gustave Doré. 3 Bände. it 109

Adelbert von Chamisso. Peter Schlemihls wundersame Geschichte
Nachwort von Thomas Mann. Illustriert von Emil Preetorius. it 27

Matthias Claudius. Der Wandsbecker Bote
Mit einem Vorwort von Peter Suhrkamp und einem Nachwort von Hermann Hesse. it 130

James Fenimore Cooper. Die Lederstrumpferzählungen
In der Bearbeitung der Übersetzung von E. Kolb durch Rudolf Drescher. Mit Illustrationen von O. C. Darley. Vollständige Ausgabe. 5 Bände in Kassette.
Der Wildtöter · Der letzte Mohikaner · Der Pfadfinder · Die Ansiedler · Die Prärie. – it 760

Alphonse Daudet. Montagsgeschichten
Aus dem Französischen von Eva Meyer. it 649
– Briefe aus meiner Mühle
Aus dem Französischen von Alice Seiffert. Mit Illustrationen. it 446
– Tartarin von Tarascon. Die wunderbaren Abenteuer des Tartarin von Tarascon. Mit Zeichnungen von Emil Preetorius. it 84

Daniel Defoe. Moll Flanders. Herausgegeben und mit einem Essay versehen von Norbert Kohl. it 707
– Robinson Crusoe. Mit Illustrationen von Ludwig Richter. it 41

Deutsche Künstlernovellen des 19. Jahrhunderts
Herausgegeben von Jochen Schmidt. it 656

Charles Dickens. David Copperfield. Mit Illustrationen von Phiz. it 468
– Große Erwartungen. Aus dem Englischen von Margit Meyer. Mit Illustrationen von F. W. Pailthorpe. it 667
– Der Raritätenladen. Aus dem Englischen von Leo Feld. Mit Illustrationen von Cruikshank u.a. it 716

Romane, Erzählungen, Prosa

Romane, Erzählungen, Prosa

Theodor Fontane. Effi Briest
Mit Lithographien von Max Liebermann. it 138
– Frau Jenny Treibel. Roman. Mit einem Nachwort von Richard Brinkmann. it 746
– Meine Kinderjahre. Autobiographischer Roman. Mit zahlreichen Abbildungen und einem Nachwort von Otto Drude. it 705
– Der Stechlin
Mit einem Nachwort von Walter Müller-Seidel. it 152
– Unwiederbringlich
Roman. it 286
– Vor dem Sturm. Roman aus dem Winter 1812 auf 13
Mit einem Nachwort von Hugo Aust. it 583

Georg Forster. Reise um die Welt
Mit einem Nachwort von Gerhard Steiner. it 757

Anatole France. Blaubarts sieben Frauen und andere Erzählungen
Aus dem Französischen von Irmgard Nickel. Mit Illustrationen von Lutz Siebert. it 510

Johann Wolfgang Goethe. Erfahrung der Geschichte
Historisches Denken und Geschichtsschreibung in einer Auswahl herausgegeben von Horst Günther. Mit Zeichnungen des Autors. it 650
– Dichtung und Wahrheit
Mit zeitgenössischen Illustrationen, ausgewählt von Jörn Göres. Drei Bände in Kassette. it 149/150/151
– Italienische Reise
Mit vierzig Zeichnungen des Autors. Herausgegeben und mit einem Nachwort von Christoph Michel. Zwei Bände. it 175
– Maximen und Reflexionen
Text der Ausgabe von 1907 mit den Erläuterungen und der Einleitung Max Heckers. Nachwort von Isabella Kuhn. it 200
– Reise-, Zerstreuungs- und Trostbüchlein
Herausgegeben von Christoph Michel. it 400
– Über die Deutschen
Erweiterte Ausgabe mit Illustrationen, einem Nachwort, Nachweisen und Register. Herausgegeben von Hans J. Weitz. it 325
– Goethes Letzte Schweizer Reise
Dargestellt von B. Schnyder-Seidel. Mit zeitgenössischen Abbildungen. it 375